Nordsee
Ostsee
SCHLESWIG-
HOLSTEIN
Travemünde
MECKLENBURG-
VORPOMMERN
HAMBURG
Lauenburg
Rüterberg
BRANDENBURG
NIEDERSACHSEN
Zicherie/Böckwitz
BERLIN
Helmstedt
SACHSEN-ANHALT
NORDRHEIN-
WESTFALEN
Brocken
Duderstadt
SACHSEN
Heringen
THÜRINGEN
Point Alpha
HESSEN
Mödlareuth
Sonneberg
Dreiländereck
BAYERN
CZ

NATIONAL GEOGRAPHIC

Für Felix,
der im Jahr 2039 25 Jahre alt sein wird,
wenn das Grüne Band 50 ist und die
deutsche Teilung 90 Jahre zurückliegt.

«Geschichte kennt kein letztes Wort.»
(Willy Brandt)

Rüdiger Dingemann

MITTEN IN DEUTSCHLAND

Entdeckungen an der ehemaligen Grenze

INHALT

Seiten 2/3: Auf dem Grenzlandweg Worbis im Grenzlandmuseum Eichsfeld.

Seiten 4/5: Das Grüne Band zwischen den Landkreisen Kronach (Bayern) und Sonneberg (Thüringen).

Seiten 6/7: Der „Eiserne Vorhang" am US-Beobachtungsstützpunkt Point Alpha in der Rhön.

Seiten 8/9: Wachturm am Dreiländereck Bayern, Sachsen und Tschechien.

VORWORT

Andreas Kieling

Als ich im Frühsommer 2009 zu meiner Wanderung entlang der ehemaligen Grenze aufbrach, war mir nicht ganz bewusst, dass ich nun wochenlang durch Deutschlands größtes Naturschutzgebiet wandern würde. Denn obwohl das Grüne Band, dem meine Hündin Cleo und ich folgten, nur 50 bis 200 Meter breit ist, stellt es durch seine Länge und seine Vielfalt einen großen Naturschatz mitten in Deutschland dar. Ich erinnere mich noch gut, wie ich mit Wildschutzwart Torsten das Schwarze Moor in der Rhön besuchte, eines der bedeutendsten Hochmoore Mitteleuropas. Oder wie ich mit Fischer Jan auf den norddeutschen Schaalsee hinausfuhr, um Edelmaränen zu fangen. Das waren Naturerfahrungen, die ich nicht erwartet hatte und die mich beeindruckt haben. Sie haben mir wieder vor Augen geführt, dass man nicht nur im Yellowstone-Nationalpark ein überwältigendes Naturerlebnis haben kann, sondern eben auch in unserem Land.

Meine Wanderung durch Deutschland hat viele Erinnerungen an meine Kindheit und Jugend heraufbeschworen: Ich bin in Gotha aufgewachsen und war Jungpionier, trat später in die FDJ ein und befand mich auf dem besten Weg, ein „sozialistischer Mensch" zu werden. Es ging mir dabei nicht schlecht, denn als Kind wächst man natürlich in seine Umgebung hinein, und ich fühlte mich mit meiner Heimat verbunden. Dass ich schließlich im Oktober 1976 unter abenteuerlichen Umständen über Tschechien in den Westen floh, hat viele Gründe, die ich in meinem „Wandersommer" beschrieben habe. Vielleicht lag es am Ende bloß an so alltäglichen Schikanen wie den Ausweiskontrollen, die man sich gefallen lassen musste, wenn man zum Forellenangeln an die Hörsel bei Eisenach fahren wollte – obwohl das nicht mal im Sperrgebiet an der Grenze lag. An all diese Dinge dachte ich auf der Wanderung besonders an einem Ort wie Point Alpha in der Rhön, wo der Grenzwahnsinn noch heute unheimlich präsent ist.

Ich denke auch gerne an die vielen Dörfer und kleinen Städte zurück, die ich auf meiner Wanderung kennenlernte: ein Stück Deutschland, das im Süden noch von Fachwerk, im Norden mehr von Reetdächern geprägt ist – Orte, die während der Teilung oft ein schweres Schicksal hatten, sei es, weil ihre Eisenbahnanbindung plötzlich wegfiel oder sie nun wirtschaftlich im Abseits lagen. Ein besonderer Ort bleibt dabei für mich Rüterberg, dessen Bewohner lange umzäunt in einer Art großem Gehege lebten und die am 8. November 1989 trotzig ihre Dorfrepublik ausriefen.

Dieses Buch, das Rüdiger Dingemann zusammen mit seiner Frau über Jahre vor Ort recherchiert hat, bietet eine gute Gelegenheit, die Natur- und Kulturschätze am Grünen Band zu entdecken – mit ihrer Geschichte, die bis ins Mittelalter oder auch in die letzte Eiszeit zurückreicht. Es lohnt sich, das Kloster Zarrentin zu besichtigen, den Grenzwanderweg im Harz entlangzulaufen oder die Burg Lauenstein im Frankenwald zu besuchen. Ich habe auf beiden Seiten der Grenze gelebt und bin froh, dass diese Orte heute für jeden frei zugänglich sind und man sie erleben kann, ohne sich kontrollieren lassen zu müssen.

Andreas Kieling und Hündin Cleo wandern auf dem einstigen Kolonnenweg mitten durch Deutschland.

DEUTSCHLANDS MITTE IM WANDEL DER ZEITEN

Mehr als 40 Jahre lang ging ein Riss durch deutsche Lande, von Travemünde bis zum einstigen Dreiländereck bei Hof. Diese Demarkationslinie trennte Menschen und Regionen voneinander. Alte Kulturlandschaften wurden zerschnitten und verwandelten sich mancherorts buchstäblich über Nacht zu Grenzgebieten – doch der so entstandene Todesstreifen am Eisernen Vorhang wurde nach der Wiedervereinigung 1990 wieder zur Lebenslinie: Ein 1393 Kilometer langes „Grünes Band", das 17 Naturräume miteinander verbindet, zieht sich heute durch die Mitte Deutschlands. Es sind geschützte Landstriche, die unmittelbar am ehemaligen Grenzverlauf liegen.

Dieser 50 bis 200 Meter breite Gringürtel zieht sich wie ein Korridor durch stark zerstückelte Landschaften entlang des ehemaligen „Kolonnenwegs". Hier konnte sich die Natur jahrzehntelang fast ungestört entfalten, und so entstand eine Art Wildnis in einer sonst intensiv genutzten Umgebung: Brachflächen wechseln sich am Grünen Band mit verbuschten Zonen ab, Altgrasfluren mit Wald, Flüsse mit Feuchtgebieten und Mooren. Richard Pietraß hat die Rückeroberung der Geschichte durch die Natur in den letzten 25 Jahren in seinem prägnanten Gedicht „Kolonnenweg" so ausgedrückt:

Wo Fuchs und Hase Tunnel gruben
versandet der Kolonnenweg.
Wo Peitschenlampen Schatten schlugen
zweigt ein Pfad zum Angelsteg.

Wo Kübelwagen Leine zogen
dem Kradsoldat die Knarre platzte
streiten Elstern in den Wolken
um die Reste eines Spatzen.

Wo Drähte über Zäunen summten:
übermannshoch Brombeerverhau.
Stachelstarrend nachgewachsen
Distel, Rotdorn, Schlehenblau …

Die angrenzenden Schutzgebiete und naturnahen Bereiche sollen zukünftig mit dem Grünen Band verknüpft werden. Aber schon heute existiert hier ein einzigartiger nationaler Biotopverbund, das als „Tafelsilber der Deutschen Einheit" 2005 zum „Nationalen Naturerbe" ernannt wurde. Schon Mitte der 1970er-Jahre hatte der bayerische Landesverband des Bundes für Umwelt und Naturschutz Deutschland auf die Vogelwelt im innerdeutschen Grenzstreifen aufmerksam gemacht. Seit 1989 engagiert sich der BUND gemeinsam mit anderen Organisationen und den Behörden der entsprechenden Bundesländer für den Erhalt des Grünen Bandes. Von den 16 deutschen Biosphärenreservaten liegen vier am Grünen Band: das Biosphärenreservat Schaalsee, die Flusslandschaft Elbe-Mecklenburg-Vorpommern, die Niedersächsische Elbtalaue und das Biosphärenreservat Rhön.

Ausgehend davon, entwickelte sich die Idee eines „Grünen Bandes Europa" als grenzüberschreitendes ökologisches Netzwerk und Symbol für die Vereinigung zwischen Ost- und Westeuropa. Einst war der Kontinent auf einer Länge von mehr als

12 500 Kilometern vom Eismeer bis zum Schwarzen Meer geopolitisch geteilt. In der Nähe der Grenzen gab es weiträumig abgeschottete Zonen: ein Lebensraum, der sich durch 24 Staaten vom arktischen Norden bis in den mediterranen Süden zieht, ein Refugium für bedrohte Tiere und Pflanzen. Überall am europäischen Grünen Band versucht man, die Menschen wieder mit ihrer natürlichen Umgebung zu verbinden und nachhaltige Regionalentwicklung zu fördern.

UNBEKANNTES DEUTSCHLAND

Dieses Buch folgt dem ehemaligen Grenzverlauf von Nord nach Süd in vier großen Kapiteln, vom Ostseestrand bis ins Vogtland. Es erzählt von randständigen, fast vergessenen Regionen und den Natur- und Kulturräumen, in die sie eingebettet sind – und von ihrem Zusammenspiel mit der verbindenden wie trennenden Geschichte nicht nur der Zeit nach 1945.

Die einstigen deutschen Grenzregionen sind in ihrer Vielgestaltigkeit noch unbekannt, auch 25 Jahre nach der Grenzöffnung. Diese alten Kulturlandschaften sind durch den Lauf der Geschichte von wirtschaftlicher Ausbeutung und Zersiedelung verschont geblieben, oft nahezu unberührt. Sie sind deshalb nicht allein zeitgeschichtlich mit ihren Baudenkmälern – ehemaligen Grenzanlagen und heutigen Grenzmuseen – interessant. Diese Landstriche bergen manche Naherholungsziele und in den Städten und Dörfern eine bemerkenswerte kulturelle Vielfalt.

Die über die Jahrhunderte gewachsenen Sozialstrukturen in diesen Regionen manifestieren sich zum Teil noch in der Gegenwart: Vieles ist noch erkennbar, manches ist aber auch endgültig verschwunden, da der jeweilige Staat diesseits und jenseits der Grenze während der deutschen Teilung unterschiedliche Prioritäten gesetzt hat. In der Sperrzone im Osten verharrten viele Gemeinden gezwungenermaßen in einer Art Dornröschenschlaf, aus dem sie nun erweckt wurden. Im Westen musste man sich im „Zonenrandgebiet“ auch auf Veränderungen einstellen. Dieser Wandel zeigt sich an Trave und Elbe ebenso wie im Harz oder im Thüringer Wald.

DIE MACHT DER GESCHICHTE

Der 9. November 1989 veränderte die Welt – ein Datum, das den Abschluss einer Entwicklung markiert, die am 18. Juni 1914 in Sarajewo begann und in die „Urkatastrophe des 20. Jahrhunderts“ (George F. Kennan), in den Ersten Weltkrieg, führte: Dieser Krieg war der „Brutkasten“ von Ideologien und geopolitischen Strategien, die nur zwei Jahrzehnte später in den Zweiten Weltkrieg mündeten. Dessen Ende in Europa am 8. Mai 1945 brachte die Teilung der Welt in zwei sich feindlich gegenüberstehende, militärisch hochgerüstete politische Blöcke hervor. In der Folge spaltete sich der europäische Kontinent, und Deutschland wurde zur Nahtstelle dieses Ost-West-Konflikts. Die Teilung verlief von Nord nach Süd: der „Westen“ mit seinen kapitalistisch organisierten Staaten im Verbund mit den USA auf der einen Seite, der „Osten“ mit seinen sozialistischen Gesellschaftssystemen im Einflussbereich der übermächtigen Sowjetunion auf der anderen.

Nach Jahrzehnten des Kalten Krieges öffnete sich am 9. November 1989 zunächst die Berliner Mauer. Kurz darauf wurde auch die bisher hermetisch abgeriegelte innerdeutsche Grenze in der Mitte Deutschlands durchlässig. Und nicht einmal ein Jahr nach dem 9. November war aus den beiden Deutschland wieder eines geworden. So viel Wandel hat sich in der deutschen Geschichte noch nie so schnell vollzogen – auch auf regionaler, lokaler Ebene, in den Orten, den Landschaften und bei den Menschen. Im Fokus der Betrachtungen stehen hier deshalb die einstigen Grenzgebiete mitten in Deutschland: Wie hat sich der Wechsel der Zeiten auf sie ausgewirkt? Wie vollzog sich die geschichtliche Entwicklung dieser Regionen vor, während und nach der Teilung?

AUS DER ZEIT DER TRENNUNG

Der allgemeinen Fama zufolge ist von der DDR nicht viel mehr übrig geblieben als das grüne und rote Ampelmännchen oder der grüne Abbiegepfeil, den man auch an einigen Orten im Westen eingeführt hat. Doch da ist viel mehr, wenn man nur genau hinschaut, auch wenn vielerorts der Verlauf der Grenze nicht mehr erkennbar ist. Dafür gibt es an vielen bundeslandüberschreitenden Straßen Hinweisschilder, wann dort die Grenze vor 25 Jahren geöffnet wurde. Hinzu kommen mehr als 30 Gedenkstätten und Museen, die an die Jahre der Teilung erinnern. Sie zeigen, was einst zusammen war, dann getrennt wurde und nun wieder vereint ist: eine lebendige Dokumentation der gemeinsamen Geschichte.

Jeder wird die Geschichte der innerdeutschen Grenze anders betrachten, je nach weltanschaulicher Präferenz oder persönlichem Bezug: Für den einen waren oder sind diese Regionen Heimat; andere, die weit weg von der Mitte Deutschlands leben, kennen diese Orte und Landschaften vielleicht nur vom Hörensagen oder von einem kurzen Besuch.

Während der 40 Jahre Trennung war die Tatsache, dass beide deutsche Staaten sich eigentlich vorgenommen hatten, die Teilung „eines Tages“ wieder aufzuheben, in den Hintergrund getreten: Der eine Staat schrieb sich dies als Verpflichtung in sein Grundgesetz, der andere in seine Nationalhymne. Doch die Einheit hatten die beiden Staaten nicht selbst in der Hand; sie waren abhängig von den Großmächten, die sie alimentierten und zu Frontstaaten des Kalten Krieges hatten werden lassen.

Trotz dieser Bekenntnisse wurde die Grenze kontinuierlich ausgebaut und war bald kaum mehr zu überwinden. Viele flüchteten bereits gegen Kriegsende vor den herannahenden russischen Truppen über die Elbe oder siedelten vor der hermetischen Abriegelung der DDR in den Westen über. Noch später flohen manche unter zum Teil abenteuerlichen Umständen und unter Zurücklassung ihres Hab und Guts – und ließen

Verwandte und Freunde zurück. Die Grenze war alles andere als harmlos: Zwischen 1946 und 1989 gab es etwa 233 000 Fluchtversuche mit insgesamt 1008 Todesopfern. Vor Verschärfung der Grenzbewachung und dem Bau der Berliner Mauer 1961 starben 363 Menschen, nach 1961 waren es 645, allein an der Berliner Mauer 178.

Besuche waren nur mit großen Einschränkungen möglich. DDR-Bürger durften prinzipiell nicht ausreisen. Und wer von der Bundesrepublik aus nach Westberlin reisen wollte, konnte dies auf dem Landweg nur über die sogenannten Transitstrecken. Ab 1951 mussten Straßenbenutzungsgebühren bezahlt werden, 1968 führte die DDR den Pass- und gebührenpflichtigen Visazwang auch für den Transitverkehr nach Westberlin ein.

AUF DEM WEG ZUR EINHEIT

Die historischen Ereignisse überrollten Menschen und Politiker in den beiden Deutschland geradezu. Am 28. November 1989 legte der damalige Bundeskanzler Helmut Kohl im Bonner Bundestag ein Zehn-Punkte-Programm vor, das zunächst eine Konföderation mit der DDR und später die Wiedervereinigung innerhalb des gesamteuropäischen Einigungsprozesses vorsah.

In Ostberlin überschlugen sich die Ereignisse: Anfang Dezember strich man die Führungsrolle der SED aus der Verfassung und ermittelte gegen ehemalige SED-Funktionäre. Ab Januar 1990 riefen die Montagsdemonstranten nicht mehr nur „Wir sind ein Volk", sondern „Deutschland einig Vaterland". Am 15. Januar wurde die Stasizentrale in Berlin gestürmt. Am 18. März fanden die ersten freien Wahlen zur Volkskammer statt. Ministerpräsident der daraus hervorgehenden Großen Koalition wurde der Rechtsanwalt Lothar de Maizière (CDU), der zügige Verhandlungen mit der Bonner Bundesregierung über eine gemeinsame Wirtschafts-, Währungs- und Sozialunion auf nahm. Diese trat am 1. Juli in Kraft: Die Deutsche Mark wurde offizielles Zahlungsmittel in der DDR.

Die im Juli 1990 gegründete Treuhandanstalt sollte die Volkseigenen Betriebe (VEB) privatisieren oder „abwickeln", wie es im Amtsdeutsch hieß: Großkombinate wurden geteilt und zahlreiche Betriebsbereiche stillgelegt, wenn sie den Effizienzanforderungen und der Wettbewerbsfähigkeit nicht genügten. Alteigentümer erhielten ihren Besitz zurück. Die Politik „Privatisierung vor Sanierung" führte rasch zu sozialen Verwerfungen, da die Neueigentümer der Betriebe keine Arbeitsplatzgarantien abgeben mussten. Ende 1994 hatte die Treuhandanstalt ihre Arbeit getan. Die Erlöse aus Privatisierungen betrugen rund 60 Milliarden DM, und die Ausgaben lagen bei mehr als 300.

Der Einigungsvertrag vom 31. August und eine „Vereinbarung zur Durchführung und Auslegung" vom 18. September 1990 regelten die Modalitäten des Beitritts der DDR zur Bundesrepublik Deutschland nach Artikel 23 des Grundgesetzes. Die beiden deutschen Parlamente stimmten dem Einigungsvertrag zu – und am 3. Oktober 1990 war die DDR Geschichte.

VON DER OSTSEE BIS AN DIE ELBE

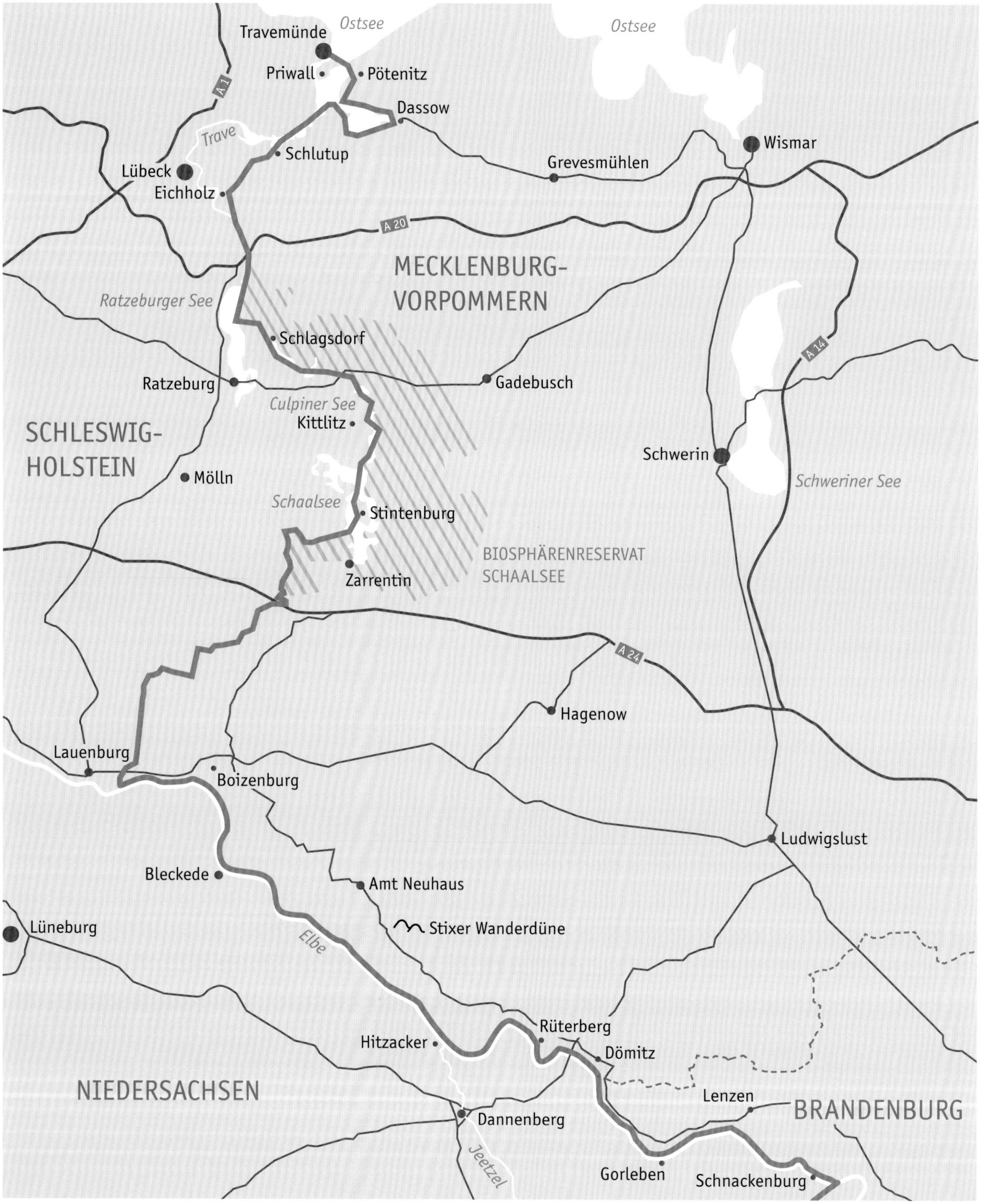

Ostsee
Ostsee
Travemünde
Priwall
Pötenitz
Dassow
A 1
Trave
Schlutup
Lübeck
Eichholz
Wismar
Grevesmühlen
A 20
MECKLENBURG-
VORPOMMERN
Ratzeburger See
Schlagsdorf
Ratzeburg
Gadebusch
Culpiner See
Kittlitz
SCHLESWIG-
HOLSTEIN
Mölln
Schwerin
Schweriner See
A 14
Schaalsee
Stintenburg
BIOSPHÄRENRESERVAT
SCHAALSEE
Zarrentin
A 24
Hagenow
Lauenburg
Boizenburg
Ludwigslust
Bleckede
Amt Neuhaus
Lüneburg
Stixer Wanderdüne
Elbe
Rüterberg
Hitzacker
Dömitz
NIEDERSACHSEN
Lenzen
BRANDENBURG
Dannenberg
Jeetzel
Gorleben
Schnackenburg

Vorige Doppelseite:
Die Lübecker Bucht. Im Hintergrund erkennt man Travemünde und das markante Maritim-Hochhaus, im Vordergrund die Halbinsel Priwall mit der Pötenitzer Wiek – dazwischen die Trave.

DIE WIRKLICHKEIT SCHAFFT sich ihre Symbole selbst. Das ist an den 1400 Kilometern der einstigen Demarkationslinie des geteilten Deutschlands mehrfach zu beobachten – häufig seit alters her. Für jede Epoche haben sich von der Natur und von den Menschen geschaffene Symbole des Unterschieds manifestiert. An der Ostseeküste, am nördlichen Ende des heutigen Grünen Bandes, sind es die sehr verschiedenen Küstenabschnitte östlich und westlich der Trave, des alten Grenzflusses: Auf Mecklenburger Seite fast naturbelassenes und landwirtschaftlich geprägtes Hinterland – auf Schleswig-Holsteiner Seite seit rund 150 Jahren von Sommerfrischlern und Feriengästen bevölkerte Strände. Im Osten atmet die Landschaft Ruhe. Auch hier gibt es Badestrände, aber es sind mehr Kieselstrände ohne den Trubel auf der anderen Seite der Lübecker Bucht. Zwei Gebäude symbolisieren diese nahe beieinander liegenden Gegensätze und machen die einstige Trennung noch einmal überdeutlich: Das eine versteckt sich hinter hohem Gebüsch und dämmert verwunschen vor sich hin; das andere ist unübersehbar und versammelt das pulsierende Leben am Travestrand.

Wie aus der Zeit gefallen zeigt sich das sogenannte Schloss von Pötenitz im Osten, heute fast zugewachsen und eine Ruine. Das „Schloss“ ist eigentlich ein im Neobarock gestaltetes Herrenhaus, von 1854 bis 1857 nach den Plänen des Architekten Paul Korff gebaut. Nur zwei Familien waren bis 1945 die stolzen Besitzer. Während der DDR-Zeit waren hier ein Kindergarten, das Gemeindebüro, eine Arztpraxis und der Konsum untergebracht. Nach der Wiedervereinigung zogen sie aus – aber niemand zog mehr ein, obwohl das Parkett, die Stuckaturen und Verzierungen noch intakt waren. Dann kamen Investoren und planten ein Luxushotel. Daraus ist ebenso wenig etwas geworden wie aus den Hotelprojekten der folgenden Jahre.

Im Westen blickt man auf eine Manifestation des Wohlstands und der touristischen Prosperität. Am anderen Traveufer steht am Nordrand von Travemünde ein über 120 Meter hoher, weißer

Das Maritim-Hochhaus an der Hafeneinfahrt von Travemünde – hier manifestierte sich bundesrepublikanischer Wohlstand.

Hotelturm aus den 1970er-Jahren: Das Maritim-Hochhaus an der Hafeneinfahrt ist das höchste Gebäude an der gesamten deutschen Ostseeküste. Untergebracht sind hier ein Viersternehotel, Wohnungen und Gewerberäume. In der 35. Etage gibt es ein Restaurant, und darüber befindet sich das höchste Leuchtfeuer Europas (115 Meter): Es sendet seit 1974 alle vier Sekunden seine Signale, die bis zu 18 Seemeilen weit zu sehen sind. Der alte Travemünder Leuchtturm, unmittelbar neben dem Hotelturm, einst das älteste Leuchtfeuer Deutschlands, hat seine Schuldigkeit getan und ist heute ein Museum.

WEST-HALBINSEL PRIWALL

Wenn man von Pötenitz in Mecklenburg der Landstraße Richtung Travemünde folgt, stößt man kurz vor der Halbinsel Priwall auf einen kleinen Findling. Er trägt die Inschrift «Nie wieder geteilt», ergänzt um die Wappen von Travemünde und Mecklenburg. Der Gedenkstein markiert die ehemalige deutsch-deutsche Grenze, die an dieser Stelle am 3. Februar 1990 geöffnet wurde, zunächst nur für Strandspaziergänger. Geblieben ist eine alte Grenze: Sie trennt heute die Bundesländer Mecklenburg-Vorpommern und Schleswig-Holstein und ist fast 800 Jahre alt, festgelegt im Lübecker Reichsfreiheitsbrief von 1226. Die innerdeutsche Grenze nahm diese alte Grenzziehung auf, so wie fast überall am heutigen Grünen Band.

Einst war um Pötenitz, durch seine unmittelbare Nähe zum Priwall, Luftfahrtindustrie angesiedelt. Mehr als sechs Jahrzehnte lang gab es über dem Ort viel Flugbetrieb. Bereits zu Anfang des 20. Jahrhunderts waren Zeppeline auf dem Priwall gestartet und gelandet. Ab 1914 bauten

Verborgen hinter dichtem Grün: das Schloss Pötenitz, einst Gutshaus. Ein Investor wollte es sanieren und zu einem Luxushotel umgestalten, aber aus diesen Plänen wurde bislang nichts.

Vergangene Pracht: In manchen Räumen des Gutshauses liegen noch Berge von alten Aktenordnern. In den letzten Jahren wurde allerdings auch geplündert – Fenster, Kupferkabel und Rohrleitungen verschwanden.

Dort, wo die Halbinsel Priwall von der mecklenburgischen Küste abgeschottet war, erinnert dieser Gedenkstein an die deutsche Teilung. Links ist das Wappen von Travemünde zu sehen, rechts das von Mecklenburg. Hier öffnete sich die Grenze am 3. Februar 1990.

die Caspar-Werke Wasserflugzeuge, und seit 1926 gab es einen Lufthansa-Flugplatz vor allem für innerdeutsche Passagierflüge. Ab 1935 hatte hier die Reichsluftwaffe das Sagen, und von 1939 bis 1945 kam kein Zivilist mehr auf den Priwall. Bis Ende des Zweiten Weltkriegs fertigten hier zeitweise bis zu 500 Zwangsarbeiter für die „Flugerprobungsstelle See" der Luftwaffe Teile für Jagdflugzeuge. Man kann dieser Luftfahrtgeschichte an der Trave heute bei Rundflügen mit einer alten JU 52 entlang der ehemaligen „Zonengrenze" nachspüren.

Die drei Kilometer lange Halbinsel Priwall gehört seit 1226 zu Travemünde, das wiederum ein Teil Lübecks ist. Sie wird im Westen von der Trave, im Norden von der Ostsee und im Süden von der Pötenitzer Wiek begrenzt, einer haffartigen Trave-Erweiterung. Im 13. Jahrhundert entstand ein Steindamm zwischen der Halbinsel und dem mecklenburgischen Festland. Dieser Zugang war ab 1945 abgeschnitten, und man konnte den Priwall bis zur Grenzöffnung nur über zwei Fährverbindungen von Travemünde aus erreichen: Eine Fähre war Fußgängern vorbehalten und fuhr nur im Sommer. Ein kleiner Teil der Halbinsel gehörte zum DDR-Territorium, und vom Grenzturm aus beobachteten wachsame Volksarmisten pflichtbewusst den FKK-Strand des „Klassenfeinds", um etwaige Übergriffe auf die Staatsgrenze ihrer realsozialistischen Heimat rechtzeitig vereiteln zu können.

Ein echtes Kuriosum am Priwall war das Seezeichen 1/8-013, das auf westdeutschem Territorium stand und den Verlauf der Demarkationslinie auf See und dem Land anzeigte. Es musste wegen der starken Witterungseinflüsse häufig erneuert werden. Doch die Arbeiter aus der DDR durften nicht ins Westgebiet, die von der anderen Seite nicht auf DDR-Boden. Beide Seite verständigten sich jedoch: Das Material kam aus dem Westen und musste einen Umweg von vielen Kilometern über den Grenzübergang Lübeck-Schlutup nehmen. Die Arbeiter aus dem Osten versahen schwer bewacht die Holzbalken des Seezeichens mit frischer Farbe.

SOMMERFRISCHE DER „BUDDENBROOKS“

Rasant war die Entwicklung des 1187 gegründeten Travemünde, einem heutigen Stadtteil Lübecks. Seit 1329 gehörte der Fischerort endgültig der Hansestadt, wurde jedoch erst 1913 eingemeindet. Seit 1802 durfte sich Travemünde „Seebad“ nennen. Die Sommerfrischler und Wochenendgäste brachten neben dem Hafen Wohlstand in die Travestadt: Um die Jahrhundertwende begann man mit dem Bau der Strandpromenade und der Anlage eines breiten, 1,7 Kilometer langen Sandstrands. 1904 feierte man die Einweihung. Der Strand bekam einen eigenen Bahnhof, von 1911 bis 1913 von Fritz Klingholz im Jugendstil gebaut. Der Uhrturm ist zum Strand ausgerichtet: Er zeigt stets an, wann der nächste Zug fährt.

Thomas Mann ließ den dritten Teil der „Buddenbrooks“ (1901) in Travemünde spielen, das er aus seiner Kindheit gut kannte. Der alte Konsul schickt Tony Buddenbrook auf Erholungsurlaub an die Ostsee. Im Haus des Lotsenkommandanten Schwarzkopf lernt sie den Medizinstudenten Morten kennen und verliebt sich in ihn, während die beiden lange Strandspaziergänge am Meer entlang und zum „Seetempel“ unternehmen. Thomas Mann hat die Atmosphäre der Jahrhundertwende an der Ostseeküste in diesen Beschreibungen von Travemünde auf einzigartige Weise festgehalten – lange bevor es ein Ort an der Grenze wurde.

Strandleben in Travemünde vor mehr als 100 Jahren: Hier verbrachten viele Lübecker Bürger, wie sie Thomas Mann in den „Buddenbrooks“ unnachahmlich geschildert hat, ihre Sommerfrische.

Während sie einer Nachbarin Äpfel und Eier verkauft, erinnert sich diese Zeitzeugin gut daran, wie die Grenze bei Pötenitz einst aussah.

DORNRÖSCHENSCHLAF AM SEE

Dassow am gleichnamigen See – einer fast abgeschlossenen Unterbucht der Trave – und der Stepenitz gelegen, erlebte nach der Teilung das typische Schicksal vieler grenznaher Orte. Es war zum Dornröschenschlaf verdammt, weil es im Sperrgebiet lag und von Osten nur mit einem Sonderpassierschein zu erreichen war. Und: Es gab eine Mauer zwischen der B 105 und dem Dassower See, so hoch, dass man nicht auf den See schauen konnte.

Doch nicht erst die deutsche Teilung verursachte den Dassower Schwierigkeiten; die gab es schon seit dem Spätmittelalter: Bis heute beansprucht die Hansestadt Lübeck den Dassower See, der ihr 1188 durch ein kaiserliches Privileg zuerkannt worden war. Dem Ort war somit der direkte Weg zur Travemündung verwehrt, was die wirtschaftliche Entwicklung behinderte. So blieb Dassow, das sich aus einer Burg mit Siedlung entwickelt hatte, über Jahrhunderte ein Marktflecken am Weg von Lübeck zu den weiter östlich gelegenen Hansestädten. Der örtliche Adel und mecklenburgische Herzöge versuchten immer wieder, den Lübeckern ihr Privileg streitig zu machen – vergebens.

Anfang Mai 1945 wurde Dassow zunächst von US-Truppen eingenommen. Nachdem diese wieder abgezogen und den Ort der Roten Armee überlassen hatten, war der Ort von seinem See abgeschnitten, der ja zu Lübeck gehörte. Nicht selten kreuzten Boote des Bundesgrenzschutzes mit westdeutscher Politprominenz auf dem Trave-See. Was vorgeblich der Inspektion der Grenzanlagen dienen sollte, war mehr ein Schaulaufen für die Presse. Nachdem die hohe Betonmauer und die anderen Grenzanlagen abgebaut waren,

Leben an der blauen Grenze

Das Mecklenburger Dorf Brook liegt gut einen Kilometer von der Ostsee entfernt und knapp 20 von der Landesgrenze nach Schleswig-Holstein. Zum Meer hin: undurchdringliche Brombeerhecken, übermannsgroße Sanddornsträucher. Landeinwärts: gewelltes Heideland, keine Straßen. Bis vor 20 Jahren patrouillierten hier die Jeeps der DDR-Grenztruppen – das Heideland war der sogenannte Todesstreifen, und genauso verriegelt wie damals der Strand vor Brook.

Günther Klüwer: «Von der Ecke genau sind das 920 Meter, und dahinter war gleich das Haus, zehn Meter, da war der Eiserne Vorhang oder Zaun. Und vor dem Zaun war ein Zehnmeterstreifen, der wurde geharkt und gepflegt. Da ging jeden Tag zweimal der Posten durch und hat auf Spuren Kontrolle gemacht ... Der Zaun, elektrisch geladen war der. Wir sagten immer: Gesiebte Luft ist das da, die kam vom Westen hier rüber.» Gesiebte Luft und gesiebter Blick: auf das unerreichbare Meer direkt vor der Haustür. «Wir mussten alle nach Boltenhagen, Wollenberger Week zum Baden, 24, 25 Kilometer.» Ab 1962 war das so. Klüwers Nachbar, Hein Ewald, ist Fischer. Er durfte zu DDR-Zeiten nur in der Ostsee vor Wismar fischen, gut 40 Kilometer von der Westgrenze entfernt. Die Küste vor seiner eigenen Haustür kannte er bis zum Mauerfall nicht, denn auch das Fischen war hier verboten.

In Dassow sperrte man das gesamte Ufer des Sees. Das Baden und Befahren waren verboten. Hannelore Armeding wurde kurz nach dem Krieg in Dassow geboren: «Bevor die Grenze so richtig fest war, weiß ich, dass da nur ein Maschendrahtzaun war, Stacheldraht, so drei Reihen. Und dass wir da als kleine Mädchen durchgekrochen sind, eben auf die andere Seite, so Muscheln suchen oder so was, und dass Mutti dann gesagt hat, da dürft ihr nicht hin, das ist eine Grenze ... Später kannten wir unsere Pappenheimer, die als Grenzschutzhelfer arbeiteten. Wenn da ein fremdes Gesicht zu sehen war, haben sie schnell angerufen.» Ihre Nachbarin Marianne Thoms ergänzt: «An den Zufahrtswegen waren überall Schlagbäume. Man hatte im Ausweis einen Stempel, der sagte, dass wir berechtigt sind, weil wir hier wohnen. Und wenn wir Besuch haben wollten, mussten wir vier Wochen vorher im Kreisamt der Volkspolizei einen Passierschein beantragen. Den kriegte man aber auch nur für Verwandte ersten und zweiten Grades.»

Die Grenze wurde hier am 3. Februar 1990 aufgemacht. Hannelore Armeding: «Da musste man noch ein Stück über den Strand gehen, und dann haben die Priwallaner da ein großes Fest gemacht ... Und dann haben die uns wie Bettler empfangen. Da haben sie Gulaschsuppe ausgeschenkt, umsonst. Und dann, eine Frau: Na, Sie haben ja wohl lange nichts zu essen gehabt. Ich hab' keine Erbsensuppe gegessen! ... Irgendwo haben wir was zurückbehalten. Die Dassower sind alle sperrgebietgeschädigt, die haben alle irgendwo einen kleinen Knacks.»

Bericht: Mathias Baxmann

hatten die Dassower endlich wieder einen freien Blick aufs Wasser. Und durch seine Lage an der alten Straße von Lübeck über Wismar nach Rostock (der heutigen B 105) hat der Ort nach dem Untergang der DDR einen kleinen Aufschwung erlebt: Viele ältere Gebäude aus der Zeit um 1800 sind noch erhalten und zum Teil liebevoll restauriert. Klinkerfassaden prägen das Straßenbild, die Fußwege, neu gepflastert, sind teilweise durch eine Randbepflanzung von der Straße getrennt. Bereits 1991 begann man den alten Ortskern und den Alten Speicher grundlegend zu sanieren. An den Widerstandsgeist der Dassower mag noch der trotzige Granitquaderbau der frühgotischen Nikolaikirche aus dem 13. Jahrhundert erinnern.

FISCHERDORF AN DER TRAVE

Im einst beschaulichen Schlutup, dem kleinsten Stadtteil Lübecks, hatte es sich wohl kaum jemand träumen lassen, dass der Ort vier Jahrzehnte lang zu einer regionalen Berühmtheit werden sollte. Denn hier befand sich der nördlichste Grenzübergang für die Route Rostock–Rügen und für den Transitverkehr nach Skandinavien. Die Lage an der Verbindungsachse Lübeck–Wismar besiegelte nach dem Zweiten Weltkrieg das Schicksal des Fischerdorfes am Breitling als Grenzstation. Heute dokumentiert ein Museum im ehemaligen Zollgebäude die Geschichte der Teilung in der Region detailreich.

Nach der Wende kam es hier zu einem Engpass: Der gesamte Schwerverkehr durchquerte das Dorf, vor allem die Gift- und Sondermülltransporte zur nur wenige Kilometer entfernten DDR-Mülldeponie Schönberg, die Sondermüll aus ganz Europa aufnahm. Erst eine Umgehungsstraße auf dem ehemaligen Grenzstreifen brachte die ersehnte Entlastung. Schlutup gehört heute zu einem 170 Hektar großen Landschaftsschutzgebiet mit holzreichen Brachflächen, Mager- und Trockenrasen, Feuchtbiotopen wie Mühlenteich und Schwarzmühlenteich, dem früheren Müllermoor und der Speckmoorniederung.

Bis Mitte des 19. Jahrhunderts ging es hier gemächlich zu. Die etwa 40 Fischer verkauften und räucherten ihren Fang selbst; im Nebenerwerb stellten sie Netze her. Ab 1864 kam Frischfisch aus Dänemark, anderen skandinavischen Ländern und Schottland hinzu. Die erste Anlegebrücke wurde 1876 gebaut. 1929 wurde der Fischereihafen mit einer Löschbrücke, Schuppen und Kühlhaus erweitert. Anfang der 1930er-Jahre nahmen jedoch die Fangerträge allmählich ab, und die Hochseefischerei begann. 1947 waren es 20 Fischer, und 60 Jahre später fuhren nur noch zwei hinaus auf Trave und Ostsee.

Seit Beginn des 20. Jahrhunderts hatte fischverarbeitendes Gewerbe das Auskommen der Schlutuper gesichert: 1929 gab es bereits 40 Betriebe im Ort. Die vor allem weiblichen Arbeitskräfte kamen aus Mecklenburg. Sie filetierten und verarbeiteten den Fisch (insbesondere Heringe) weiter. Doch durch den Einsatz von Filetiermaschinen einer Lübecker Firma wurden ab 1921 immer mehr Frauen arbeitslos. 1909 wurde die große Räucherei und Konservenfabrik Hawesta gegründet, und den für die Konservierung wichtigen Essig lieferte ab 1915 die in Schlutup ansässige Firma Kühne. Das Weißblech für die Konserven stellten Lübecker Unternehmen her. Fischvollkonserven *made in Schlutup* wurden zum weltweit gefragten Exportartikel Schleswig-Holsteins. Seit den 1970er-Jahren ging es jedoch mit der Fischindustrie abwärts: Konkurrenzdruck, Preiskämpfe und die immer beliebter werdende Tiefkühlkost zwangen die Betriebe zum Aufgeben. Davon betroffen waren naturgemäß auch die Zulieferer und Handwerksbetriebe. Nur Hawesta überlebte.

Zur dunklen Geschichte Schlutups gehört das Lager für Zwangsarbeiter, die während der Zeit

Von Juli 1947 bis Mai 1952 gab es an der Straße von Lübeck-Eichholz nach Herrnburg vorübergehend einen Grenzübergang. Nicht nur der Warenverkehr wurde hier abgewickelt; damals war man noch zu Fuß unterwegs, vor allem – wie auf dem Foto – in westlicher Richtung.

Auch in Lübeck-Eichholz stand einst ein „Brandenburger Tor“. Vom Kuratorium „Unteilbares Deutschland“ aufgestellt und von den Lübeckern „Brandenbaumer Tor“ genannt, stand es hier bis 1967, als eine Sturmböe es zu Fall brachte.

Gefahr
verboten

des Nationalsozialismus in Waffen- und Munitionsfabriken arbeiten mussten. Nach dem 8. Mai 1945 schließlich wurden alle Straßen- und Bahnlinien an der damaligen „SBZ-Demarkationslinie" im Raum Schleswig-Holstein geschlossen. Doch es gab eine Ausnahme: Die Landstraße von Schlutup ins mecklenburgische Selmsdorf war noch für den Durchgangsverkehr passierbar und wurde von britischen und sowjetischen Soldaten offen gehalten – bis zum 15. Juli 1947.

Nachdem dieser Grenzübergang geschlossen worden war, wurde am selben Tag etwas weiter südlich die Straße von Lübeck-Eichholz nach Herrnburg geöffnet. Herrnburg (Teil der Gemeinde Lüdersdorf) wurde später auch Sperrbezirk. Dies war nun der Grenzübergang der Lübecker, vor allem für den Transit- und Warenverkehr. Im Mai 1952 wurde auch dieser geschlossen und eine neue Grenzkontrollstelle in Lauenburg errichtet. Das traf die Wirtschaftsregion Lübeck hart, denn der direkte Weg nach Osten war dadurch gesperrt. Man konnte nur noch die Bahntransitstrecke Herrnburg–Lübeck nutzen.

Die DDR-Behörden errichteten Drahtsperren und begannen sechs Jahre später damit, die Straße aufzureißen und ein paar Meter zurückzusetzen. Um westdeutsche Bürger am Betreten von DDR-Gebiet zu hindern, wurde auf Eichholzer Seite eine rot-weiße Schranke errichtet: der „Schlagbaum Eichholz", beschützt von Zollbeamten mit Hund von der Grenzkontrollstelle. Diese wurde in Schlutup erst im März 1960 eingerichtet. Anzeichen hatte es bereits im Januar gegeben, als auf DDR-Seite erste Vorbereitungen beobachtet wurden. Auf der Westseite versammelten sich gegen Mitternacht des Rosenmontags am 29. Februar um die 1000 Lübecker und Schlutuper am Zollhof, um bei der Eröffnung des Grenzübergangs dabei zu sein. Der Weg nach Osten war – wenn auch streng reglementiert und kontrolliert – wieder passierbar.

Vorige Seiten: Alter Wachturm bei Pötenitz. Hier ist es wie vielerorts an der alten Grenze: Die Natur dominiert heute die Spuren der Geschichte, auch wenn diese gerade einmal 50 Jahre alt sind.

Es gab in Eichholz übrigens auch ein Brandenburger Tor: Das auf Initiative des Kuratoriums „Unteilbares Deutschland" aufgestellte und von der Bevölkerung „Brandenbaumer Tor" genannte Mahnmal wurde 1967 von einer Sturmböe zerstört. Am 14. Dezember 1989 wurde auch der Schlagbaum Eichholz abgebaut und wanderte ins Museum der Bundespolizei-Akademie nach Lübeck. In der Folgezeit blühte Herrnburg auf. Durch die Nähe zu Lübeck kam es zum Bauboom: Es entstand das größte zusammenhängende Neubaugebiet (und vom Durchschnittsalter her auch die jüngste Gemeinde) Mecklenburg-Vorpommerns – ganz entgegen dem Trend in den Neuen Bundesländern.

VERSCHWUNDENE DÖRFER

Gut 25 Kilometer südlich von Schlutup liegt Schlagsdorf, inmitten einer hügeligen Landschaft in der Nähe vom Mechower und Lankower See, die die Grenze zu Schleswig-Holstein bilden. Ratzeburg ist nicht weit entfernt und bestimmte über viele Jahrhunderte die Geschicke des kleinen Ortes. Seine dramatischste Zeit erlebte Schlagsdorf während der deutschen Teilung, denn es war Sperrgebiet: Seit 1952, als die Gemeinde in das Grenzsicherungssystem der DDR integriert wurde, war der Ort für Nicht-Einheimische verbotenes Gelände. Für die Bevölkerung brachte dieser Umstand viele Einschränkungen und Kontrollen mit sich. Nicht wenige verließen Schlagsdorf und die umliegenden Dörfer, andere wurden zwangsweise umgesiedelt, wenn sie in unmittelbarer Nähe am Grenzstreifen lebten – bis zu fünf Kilometer wurde diese Zone ausgedehnt. Die Bewohner mussten nun in Güstrow oder Neubrandenburg leben.

Da die Dörfer bei Schlagsdorf, die direkt an der Grenze lagen, den DDR-Soldaten keinen freien Blick bzw. kein freies Schussfeld ermöglichten, wurden sie zerstört: Zunächst wurden die

Gebäude zwischen den Grenzzäunen abgerissen; Ställe und Häuser, die nicht sofort dem Erdboden gleichgemacht werden konnten, wurden besonders gesichert. Sie konnten noch betreten werden: doch nur bis zur Sperrstunde und auf gekennzeichneten Wegen. Bald waren die Dörfer Bardowieck, Neuhof und Lankow verschwunden. Sie gehören zu einer ganzen Reihe von Dörfern, Bauernhöfen und Weilern am Grünen Band, die nicht mehr existieren und an die nur ein Gedenkstein oder eine Informationstafel erinnern.

Die DDR-Geschichte von Schlagsdorf wird im Grenzhus dokumentiert, das in einem 200 Jahre alten Domänengutshaus untergebracht ist. Die damalige Domäne mit 225 Hektar Ackerland und Wald gehörte zur Grafschaft Mecklenburg-Strelitz, und das Schicksal des letzten Domänenbetreibers gleicht vielen seiner Zeitgenossen: Seit 1942 NSDAP-Mitglied (dazu „genötigt“, wie es heißt), im Mai 1945 von US-Truppen verhaftet, dann von den DDR-Behörden schikaniert, floh er später mit seiner Familie in die britische Besatzungszone.

Im Zuge der in der sowjetischen Besatzungszone erzwungenen Bodenreform wurde die Domäne aufgelöst. Das Gutshaus wurde zum Flüchtlingsheim umfunktioniert, dann zum Schulgebäude, ab 1973 zur Kindertagesstätte. Heute beherbergt es das Museum, das die „Grenzräume“ zwischen Ostsee und Elbe nachzeichnet und versucht, diese aus west- wie ostdeutscher Perspektive erlebbar zu machen. Es stellt zahlreiche Gegenstände des alltäglichen Lebens aus, und in Dioramen und Filmen werden weitere Hintergrundinformationen geboten. Im Außenbereich sollte der Besucher die nachgebaute Grenzsicherungsanlage aus den 1980er-Jahren besichtigen. Sie wirkt erschreckend real: Signal- und Grenzzaun mit Wachturm, Spurensicherungsstreifen, Kolonnenweg und Kfz-Sperrgraben – nur die Soldaten der Grenztruppen fehlen.

STADT IM SEE

Von Lübeck aus kann man durch Auwälder auf dem 14 Kilometer langen „Drägerweg“ durch den Naturpark entlang der Wakenitz bis zur Nordspitze des Ratzeburger Sees spazieren. Die Wakenitz, der einstige Grenzfluss, hat ihre wilde Ursprünglichkeit behalten. Heute endet die Wakenitz am Falkendamm, einem Überlauf in den Elbe-Lübeck-Kanal. Einst floss sie südlich der Hansestadt in die Trave. Seit dem 13. Jahrhundert gab es Stauanlagen an der Wakenitz: Die Wasserkraft trieb unter anderem Mühlen an. So bildeten sich der Mühlenteich und der Krähenteich, Lebensraum für zahlreiche seltene Tier- und Pflanzenarten. Selbst südamerikanische Nandus sind hier heute heimisch, seit sechs ihrer Art aus einer Farm in der Nähe geflohen sind. Von ihnen sollte man sich allerdings fernhalten, denn die an Strauße erinnernden Laufvögel sind zuweilen recht aggressiv.

Manch einer denkt bei Ratzeburg heute noch an den legendären Ruderachter, der jahrelang erfolgreich von Karl Adam trainiert wurde. Er hatte 1966 die Ruderakademie auf der Domhalbinsel am Ratzeburger See gegründet und zum Olympiastützpunkt ausgebaut. Der „Ruderprofessor“ gewann mit den von ihm trainierten Mannschaften zwischen 1959 und 1967 sieben Titel bei Welt- und Europameisterschaften. Und sein Achter holte die Goldmedaille 1960 in Rom und 1968 in Mexiko-Stadt.

Ratzeburg ist ein Luftkurort mit 13 000 Einwohnern und wegen seiner einmaligen malerischen Insellage inmitten des Sees nur über drei Dämme zu erreichen. Am Westufer kann man baden, der Abschnitt zwischen Rothenhusen und Kalkhütte am Ostufer ist Naturschutzgebiet. Rohrdommel und Drosselrohrsänger brüten hier, und im Winter rasten Blässhuhn und Reiherente. Attraktiv ist die schmucke Altstadt von Ratzeburg – und mit ihr das Ernst-Barlach-Museum, von ihm selbst als

Zwangsumsiedlung

„Aktion Ungeziefer“: ein Begriff aus dem Wortschatz von Diktaturen. Hört man diese Bezeichnung (es war die amtliche), bringt man sie vermutlich nicht mit der DDR in Verbindung. Nur sieben Jahre nach Ende des Faschismus benutzten deutsche Behörden einen derartig menschenverachtenden Namen. Allein mit diesem Decknamen für seine Umsiedlungsaktion entlarvte der erste Arbeiter-und-Bauern-Staat auf deutschem Boden schon früh seinen wahren Charakter als Unrechtsregime.

Juni 1952: Als „politisch unzuverlässig“ angesehene Bürger, Bauern, die sich der Kollektivierung widersetzten, Personen «mit häufig wechselndem Geschlechtsverkehr» und «feindliche, verdächtige und kriminelle Elemente», die in unmittelbarer Nähe der Grenze wohnten, wurden ungefragt zum Teil weit ins Landesinnere umgesiedelt. Nicht selten fand sich mancher durch Denunziation auf der Liste der «feindlichen Elemente» wieder. Bald war jeder von der Umsiedlung betroffen, der im Schussfeld der Grenzer wohnte. Im Oktober 1961 wurde die „Aktion Festigung“ (auch „Aktion Kornblume“) durchgeführt – die neuen Bezeichnungen klangen zwar neutraler, die Umsiedlungsmaßnahmen aber blieben, was sie waren: unmenschlich.

Wen es betraf – insgesamt waren das etwa 12 000 Menschen –, der verlor nicht nur seine Wohnung und sein Haus, sondern seine Heimat. Ganze Dörfer zwischen Rhön und Ostsee wurden geräumt und zerstört. 3000 Betroffenen gelang die Flucht in den Westen. Es kam zu Kollektivfluchten in Thüringen: 1952 flüchteten 34 Bewohner aus Billmuthausen im Landkreis Hildburghausen bei Bad Colberg-Heldburg nach Bayern; 1978 wurde die letzte Billmuthausener Familie umgesiedelt und der Ort dem Erdboden gleichgemacht. Am 2. Oktober 1961 verließen im Eichsfeld 53 Böseckendorfer, darunter 21 Kinder, ihren Ort in Richtung Niedersachsen. Ob und wie viele Menschen bei den Aktionen 1952 und 1961 zu Tode kamen, ist nicht bekannt. Noch in den 1970er- und 1980er-Jahren gab es vereinzelte Zwangsumsiedlungen.

Es ging alles sehr schnell: Meist fuhren Lastwagen mit gedrosseltem Motor in den frühen Morgenstunden vor – ähnlich wie erst anderthalb Jahrzehnte zuvor in vielen Städten Deutschlands, als man die jüdischen Mitbürger deportierte. Nun drangen Volkspolizisten in die Häuser ein und erklärten im Kommandoton: «Fertig machen. Sachen packen. Zu Ihrer eigenen Sicherheit müssen Sie den Grenzkreis sofort verlassen.» In der Eile gelang es allenfalls, ein paar Habseligkeiten zusammenzupacken, bevor man auf die Lkw-Ladefläche klettern musste und in Notquartiere ins Hinterland gebracht wurde. Die Zwangsumgesiedelten mussten Stillschweigen wahren, eine Entschädigung für den Verlust von Häusern und Höfen gab es nicht.

Nun drangen Volkspolizisten in die Häuser ein und erklärten im Kommandoton: «Fertig machen. Sachen packen. Zu Ihrer eigenen Sicherheit müssen Sie den Grenzkreis sofort verlassen.»

Dahinter lag die ersehnte Freiheit: Grenzzaun und -pfosten im Grenzmuseum Zarrentin.

Diese Maßnahmen waren lange vorbereitet und genauestens geplant worden – dabei widersprachen sie ohne gesetzliche Grundlage der DDR-Verfassung. Es gab nur die Weisung des Ministers für Staatssicherheit Wilhelm Zaisser und die Verordnung des Ministerrats vom 26. Mai 1952 «über Maßnahmen an der Demarkationslinie zwischen der DDR und den westlichen Besatzungszonen Deutschlands». Diese Verordnung ermöglichte den Ausbau der innerdeutschen Grenze: Nachdem die Menschen weg waren, wurde ein 500 Meter breiter Schutzstreifen angelegt, Zäune gezogen und Wachtürme errichtet. Der gesamte Grenzraum bis zu einer Tiefe von fünf Kilometern wurde zur „Sperrzone" erklärt. Die einstige Heimat vieler Menschen durfte man nur noch mit einem Sonderausweis betreten.

das „Alte Vaterhaus" bezeichnet. Seit 1956 werden hier Werke aus allen Phasen seines Schaffens gezeigt: Zum Beispiel Bronzen und Zeichnungen, in denen Barlach noch dem dekorativen Jugendstil verpflichtet ist.

Der Name der Stadt geht auf den Fürsten Ratibor/Ratse zurück, der hier im 11. Jahrhundert in einer Burg (Racesburg) residierte. Erste Siedler brachten das Christentum in die Region. Heinrich der Löwe gründete 1154 die Stadt und das Bistum, das bis 1554 existierte und seinen Einfluss in der Region nachhaltig geltend machte: Die Herrschaft des Bistums reichte vom Westen Mecklenburgs bis zum Herzogtum Lauenburg. Die Stadt ließ Herzog Georg Wilhelm von Braunschweig-Lüneburg 1692 befestigen. Doch der Dänenkönig Christian V. sah darin eine Verletzung des Westfälischen Friedens und ließ sie bereits ein Jahr später bis auf die Domhalbinsel und fünf Häuser zerstören.

Wieder aufgebaut, erhielt sie das Gesicht einer barocken Stadt nach dem Vorbild Mannheims. Nach dem Wiener Kongress 1814/15 Dänemark zugesprochen, gehörte Ratzeburg ab 1865 zum Herzogtum Lauenburg, wurde preußisch und Garnisonsstadt. Von den Zerstörungen des Zweiten Weltkriegs blieb die Stadt verschont; kurz vor Kriegsende besetzten englische Truppen ohne Widerstand Ratzeburg. Durch Tausende von Flüchtlingen aus Mecklenburg, aus den ehemaligen deutschen Ostgebieten und aus den zerbombten Hansestädten Hamburg und Lübeck verdoppelte sich die Einwohnerzahl fast. Bis 1989 verlief die innerdeutsche Grenze unmittelbar vor der Haustür beziehungsweise am See.

1851 war in Ratzeburg die Moderne in Gestalt des Baus der Lübeck-Büchener Eisenbahnlinie eingezogen, auf der bis 1945 die Schnellzüge von Kiel nach Berlin verkehrten. Zwischen Ratzeburg und Hollenbek ist ein Teilstück dieser Bahnstrecke erhalten, die man von 1897 bis 1962 „Kaiserbahn" nannte und bis 1994 „Rübenbahn". Seit 1998 wird sie als Draisinenstrecke der Erlebnisbahn Ratzeburg durch den Naturpark Lauenburgische Seen touristisch genutzt. Die deutsche Teilung brachte es mit sich, dass auf DDR-Seite 1952 die Gleise von Zarrentin am Schaalsee bis zur „Zonengrenze" demontiert wurden. Im Westen blieben nur 13 Kilometer der Strecke durch die wenig besiedelte Landschaft, die nordöstlich von Hollenbek auf freiem Feld endete. Diese Kurzstrecke wurde in den 1950er-Jahren noch mit Haltepunkten in Klein Zecher, Hakendorf, Sterley und Althors für den Personenverkehr genutzt; Schmilau und Hollenbek waren mit Schienenbussen („Ferkeltaxen") angebunden. Der Güterverkehr rollte wegen der in der Gegend geernteten Zuckerrüben bis nach Uelzen zur Zuckerfabrik. Heute kann sich jeder auf den historischen Gleisen mit Handhebeldraisinen und per Muskelkraft durch die schöne Landschaft westlich des Schaalsees bewegen und den Anfängen der Eisenbahn nachspüren.

BAUERNLEBEN

Die historisch zum Ratzeburger Land gehörenden Gemeinden Ziethen, Mechow, Bäk und Römnitz fielen im sogenannten Barber-Ljaschtschenko-Abkommen zwischen den Briten und den Sowjets 1945 an den Kreis Herzogtum Lauenburg (Schleswig-Holstein). Thandorf, Schlagsülsdorf, Utecht mit Campow und die Schaalseeinsel Stintenburg gehörten fortan zur DDR. Der zwischen Generalmajor Barber und dem Sowjetoffizier Ljaschtschenkow vereinbarte Gebietstausch wurde nach der Wiedervereinigung nicht korrigiert – es blieb so, wie es 45 Jahre gewesen war. Die Bauern, die hier lebten, waren nun allerdings nicht mehr gebunden wie so lange zuvor.

Es ist dabei bemerkenswert, dass es im Ratzeburger Land keine Leibeigenschaft oder Großgrundbesitzer gab – im Gegensatz zu den anderen Herrschaftsbereichen der mecklenburgischen Herzöge. Die Bauern waren frei; der Bischof zu Ratzeburg hatte offensichtlich kein großes Interesse am Unterhalt von Gütern und an der Enteignung von Bauernhöfen (Bauernlegen). Die Güter im übrigen Mecklenburg hatten sich aus der Gutsherrschaft der Ritter im 14./15. Jahrhundert als Gutswirtschaft entwickelt. Seit dem 17. Jahrhundert vergrößerten die Grundherren ihren Besitz durch Bauernlegen erheblich. Es bildeten sich reine Gutsdörfer, und die Bauern wurden am Rande der Gutsgemarkung in Ausbauten angesiedelt. Dort entstanden von den Gütern abhängige Vorwerke (Hofanlagen). Im 19. Jahrhundert bauten sich die Grundherren vielfach erhaltene große bis schlossartige Gutshäuser, einige mit prächtigen Parkanlagen – während sich die kleinbäuerliche Bewirtschaftung mit ihren charakteristischen kleinflächigen, durch Hecken gesäumten Äckern hier und da halten konnte.

Um 1800 gehörte Mecklenburgs „Dorfland" zur Hälfte Großgrundbesitzern, die als „Ritterschaft" Sitz und Stimme im Landtag hatten; gegen Ende des 19. Jahrhunderts waren es dann mehr bürgerliche als adlige Gutsbesitzer. Die andere Hälfte gehörte den Landesherren, den Großherzögen. Die Erträge dieser „Domänen" (Herrschaftsbereiche) gingen an die Staatskasse, und ab 1849 wurden sie immer mehr für die aufwendige Hofhaltung der Landesherren benötigt. Auch Städte, Kirchen und evangelische Klöster besaßen Domänen.

Man legte einen sogenannten Domänenhof als lang gestrecktes Rechteck an, das an der einen Schmalseite durch das Haus des Domänenpächters abgeschlossen wurde. An den Längsseiten links und rechts befanden sich die Wirtschaftsgebäude, die Katen der Domänenarbeiter und die „Schnitterkaserne" für Erntehelfer und Wanderarbeiter. Die Katen und Schnitterkasernen waren Ziegelsteinbauten mit zwei bis vier Wohneinheiten. Die Wirtschaftsgebäude sind heute in der Regel in ihrer ursprünglichen Form nur noch vorhanden, wenn eine Domäne als großes Gut bewirtschaftet wird; häufig wurden sie zu Wohnhäusern oder gar Reihenhäusern umgebaut.

Großgrundbesitzer wollten die Anzahl der Bauern gering halten, der Landesherr war dagegen daran interessiert, seine Landeskinder zu halten. Sie sollten sich als Kleinbauern („Büdner") mit Höfen selbstständig machen. Dafür erhielten sie Land, für das eine jährliche Pacht („Kanon") gezahlt werden musste. Ein Büdner besaß ein kleines ländliches Anwesen mit eigenem Haus, aber wenig Land. 1753 ermöglichte Herzog Christian Ludwig II. per Dekret in Mecklenburg die Entstehung solcher Kleinsthöfe. Der Büdner erhielt Materialien zum Bau seines Anwesens, dazu ein Hektar Anbaufläche und das Weiderecht für wenige Tiere zur Pacht. Der Herzog wollte damit die Flucht von Landbewohnern verhindern – vor allem die von nicht erbberechtigten Bauernkindern, die ohne eigene Wohnung noch nicht einmal heiraten durften. Doch die kleine Nutzfläche reichte häufig nicht für den Lebensunterhalt der Familien. Büdner waren auf Nebenerwerb angewiesen, wenn sie nicht Land dazupachten oder Land kaufen konnten.

Zu Beginn des 19. Jahrhunderts kam es in Mecklenburg zu einer zweiten „Büdneransetzung", und im Verlauf der Jahrzehnte hatten viele Büdnereien bis fünf Hektar Anbaufläche. Der Büdner war zum Bauern geworden. An seine Stelle trat ab 1846 nun der Häusler. Der Landesherr wollte der nach wie vor grassierenden Landflucht erneut ein wirksames Mittel entgegensetzen. Der Häusler durfte im Gegensatz zu den damaligen Büdnern auch ein Handwerk ausüben: 1860 gab es 2200 Häuslereien, in den 1920er-Jahren waren es 13 000 und etwa 9000 Büdnereien.

Der Landesherr und ab 1919 an seiner Stelle der Staat verteilten die Domänen auch bevorzugt

an mehrere Einzelbauern. Die Folge war, dass die Fläche vieler Domänen abnahm, manche wurden ganz aufgelöst. Doch die meisten Domänen blieben bis 1945 erhalten. Mit dem Ende des Zweiten Weltkriegs kam die „Bodenreform" und mit ihr die Enteignung. 1945/46 wurden in der sowjetischen Besatzungszone Großgrundbesitzer mit mehr als 100 Hektar Fläche, Kriegsverbrecher und NSDAP-Mitglieder entschädigungslos enteignet. Der Lokale Bodenfonds verteilte das Land. Nicht wenige Gutsbesitzer wurden von der sowjetischen Militärverwaltung interniert, oft in den ehemaligen KZs. Domänenpächter wurden wie Großgrundbesitzer behandelt, auch wenn man ihnen das Land nicht wegnehmen konnte – es gehörte ja der Stadt, der Kirche oder dem Staat. Was man ihnen nicht nehmen konnte, war ihr Eigentum: das Vieh und die landwirtschaftlichen Geräte, Möbel und persönlichen Besitz. Die Bauernfamilien wurden verjagt, häufig hatten sie nur noch das, was sie am Leibe trugen. Sie flüchteten in die Städte oder gingen ins Ausland.

1952 wurden die ersten Landwirtschaftlichen Produktionsgenossenschaften (LPG) gegründet, da die Erträge der neuen Kleinbauern gering geblieben waren. Ab 1960 zwang man unter erheblichem staatlichem Druck auch Mittel- und Großbauern in die Kollektivierung. Als Vorbild galten die sowjetischen Kolchosen. Die Bauern hatten ihr Land als „Produktivvermögen" einzubringen, und bereits Ende 1960 bewirtschafteten die LPGs über 85 Prozent der landwirtschaftlichen Nutzfläche in der DDR. Die Genossenschaftsbauern blieben formal Eigentümer ihres Grund und Bodens, doch hatte die Kollektivierung sie faktisch enteignet. Ihnen blieb das Gefühl des Verlusts – auch wenn einige in der Großraumlandwirtschaft später Vorteile sahen. Der Genossenschaftsbauer war dem Arbeiter gleichgestellt; das bedeutete ein Achtstundentag und Urlaubsanspruch. Er wurde nach Leistung bezahlt, wobei sich sein Lohn nach dem Ergebnis der Genossenschaft richtete. Ein Mindestlohn war staatlich garantiert. Bald entwickelten sich die Betriebe zu großen, spezialisierten Einheiten, und die Landwirtschaft wurde nun mit schwerer Technik, Pflanzenschutz- und Düngemitteln intensiviert. «Die LPG wurden mit Unterstützung sowie unter Führung der Arbeiterklasse und deren marxistisch-leninistischer Partei vor allem von den werktätigen Bauern und Landarbeitern auf der Grundlage der im Leninschen Genossenschaftsplan entwickelten Prinzipien auf freiwilliger Grundlage gebildet. In den LPG schlossen sich die Werktätigen der Landwirtschaft zur gemeinsamen Produktion zusammen, um die moderne Technik und die Erkenntnisse der fortgeschrittenen Agrarwissenschaft voll nutzen zu können», liest man in einem DDR-Lexikon als wohlfeile historische Lebenslüge.

GRÜNE OASE AN DER GRENZE

Im Frühling und Frühsommer rapsgelb und mohnrot, im Sommer und Spätsommer dann sonnenblumengelb – so präsentiert sich die Landschaft rund um den Schaalsee; gegliedert durch schattige Alleen mit uralten Bäumen und mit landwirtschaftlich genutzter Fläche.

Heute lässt sich kaum noch erkennen, dass hier eine schwer bewachte Grenze ein intaktes Naturreservat durchschnitt. Man kann aber noch erahnen, wie es vor mehr als fünf Jahrzehnten und noch früher, vor der Teilung, ausgesehen haben muss. Ja, man kann es fast noch einmal erleben, wenn man sich die Zeit nimmt und durch diese Region streift. Nicht nur das ruhesuchende Auge weidet sich an mancher Naturbesonderheit, auch die Ohren werden geschärft für besondere Klänge: Vor allem im Frühjahr und Herbst geben zahlreiche Vogelarten vielstimmige Konzerte – Seeadler, Kranich, Graureiher, Storch, Rohrdommel oder der blaugefiederte Eisvogel lassen sich

Der spätsommerliche Schaalsee bei Zarrentin im Morgengrauen.

Hinter der alten Grenze ist die Natur im Biosphärenreservat Schaalsee intakt geblieben. An manchen Tagen kann man hier mit etwas Glück Seeadler beobachten.

in dieser von viel Wasser durchzogenen Landschaft beobachten.

Den Kern des 309 Quadratkilometer großen Biosphärenreservats bildet der Schaalsee: 15 Kilometer lang, sechs Kilometer breit und bis zu 72 Meter tief. Damit ist er das tiefste Gewässer der Norddeutschen Tiefebene. Trotz des strengen Schutzes gibt es an vielen Stellen naturbelassene Badeplätze. Und wer den Schaalsee auf dem Wasser genießen will, hat dazu von Zarrentin am Südufer aus Gelegenheit.

Schon in diesem nördlichen Bereich der ehemaligen Grenze zeigt sich, was die politische Teilung Deutschlands – eine für viele Menschen sehr schmerzhafte Zäsur – paradoxerweise auch „Positives“ hinterlassen hat: Es gibt zwar einige solcher Abschnitte am Grünen Band, aber nirgends ist es so naturbelassen wie hier. Der „Dornröschenschlaf“ der Natur am Schaalsee hat ein kleines Paradies hervorgebracht. Und dass die Region touristisch noch nicht besonders erschlossen ist, gereicht der Landschaft und den Menschen doch zum Vorteil.

Mit der Jahrtausendwende wurde die Region um den Schaalsee von der Unesco als internationales Biosphärenreservat anerkannt. Es zieht sich östlich der heutigen Bundeslandgrenze von Mecklenburg-Vorpommern von der Südspitze des Schaalsees bis zur Nordspitze des Ratzeburger Sees: ein einmaliges biotop- und artenreiches Gebiet, das als Landschaftstyp den zentralen Bereich des „Baltischen Buchenwalds“ repräsentiert. Der Waldanteil beträgt im Biosphärenreservat allerdings nur noch etwa 18 Prozent. Landwirtschaftlich genutzte kleinteilige Flächen, durch Wall-

hecken („Knicks“) gegliedert, kennzeichnen diese sogenannte Knicklandschaft.

Die Eiszeit und das auf sie folgende Schmelzwasser brachten die Charakteristika dieser Landschaft hervor – Zeitzeugen der eiszeitlichen Entstehungsgeschichte sind Rinnenseen, schmale, bahndammähnliche Wallberge („Oszüge“), sandig-kiesige Rücken („Kames“) am Schaalseeufer und Findlinge. Die Hecken und Knicks sind besonders wichtig für die Biotope, denn an ihnen orientieren sich Fledermäuse und Amphibien. Sie bieten ökologische Nischen für zahlreiche Tiere und Pflanzen, die auf den intensiv landwirtschaftlich genutzten Flächen häufig keinen Lebensraum mehr finden. So können in einem Knick bis zu 1800 Tierarten heimisch sein.

Der Schaalsee ist Teil einer weitläufigen Seenlandschaft: Nach Norden hin geht er in den Lassahner See und den Bernstorfer Binnensee über.

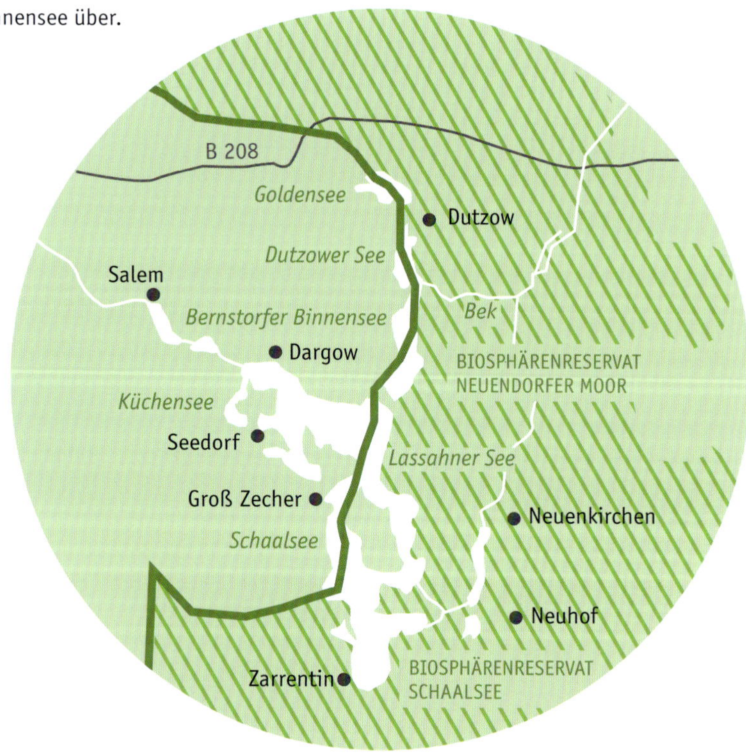

DIE BRÜCKE VON KITTLITZ

Die Siedlungsgeschichte am Schaalsee reicht weit zurück: Schon im 10. Jahrhundert gab es am Nordwestufer eine slawische Wallburg. Bis Mitte des 18. Jahrhunderts dienten die heutigen Bauernstellen als „wüste Höfe“ dem damaligen Gut und Pfarramt Mustin. Sie mussten Naturalien abgeben. 1785 wurden die Felder auf zehn Besitzer aufgeteilt, und es entstanden die erwähnten „Knicks“. Das Naturschutzgebiet „Kittlitzer Hofsee und Umgebung“ mit seinen Niederungswiesen und Erlenbrüchen bietet Schwarzwild, Rehwild und brütenden Kranichen einen idealen Lebensraum.

Das Kittlitzer Wappen erläutert sehr schön die geographische Lage und Geschichte des Ortes: Der linke grüne Bereich wird durch eine senkrechte silberne Welle von einem roten geteilt. Links prangt eine silberne heraldische Blume mit drei als Schächerkreuz dargestellten silbernen Blättern. Diese erinnern an die slawische Bedeutung des Ortsnamens: „Blumenau“. Die Welle symbolisiert die Au, die Blätter die Uferlinien des Niendorfer Binnensees, des Dutzower Sees und des Goldensees, den nördlichen Ausläufern des Schaalsees, die die Ostgrenze von Kittlitz bilden – von 1945 bis 1989 mit einem dahinter errichteten Metallgitterzaun.

Der Goldenseebach, eigentlich nur ein Rinnsal, das den Dutzower See mit dem Goldensee verbindet und die Grenze zwischen den Gemeinden Kittlitz und Kneese markiert, wurde zum schwer bewachten Grenzbach zweier Staaten. Diese Grenze war unüberwindbar. Verwandte grüßten sich vom Zaun oder Schlagbaum aus durch Zurufe und Winken. Später ging auch das nicht mehr: Im Osten richtete man ein militärisches Sperrgebiet ein. Mindestens zehn Häuser mussten einer einen Kilometer langen Betonmauer weichen.

Kurz nach dem 9. November 1989 trafen sich Bürger aus beiden Gemeinden. Noch mussten sie den nahe gelegenen Grenzübergang Mustin

Bei Kittlitz nahmen die Bürger die Wiedervereinigung in die eigene Hand und errichteten eine provisorische Holzbrücke, an die der Pfeiler rechts erinnert.

bei Ratzeburg benutzen, um zueinander zu gelangen. Am 12. Mai 1990 ging es dann plötzlich sehr schnell. Offenbar spontan versammelten sich 50 Menschen auf beiden Seiten des Baches, um wieder eine Verkehrsverbindung zwischen den Nachbargemeinden herzustellen. Die Männer der Freiwilligen Feuerwehr bauten eine Holzbrücke von Rosenhaben (Kittlitz) über den Goldenseebach nach Dutzow (Kneese) – ohne Genehmigung, ohne einen Gedanken an mögliche finanzielle oder rechtliche Folgen. Sie haben's einfach gemacht: ein Brückenschlag voller Emotionen.

Zwei Jahre später wurde die Holzbrücke durch eine Betonbrücke ersetzt, 20 Meter lang, etwa fünf Meter breit, Kopfsteinpflaster und mit einem breiten Fahrradweg. Um an ihre eigene Version der Wiedervereinigung zu erinnern, veranstalten die Feuerwehren jedes Jahr am 3. Oktober ein Brückenfest.

KLOPSTOCK IN STINTENBURG

Mitten auf einer fünf Hektar großen Insel im Schaalsee liegt das Herrenhaus Stintenburg: von hohen Bäumen umstanden, das Ufer von Schilf umgeben. Einst gehörte die Insel zum Herzogtum Sachsen-Lauenburg, seit 1945 zu Mecklenburg. Ein befahrbarer Damm verbindet sie mit dem Ostufer und im Westen mit der Insel Kampenwerder. Von 1810 bis 1817 wurde das heutige klassizistische Gebäude nach Abtragung des Vorgängers gebaut. Seit dem 13. Jahrhundert befand sich das Gut im Besitz der Grafen von Schwerin, 1740 übernahmen die von Bernstorff das Gut. 1943 wurde die Familie von den Nationalsozialisten enteignet; Albrecht Graf von Bernstorff, Diplomat und Widerstandskämpfer, kam zunächst ins KZ Ravensbrück und wurde Ende April 1945 in Berlin erschossen. Doch hat die kleine Insel ihre

Hier besteht das Grüne Band vor allem aus Wasser: im Vordergrund Schaalsee und Lassahner See, an den sich Richtung Horizont der Bernstorfer Binnensee, der Dutzower See und der Goldensee anschließen.

Spuren in der Literatur hinterlassen – 1767 war Friedrich Gottlieb Klopstock bei den Bernstorffs zu Gast und schrieb die Ode „Stintenburg“:

Insel der froheren Einsamkeit,
Geliebte Gespielin des Wiederhalls
Und des Sees, welcher itzt breit, dann, versteckt
Wie ein Strom, rauscht an des Walds Hügeln umher,

Selber von steigenden Hügeln voll,
Auf denen im Rohr die Moräne weilt,
Sich des Garns Tücke nicht naht, und den Wurm
An dem Stahl, leidend mit ihm, ferne beklagt.

Flüchtige Stunden verweilt' ich nur
An deinem melodischen Schilfgeräusch;
Doch verläßt nie dein Phantom meinen Geist,
Wie ein Bild, welches mit Lust Geniushand
Bildete, trotzt der Vergessenheit!
Der Garten des Fürsten verdorrt, und wächst
Zu Gesträuch, über des Strauchs Wildnis hebt
Sich der Kunst meisterhaft Werk daurend empor.

Nach der deutschen Teilung zog in Reichweite der nur zwei Kilometer weiter westlich verlaufenden Grenze die NVA in das Herrenhaus ein. Es wurde zur Zentralschule des Ministeriums für Staatssicherheit und diente bis 1985 der Ausbildung inoffizieller Mitarbeiter für die MfS-Grenztruppen. Seit 1993 ist Stintenburg wieder im Besitz der Familie von Bernstorff, die auch im Herrenhaus wohnt. Die Insel gehört zur Stadt Zarrentin, und das Restaurant Brückenhaus am Schaalsee auf dem Inseldamm trägt in Erinnerung an den berühmten literarischen Gast von einst die Adresse Klopstockweg 1.

Das klassizistische Herrenhaus Stintenburg liegt malerisch inmitten der Endmoränenlandschaft Schaalsee.

Noch ein architektonisches Kleinod am Schaalsee: Kloster Zarrentin. Ursprünglich bildete die Klosteranlage zusammen mit der Kirche Zarrentin ein geschlossenes, leicht trapezförmiges Rechteck mit einem Kreuzgang rund um den Innenhof.

DAS KLOSTER ZARRENTIN UND DER TEUFEL

Die idyllisch an der Südspitze des Schaalsees gelegene Kleinstadt Zarrentin besitzt dörflichen Charme. Die Schaale durchfließt die Stadt als natürlicher Abfluss des Sees. Zarrentin gehört zu den ältesten Orten der Region. Seit dem 11. Jahrhundert hatten Slawen hier gesiedelt. Der Stadtname könnte auf eine Kultstätte hinweisen: Er bedeutet in etwa „Ort des Bösen" oder „Ort des Schwarzen". 1194 wurde Zarrentin als deutsches Pfarrdorf mit einer Feldsteinkirche als Besitz des Bistums Ratzeburg erwähnt. Später gehörte der Ort den Grafen von Schwerin, dann den Herzögen von Mecklenburg, die, da sie knapp bei Kasse waren, den Ort ab 1569 bis 1766 an das Haus Hannover verpfändeten.

Schwedische Truppen wüteten im Dreißigjährigen Krieg; zu allem Überfluss brannte der Ort in seiner Geschichte dreimal fast vollständig nieder: 1695, 1729 und 1775. Im 19. Jahrhundert expandierte das Straßendorf, das 1896 an die Eisenbahnlinie Hagenow Land–Bad Oldesloe (Kaiserbahn) angeschlossen wurde. Der wirtschaftliche Aufschwung begann mit einer Fass- und Kartoffelflockenfabrik, und es entstand eine Kalkbrennerei. Der Korn- und Viehhandel blühte, ein Gaswerk wurde gebaut. 1938 erhielt das inzwischen 2000 Seelen zählende Zarrentin das Stadtrecht.

Zu einer isolierten Grenzstadt wurde Zarrentin nach dem Zweiten Weltkrieg, denn der Zugang zum Schaalsee war nicht mehr möglich. Während der DDR-Zeit wurden eine zentrale Wasserversorgung, eine neue Schule und ein Kinderkombinat gebaut. Nach der Fertigstellung der Transitautobahn Hamburg–Berlin im November 1982 entstand vier Kilometer südlich der Stadt ein weiträumiger Grenzübergang.

Nach 1991 sanierte man den Ort. Der „sanfte" Tourismus hielt Einzug. Am südlichsten Seezipfel befindet sich das Pahlhuus, Sitz des Amtes für das Biosphärenreservat Schaalsee und Informationszentrum. 150 Quadratmeter Ausstellungsfläche bieten alles, was man über das Schutzgebiet wissen muss – mit einem Steinerlebnispfad und einem Moorpfad, die Einblicke in diesen sensiblen Lebensraum erlauben.

Seit Mitte des 13. Jahrhunderts existiert in Zarrentin ein Kloster, das von der Gräfin Audacia und ihrem Sohn, dem späteren Graf Gunzelin III. von Schwerin, gegründet wurde. Es war bis 1552 ein Ort der Erziehung (aber auch der Zuflucht) für adlige Töchter aus den benachbarten Grafschaften und Töchter von Lübecker Patrizierfamilien. Im Zuge der Säkularisation wurde es aufgelöst, der Süd- und der Westflügel abgerissen. Nur der Ostflügel aus dem 14. Jahrhundert blieb erhalten und diente als Kornspeicher, Brauerei und Brennerei, Amtsverwaltung und -gericht, Kindergarten, Bibliothek, Heimatstube und Wohnhaus. Der Südtrakt war zeitweise Hengstdepot und Jugendherberge. Nach dem Zweiten Weltkrieg war das Kloster schließlich dem Verfall anheimgegeben.

Nach der Wende verstrich ein weiteres Jahrzehnt, bevor das Baudenkmal zwischen 2003 und 2006 umfangreich saniert wurde. Sehr schön ist das wiederhergestellte gotische Kreuzrippengewölbe im Erdgeschoss. Im Kreuzgang erzählt eine Dauerausstellung die Geschichte des Klosters, das einstige Refektorium und der Barocksaal bieten einen historischen Rahmen für Veranstaltungen.

Wie in vielen Regionen Deutschlands gibt es auch am Schaalsee eine Legende mit Lokalkolorit. Kein Geringerer als der Teufel spielt am „Ort des Bösen" eine der Hauptrollen in der Legende von der Äbtissin, die so gerne Maränen essen wollte. Im See gab es aber keine. So schloss sie einen Handel mit dem Teufel: Würde er diesen von ihr so begehrten Fisch bis Mitternacht aus dem See holen, erhielte er ihre Seele. Sie ließ jedoch die Turmuhr der Klosterkirche vorstellen. Als der Teufel mit seiner Beute zurückkehrte, schlugen die Glocken bereits zur mitternächtlichen Stunde. Aus Ärger über seine Verspätung warf er seinen Fang in den Schaalsee, und seitdem gibt es hier neben den 28 anderen Fischarten (unter anderem Aal, Steinbeißer, Stint, Hasel, Quappe) die inzwischen landesweit geschätzten Großen und Kleinen Maränen. Diese Delikatesse ziert heute sogar das Wappen der Stadt. Selten sind auch die eiszeitlichen Reliktkrebse, die nur in wenigen norddeutschen Seen zu Hause sind, und die in acht bis 40 Meter Tiefe lebende Flohkrebsart *Pallasea quadrispinosa* – die besonders bei den Großen Maränen beliebt ist.

AM WASSERSTRASSENKREUZ

Das Wasserstraßenkreuz bestimmt seit alters her das Leben Lauenburgs: Da ist zunächst die Elbe, die Fernwasserstraßenverbindung von der Nordsee bis nach Prag, und der in der Stadt abzweigende Elbe-Lübeck-Kanal, die Wasserstraße zum Lübecker Hafen und zur 62 Kilometer entfernten Ostsee. Drei Kilometer westlich im Niedersächsischen beginnt am Südufer der Elbe-Seitenkanal, die Verbindung zu den Kanälen Westdeutschlands und nach Berlin. Am Nordufer, westlich von Lauenburg, ist die Geest an der ehemaligen Mündung der Möllner Schmelzwasserrinne in das Urstromtal der Elbe 68 Meter hoch; der Fluss hat hier über die Jahrhunderte ein hohes Steilufer geschaffen. Selbst immer wieder von Hochwasser bedroht – den höchsten Pegelstand (9,63 Meter) überhaupt verzeichnete man im Juni 2013 –, diente die Elbestadt 2006 als Kulisse für den TV-Zweiteiler „Die Sturmflut", der die Geschichte der großen Hamburger Sturmflut von 1962 erzählt.

Der Stadtname leitet sich vom slawischen *lave* für Elbe ab. Die Stadt im Dreiländereck Schleswig-

Das Panorama von Lauenburg, der südlichsten Stadt Schleswig-Holsteins, im Morgenlicht. Der alte Handelsort am nördlichen Elbufer ist geprägt von Fernwasserstraßen, die sich hier kreuzen.

Holstein, Niedersachsen und Mecklenburg-Vorpommern ist stolz auf seine bunten, kaum mehr als drei Stockwerke hohen Häuser aus Fachwerk und Ziegeln – die Backsteingotik prägt die Altstadt. Schon im Mittelalter war Lauenburg ein wichtiger Handelsort. Auf den Handelswegen von Hamburg nach Rügen wurden rege Waren ausgetauscht, unter anderem führt hier die alte Salzstraße vorbei.

Das Lauenburger Land verdankt vor allem dem Welfen Heinrich dem Löwen (1129–1195) seine wirtschaftliche Entwicklung: Er förderte die Lüneburger Saline, gründete Lübeck und leitete auch die Besiedlung des Ostens ein. 1417 verlieh Herzog Erich V. den Lauenburgern das Privileg, dass nur sie das Lüneburger Salz auf dem einstigen Stecknitzkanal nach Lübeck und andere Waren aus Lübeck auf der Elbe weiter nach Hamburg befördern durften.

Von den Zerstörungen des Zweiten Weltkriegs blieb die Stadt weitgehend verschont. Doch 1945 sprengte die Wehrmacht auf ihrem Rückzug die für Lauenburg lebenswichtige Elbbrücke, und von der gegenüberliegenden Elbseite aus beschossen britische Truppen die Stadt, die nach der Zerstörung einiger Häuser schnell kapitulierte. Erst 1951 konnte die neue Elbbrücke fertiggestellt werden. Zu einem dramatischen Grenzzwischenfall kam es schließlich am 12. März 1953, als ein britisches Flugzeug von einer sowjetischen MiG-15 in Grenznähe zur DDR abgeschossen wurde.

MECKLENBURGS WESTLICHSTE STADT

Boizenburg, die westlichste Stadt Mecklenburg-Vorpommerns, liegt am rechten Elbufer, unmittelbar an der Grenze zu Niedersachsen im Naturpark Mecklenburgisches Elbetal. Der Name der Stadt

Feuerspucker am „Schlagbaum Eichholz". Eigentlich harmlose Protestaktionen wie diese wurden im damaligen Jargon als „Grenzzwischenfälle" gewertet.

„Grenzzwischenfälle“

An der innerdeutschen Grenze reichte die Bandbreite der sogenannten Grenzzwischenfälle von Übermut bis zur offenen Provokation. Mancher Dummejungenstreich wurde häufig im alkoholisierten Zustand ausgeführt: Da wurde ein DDR-Grenzpfahl mit dem Traktor weggeschleppt oder Leuchtraketen abgeschossen, um die Soldaten auf der anderen Seite zu verunsichern. Das war durchaus gefährlich und hätte einen ernsthaften, bewaffneten Grenzkonflikt provozieren können.

Beliebt waren auch Mutproben für besonders Waghalsige, die kletternd die Grenze in Richtung Osten zu überwinden versuchten. Andere gingen nah an den Grenzzaun heran, um Bücher, Zeitschriften oder Flugblätter hinüberzuwerfen. Harmlos waren dagegen circensische Vorführungen vor den Augen der patrouillierenden DDR-Grenzer, wenn zum Beispiel Feuerspucker vor Grenzanlagen ihre Show abzogen. Oft fanden solche Aktionen am 17. Juni statt, dem Tag der Deutschen Einheit zur Erinnerung an den Volksaufstand 1953, der in der BRD von 1954 bis 1990 ein Feiertag war. Die Beamten von Zoll und Bundesgrenzschutz hatten viel zu tun, solche Zwischenfälle zu unterbinden.

Eine bemerkenswerte Ausnahme waren in dieser Hinsicht die Aktionen von Michael Gartenschläger: Der 32-jährige Handwerker baute Selbstschussanlagen (SM 70), die gegen internationales Recht verstießen und deren Existenz die DDR stets bestritten hatte, vom Westen aus am Grenzzaun ab. Er hatte zuvor zehn Jahre wegen „staatsgefährdender Hetze und Propaganda“ in DDR-Haftanstalten gesessen und war 1971 von der Bundesrepublik freigekauft worden. Den ersten „Todesautomaten“ montierte er am 20. März 1976 ab. Der Spiegel honorierte seine Geschichte, die große Aufmerksamkeit erregte, mit 12 000 D-Mark. Eine zweite Selbstschussanlage entfernte Gartenschläger am 28. April 1976. Bei seiner dritten Aktion in der Nacht zum 1. Mai 1976, erneut bei Bröthen im Kreis Herzogtum Lauenburg, wurde er am „Grenzknick“ bei Grenzsäule 231 von DDR-Grenzsoldaten erschossen. Heute befindet sich hier eine Gedenkstätte, und in Erinnerung an Michael Gartenschläger und seinen Mut wird diese Stelle „Gartenschlägereck“ genannt.

Erst im Oktober 1983 verkündete der damalige SED-Generalsekretär Erich Honecker den Abbau der etwa 60 000 am gesamten Grenzverlauf installierten Selbstschussanlagen. 1984 waren sie abgebaut. Wie viele Menschen durch sie ums Leben gekommen sind, ist nicht eindeutig geklärt, da die DDR-Behörden Fluchtversuche nicht dokumentierten. Die Gedenkstätte Deutsche Teilung in Marienborn nennt neun Fälle, doch die tatsächliche Zahl dürfte höher sein. Man weiß auch nicht genau, wie viele Todesopfer es an der Grenze insgesamt gab: Man schätzt, dass es mehr als 900 waren. Die zentrale Behörde zur Verfolgung der DDR-Regierungskriminalität, die Berliner Staatsanwaltschaft, gibt 270 Todesfälle an; 237 Menschen wurden erschossen bzw. durch DDR-Grenzsoldaten getötet, 33 kamen durch Erd- und Splitterminen ums Leben. – Die Todesschützen von Michael Gartenschläger wurden juristisch nie zur Rechenschaft gezogen.

verweist auf eine ehemalige Burg am Fluss Boize, der durch die Stadt fließt, und bedeutet so viel wie „Buchenwaldburg". Entscheidend für die Siedlungsgeschichte war der Fernhandelsweg vom Harz in den Ostseeraum, der hier ab dem 9. Jahrhundert von einer slawische Niederungsburg mit Graben, Erdwall und hölzernen Palisaden gesichert wurde.

Die Innenstadt wird von einer ringförmigen, mit Lindenbäumen bepflanzten mittelalterlichen Wallanlage eingeschlossen, die auf beiden Seiten von Gräben umgeben ist. Über 45 Brücken verbinden die angrenzenden Fachwerkhäuser mit dem Wall. Ein Großbrand zerstörte 1709 weite Teile der Stadt. Die Kirche wurde im Stil des Barock mit achtseitiger Turmhaube auf dem quadratischen Grundriss des Turms wiederaufgebaut, und die Stadt erhielt einen schachbrettartigen, offenen Grundriss, um das Übergreifen zukünftiger Brände zu verhindern. Im Lauf des 18. und 19. Jahrhunderts kamen schließlich immer mehr Fachwerk-Wohnhäuser dazu, später klassizistische Putzbauten.

1793 begann man in Boizenburg Schiffe zu bauen: Die Lemmsche Bootswerft entwickelte sich Mitte des 19. Jahrhunderts zu einem Industrieunternehmen, das vorwiegend Holz- und Stahlschiffe baute. Die Verkehrsanbindung verbesserte sich vor allem ab 1846 mit der Eröffnung der Eisenbahnstrecke Hamburg–Berlin; 1890 wurde die Stadt- und Hafenbahn angeschlossen. Ab 1973 baute die Elbewerft Binnenfahrgastschiffe für die Sowjetunion, aber nur acht Jahre nach der Wende musste die Werft für immer ihre Tore schließen. Im Zweiten Weltkrieg hatten hier mehrere Hundert Zwangsarbeiter aus Belgien, Frankreich, Holland, Polen und der Sowjetunion geschuftet. Sie waren in einem Lager auf dem Elbberg unter-

In diesen ehemaligen Wachturm bei Boizenburg ist ein beliebter Imbiss eingezogen: Wer im Checkpoint Harry isst, macht eine Zeitreise.

gebracht. An derselben Stelle entstand 1944 ein Außenlager („KZ Vier") des KZ Neuengamme, wo etwa 450 meist ungarische Jüdinnen interniert waren, bis sie am 2. Mai 1945 von amerikanischen Truppen befreit wurden.

Nach der Teilung Deutschlands wurde Boizenburg zur isolierten Grenzstadt. Während der „Aktion Ungeziefer" 1952 mussten viele den Ort zwangsweise verlassen – bis in die 1970er-Jahre lag er im unmittelbaren Sperrgebiet. Der Kontrollpunkt befand sich zwischen Zahrensdorf und Neu Gülze. Nachdem die Sicherungsanlagen ausgebaut worden waren, verlegte man die Kontrollstelle weiter in Richtung Grenznähe. Doch Bahnreisende Richtung Boizenburg wurden von der Transportpolizei („Trapo") weiterhin streng kontrolliert, der Hafen und die Grenzanlagen durften nicht aufgesucht werden. Eines war aber durch die Verlegung des Sperrgebiets nicht mehr notwendig: ein Antrag, um Verwandte oder Freunde in Boizenburg zu besuchen. Reste der Grenzanlagen sind erhalten, und unmittelbar daneben hat der Imbiss Checkpoint Harry einen Wachturm bezogen – eine augenfälligere Profanisierung eines historischen Ortes kann es wohl kaum geben.

UNGEBROCHENER VEREINIGUNGSWILLE

Das Gemeindegebiet von Amt Neuhaus liegt im Zentrum des Elbe-Urstromtals. Bis hinunter zur Elbe prägen von zahlreichen Kanälen und Gräben durchzogene Wiesen die Auenlandschaft. Nach dem Zweiten Weltkrieg gehörte das ostelbische Gebiet zunächst zur britischen Besatzungszone. Da es keine Elbbrücke gab, die eine Verbindung zur übrigen britischen Zone hätte herstellen können, tauschten die Briten das Gebiet aber bald mit den Sowjets. So gehörte Neuhaus bis 1990 zum Landkreis Hagenow im DDR-Bezirk Schwerin.

Nach der Grenzöffnung knüpfte man nachbarschaftliche Kontakte zum Landkreis Lüneburg am Westufer der Elbe. Bleckede, ein hübsches Städtchen mit viel Fachwerk und einem schönen Elbschloss aus dem 17. Jahrhundert, richtete eine provisorische Fährverbindung nach Neu Bleckede ein. Bis Anfang der 1990er-Jahre gab es am Ostufer noch acht selbstständige Gemeinden; nach den Gemeinderatswahlen 1992 schlossen sich diese zum Amt Neuhaus zusammen. Die Gemeindevertreter wollten sich außerdem – beflügelt durch die Wiedervereinigung – vom Landkreis Hagenow trennen und dem Landkreis Lüneburg anschließen.

Am 30. Juni 1993 schließlich wurde die Samtgemeinde Amt Neuhaus mit den sieben Ortschaften Dellien, Haar, Kaarßen, Neuhaus, Stapel, Sumte und Tripkau und 40 weiteren kleineren Ortsteilen niedersächsisch. Dies war eine Art historische Wiedergutmachung: Das Land um Neuhaus gehörte seit der Ostkolonisation zum Herzogtum Sachsen-Lauenburg, dann zum Kurfürstentum Braunschweig-Lüneburg bzw. zum späteren Königreich Hannover, seit 1866 zur preußischen Provinz Hannover und zum damaligen Landkreis Lüneburg – war also eigentlich Teil des nach dem Zweiten Weltkrieg aus dem Land Hannover gebildeten Bundeslands Niedersachsen.

Was fehlte, war jedoch eine günstige Verkehrsanbindung an die Kreisstadt Lüneburg. Eine geplante Elbbrücke von Darchau nach Neu Darchau wurde wegen Bedenken von Naturschützern, die darin eine Bedrohung für das Biosphärenreservat Niedersächsische Elbtalaue sahen, nicht realisiert. So verkehrt seit 1990 nach mehr als vier Jahrzehnten Pause wieder eine Fähre, die vor allem von Berufspendlern, Schülern und Rad- oder Autotouristen genutzt wird.

2009 kämpfte das Amt Neuhaus erneut um einen Anschluss: Man wollte mit der westelbischen Gemeinde Bleckede fusionieren. Die Bürger beider Gemeinden wurden gleich zweimal befragt, aber beide Male sprachen sich die Bleckeder

Das Elbdeichvorland südlich von Boizenburg. Der breite Strom war lange Zeit eine politische Grenze – schon lange vor der deutschen Teilung. Viel wichtiger: Die Elbe ist ein naturnaher Fluss mit einer inzwischen wieder bemerkenswerten Artenvielfalt.

dagegen aus. Offensichtlich war man nicht sonderlich an der Übernahme der Schulden der ostelbischen Nachbargemeinde interessiert. Bleckede selbst war während der DDR-Zeit nicht nur durch die Elbe, sondern auch politsch geteilt: Die rechtselbischen Stadtteile Neu Bleckede und Neu Wendischthun gehörten mehr als 40 Jahre lang zur Gemeinde Teldau und sind erst seit Juni 1993 wieder Teil von Bleckede.

IM SCHUTZ DES DEICHES

Im Amt Neuhaus bilden Popelau und Konau zusammen ein sogenanntes Marschhufendorf, das zum Biosphärenreservat gehört. Seit Jahrhunderten stehen die heute denkmalgeschützten und reetgedeckten Zwei-Ständer-Hallenhäuser mit ihren Durchfahrtsscheunen parallel nebeneinander. Ihr Wohngiebel ist auf den Deich ausgerichtet, der Wirtschaftsbereich zur Hofkoppel und zur Feldmark. Von Westen erreicht man Konau mit der Darchauer Fähre. Aber bis 1989 lag das Dorf im Sperrgebiet und war auch zum Landesinneren nach Osten hin abgeschottet. In einer der Durchfahrtsscheunen erinnert eine Sonderausstellung an die Zwangsumsiedlungen aus dem Sperrgebiet.

Die Kapelle Konaus steht auf dem Deich. Sie ist der einzige DDR-Kirchenneubau, der an der Grenze errichtet werden durfte, ermöglicht durch Spenden und die Mithilfe der Bevölkerung. Auch die evangelisch-lutherische Landeskirche Hannover trug ihr Scherflein bei. Eingeweiht wurde sie im März 1957, und es waren sogar Gäste von „drüben", aus der Bundesrepublik, dabei – damals war das noch möglich. Es war eine Feier, die man durchaus als Bekenntnis zur deutschen Einheit verstehen konnte, denn vor dem Mauerbau 1961 gab es dafür noch Hoffnung.

Zwischen Zeetze und Kaarßen taucht – überraschend in diesem wasserreichen Gebiet – die vor mehr als 10 000 Jahren entstandene, 9,5 Hektar große Stixer Wanderdüne auf. Über Jahrhun-

Das Marschhufendorf Konau ist als einziges seiner Art vollständig erhalten. Die alte Siedlungsform des Reihendorfs mit seinen Hufen (Hofstellen) im Marschland überdauerte die Zeiten im Sperrgebiet.

Leben im Sperrgebiet

Im Frühjahr 1952 weist die sowjetische Kontrollkommission die DDR-Regierung an, die Demarkationslinie zur BRD auszubauen. Ein Zehn-Meter-Kontrollstreifen wird angelegt, an den sich ein 500 Meter breiter Schutzstreifen anschließt, gefolgt vom fünf Kilometer breiten Sperrgebiet. Mehr als 300 Dörfer und Städte von der Rhön bis an die Ostsee sind von den „Maßnahmen an der Demarkationslinie" betroffen. Für diejenigen, die nicht umgesiedelt wurden oder geflüchtet waren, beginnt ein Leben im permanenten Ausnahmezustand mit Ausgangssperren und Sonderausweisen. Im eigens erlassenen Gesetz heißt es: «Die Ortseinwohner müssen bei der Grenzbehörde erfasst sein. Der Aufenthalt im Freien ist nur von Sonnenaufgang bis Sonnenuntergang gestattet. Es dürfen keinerlei Versammlungen und Veranstaltungen durchgeführt werden. Hotels, Pensionen und Gaststätten sind zu schließen.»

«Der Aufenthalt im Freien ist nur von Sonnenaufgang bis Sonnenuntergang gestattet. Es dürfen keinerlei Versammlungen und Veranstaltungen durchgeführt werden. Hotels, Pensionen und Gaststätten sind zu schließen.»

Davon waren etwa 200 000 Menschen entlang der Grenze betroffen. «Es war, als wäre die Welt vernagelt», erinnert sich einer von ihnen. Auf den Feldern lagen Minen, überall patrouillierten Grenzsoldaten, bei jeder Ein- und Ausreise mussten mehrere Kontrollposten passiert werden. Nur Verwandte ersten Grades durften zu Besuch kommen, die bis zu sechs Wochen auf eine Besuchserlaubnis warten mussten. Ein Trostpflaster für die Bewohner war die „Sperrzonenzulage": Bis 1958 gab es Lebensmittelkarten, später Lohnzuschläge, Steuererleichterungen und ein besseres Angebot von „Waren des täglichen Bedarfs". Dennoch waren die Sperrgebietsgemeinden dem Verfall anheimgegeben, Betriebe wurden verkleinert, Kultureinrichtungen geschlossen, Straßen und Gleisanlagen kaum gewartet, häufig stillgelegt.

Jeder Bewohner des Sperrgebiets hatte einen entsprechenden Vermerk in seinem Ausweis, den er stets bei sich tragen musste. Immer musste man eine Aufenthaltsgenehmigung dabeihaben. Arbeiten im Sperrgebiet war nur auf Antrag möglich und wurde streng kontrolliert, Verstöße wurden hart bestraft und konnten bis zur zwangsweisen Aussiedlung aus dem Grenzgebiet geahndet werden.

derte türmten Westwinde Flugsand bis zu 30 Meter hohen Dünen auf und trieben sie vor sich her, bis Aufforstungen das im 19. Jahrhundert verhinderten. Heute kann man dieses Naturschauspiel nur noch an der Stixer Wanderdüne studieren. Der Sand verschluckt nach wie vor manche Kiefer und gibt sie erst nach geraumer Zeit wieder frei. In dem Naturschutzgebiet, durch das Wanderwege führen, finden sich Rentierflechten, Silbergras und Moose, besonders auf den Dünenkuppen. Hier sind bedrohte Vogelarten zu Hause, so der Ziegenmelker und die Heidelerche, die ihre Nester in die Sandflächen baut. Man kann Ödlandschrecken und Steppengrashüpfer und viele Schmetterlinge beobachten. Besonders aktiv ist hier außerdem der „Terminator der Forstschädlinge“: der Ameisenlöwe. Die Larve der libellenähnlichen Ameisenjungfer legt Trichterfallen in den Sand, um so ihre Beute zu fangen.

In der Umgebung von Dömitz treffen drei Bundesländer aufeinander. Die Lage von Rüterberg in einer Elbschleife machte es den DDR-Behörden einst leichter, den Ort abzuriegeln.

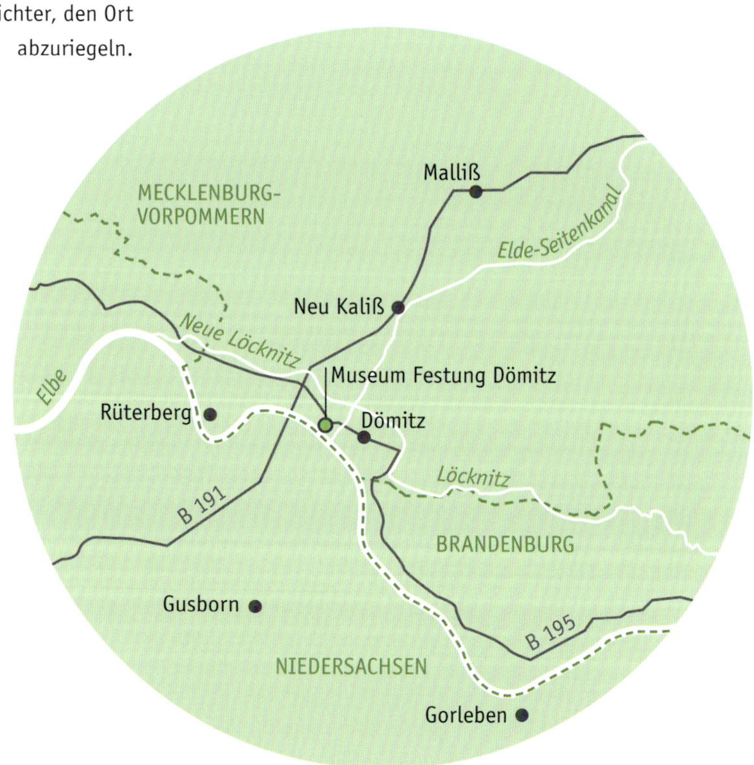

DORFREPUBLIK RÜTERBERG

Das rechtselbische Rüterberg im Naturpark Mecklenburgisches Elbetal liegt auf dem Berg gleichen Namens und ist seit 2004 Teil der Stadt Dömitz – war aber lange Zeit eine selbstständige Gemeinde und für kurze Zeit sogar eine „Republik“. Rüterberg ist ein altes Dorf: Es hieß einst Wendisch-Wehningen-Broda-Sandwerder und wurde 1938 in Rüterberg umbenannt. Nach dem Ausbau der DDR-Grenzsicherung 1952 und der Errichtung eines Zauns entlang des Elbeufers lag das Dorf in der Sperrzone und war nur mit Passierschein zugänglich. Mit der „Aktion Ungeziefer“ wurden einige Familien zwangsumgesiedelt, 1961 wurden 26 Grundstücke eingeebnet und die Grenzanlagen am Elbufer befestigt. Zwischen 1961 und 1989 halbierte sich die Einwohnerzahl auf 150.

Nach der „Schlacht von Gorleben“ (siehe unten) wurde 1967 ein weiterer Zaun direkt um Rüterberg gezogen. Das Dorf war nun komplett auch vom DDR-Territorium abgeschnitten. Nur durch ein Tor konnten die Bewohner mit einem Passierschein heraus und wieder hinein. Nachts war das Tor geschlossen: Wer nach 23 Uhr zurückkam, musste draußen bleiben und die Nacht im Auto oder im Freien verbringen – erst ab 5 Uhr morgens konnte er ins heimische Bett. Man konnte Rüterberg nicht besuchen, weder zu Hochzeiten noch zu Beerdigungen. Ärzten war es selbst in Notfällen nur mit gültigem Passierschein erlaubt, ihre Patienten zu behandeln. Immerhin ließ sich die Liebe von einem Zaun nicht aufhalten! Ein junger Grenzsoldat, der in Rüterberg seinen Dienst tat, heiratete hier und wurde Bürgermeister des kleinen Ortes.

Der Ortsteil Broda mit seinen zwei Ziegeleien und einem Sägewerk wurde 1981 planiert. Und noch ein Jahr vor der Wende wurde der innere Grenzzaun für elf Millionen DDR-Mark erneuert und mit Stolperdrähten und Hundelaufanlagen

Am 8. November 1989 rief Schneidermeister Hans Rasenberger inmitten der Sperrzone die Dorfrepublik Rüterberg aus.

Ein historisches Dokument: Hans Rasenberger hält einen Brief in den Händen, der den Poststempel und das stolze Wappen der Dorfrepublik Rüterberg zeigt.

Die denkmalgeschützte alte Eisenbahnbrücke von Dömitz in den Morgenstunden. Am linken Elbufer sind die Brückenbogen im Überschwemmungsgebiet noch erhalten.

aufgerüstet. Die Bewohner wollten das nicht länger hinnehmen und riefen schließlich auf Initiative des Schneidermeisters Hans Rasenberger nach dem Vorbild der schweizerischen Urkantone am 8. November 1989 die Dorfrepublik Rüterberg aus. An der offiziell angemeldeten Einwohnerversammlung hatten 90 Einwohner, Ratsvertreter des Kreises Ludwigslust, ein höherer Offizier der Grenztruppen und der Leiter des Volkspolizeikreisamts teilgenommen. Schon seit 1980 gab es ein Rüterberger Wappen, das Hans Rasenbergers Sohn gestaltet hatte: Es ziert einen stolzen Ritter in voller Rüstung zu Pferd. Der Legende nach soll er einst von Rüterberg aus über die Elbe gesprungen sein, um Feinde in die Flucht zu schlagen … Einen Tag nach der legendären Versammlung fiel in Berlin die Mauer, und in Rüterberg öffnete sich am 10. November 1989 das Tor für immer.

Stolz auf ihren Eigensinn, durfte sich die Gemeinde ab 1991 auf den Ortsschildern „Dorfrepublik 1961 bzw. 1967–1989“ nennen. Seit 2002 heißt das Dorf jedoch wieder schlicht Rüterberg und macht heute einen gemütlich-gepflegten Eindruck. Inzwischen gibt es viele Neubürger, neue Häuser und Straßen. Zum zehnten Jahrestag der Ausrufung der Dorfrepublik hat die „Heimatstube“ eröffnet, ein kleines Museum, das an die Zeit der Isolation erinnert – und am ehemaligen Grenzturm, jetzt in Privatbesitz, rankt der Efeu empor.

FESTUNGSSTADT AM GROSSEN STROM

Im äußersten Süden Mecklenburg-Vorpommerns, im Dreiländereck mit Niedersachsen und Brandenburg, liegt Dömitz. Hier mündet die Müritz-

Elde-Wasserstraße, der Kanal, der die Elbe mit der oberen Havel verbindet. Im 13. Jahrhundert war auf einer Elbinsel eine kreisrunde Burg errichtet worden, um die Elbübergänge zu sichern; seit dieser Zeit gab es hier eine Elbzollstelle des Grafen von Dannenberg. Die Burg wurde vom mecklenburgischen Herzog Johann Albrecht I. zur größten Festung seines Landes ausgebaut: Im Dreißigjährigen Krieg nahmen zunächst englische Truppen, dann Wallensteins Soldaten, später die Schweden und dann wieder die Kaiserlichen die Festung ein. Zur Verteidigung der Anlage wurde der Ort, der sich um Burg und Festung gebildet hatte, 1635 geopfert und niedergebrannt.

Während der Befreiungskriege 1809 hielt die Festung Napoleons Truppen stand, die Stadt wurde jedoch wieder in Brand geschossen. In den Mauern sind heute noch die Kanonenkugeln zu sehen. Die Festung ist ein Fünfeck mit Bastionen und Kasemattengewölben. Seit 1750 wurde sie auch als Irrenhaus und Gefängnis genutzt. Der niederdeutsche Dichter Fritz Reuter war hier von 1838 bis 1840 inhaftiert. In „Ut mine Festungstid" („Aus meiner Festungszeit") erzählt er von seiner Gefangenschaft. Bis 1894 nutzte das Militär die Festung. Sie überstand die Jahrhunderte unversehrt und ist noch heute eindrucksvoll.

Anfang der 1870er-Jahre wurde Dömitz zum Eisenbahnknotenpunkt für die Strecken von Wittenberge nach Lüneburg und später mit der Strecke nach Ludwigslust und Lübtheen. Die Bahnstation hieß bis 1939 „Festung Dömitz". 72 Jahre lang überspannte die Eisenbahnbrücke als Teil der Berlin-Hamburger Bahn die Elbauen. Die Stahlfachwerkbrücke reichte mit einer Stützweite von knapp 68 Metern und einer Drehbrücke (2 x 18 Meter) auf einer Länge von imposanten 985 Metern über den Strom. Am 20. April 1945 wurde sie von den Alliierten bombardiert. Die Überreste ließ man stehen, und die Brücke wurde angesichts der deutschen Teilung nicht wieder aufgebaut. Heute sind am Westufer noch 16 Vorlandbrücken mit Brückenkopf erhalten – ein denkmalgeschütztes Bauwerk und unfreiwilliges Symbol für die gewaltsame Trennung der beiden deutschen Staaten.

Um 1900 hatte sich der Hafen von Dömitz zu einem der wichtigsten Umschlagplätze an der Elbe zwischen Hamburg und Magdeburg entwickelt. Die gute Verkehrsanbindung begünstigte Industrieansiedlungen wie das Dynamitwerk am südlichen Stadtrand. 1934 bis 1936 wurde eine Straßenbrücke über die Elbe gebaut, die Dömitz mit Dannenberg verband, doch wurde auch diese Brücke im April 1945 zerstört und erst 1992 neu errichtet. Während des Zweiten Weltkriegs mussten 2000 Frauen und Männer aus von Deutschland besetzten Ländern in einer 1938 reaktivierten Munitionsfabrik Zwangsarbeit verrichten. Wie an so vielen Orten an der neu entstandenden innerdeutschen Grenze litt auch Dömitz während der DDR-Zeit darunter, dass es im Sperrgebiet lag. Erst in den 1970er-Jahren wurden einige Restriktionen nach umfangreichem Ausbau der Grenzsicherungsanlagen gelockert. Wenn man heute durch die sanierte Altstadt mit ihren zahlreichen Fachwerkhäusern flaniert, klingen all diese historischen Schicksalsschläge glücklicherweise nur noch von ferne nach.

DIE NASSE GRENZE

Südlich von Bleckede, hinter Alt Garge, geht es bergan auf eine Endmoräne. Sie bietet einen weiten Ausblick über das Elbe-Urstromtal. Hier erstreckte sich schon vor langer Zeit eine natürliche Grenze, denn etwa 20 bis 25 Kilometer nördlich endete die letzte Eiszeit. Das gesamte Schmelzwasser drängte in das Urstromtal und führte viel Sand mit sich. Einen Rest davon bildet etwa besagte Endmoräne. Als die Römer unter Führung von Nero Claudius Drusus um 9 v. Chr.

an das westliche Ufer des riesigen Stroms oberhalb des heutigen Barby bei der Saalemündung kamen, sahen sie einen weißen Fluss, der damals bis zu 20 Kilometer breit gewesen sein dürfte. Sie nannten ihn Alba (weiß) – daraus wurde der Name Elbe. Zuvor hatten die Römer den Rhein und die Weser überquert. Beide Flüsse führten mehr lehmige, tonige Sedimente mit sich, die das Wasser braun gefärbt hatten. Hier war es dagegen der Sand der Eiszeit. Etymologisch ist diese Herleitung wohl nicht ganz korrekt und eher eine Legende aus grauer Vorzeit: Schon die Germanen nannten den Fluss Albia (vom indogermanischen *albhos* = weiß), was eben dem lateinischen *albus* (weiß, hell) entspricht.

Erst seit dem 12. Jahrhundert präsentiert sich der Fluss so, wie ihn der heutige Betrachter erlebt. Der erste Markgraf Brandenburgs, der Askanier Albrecht I., oft Albrecht der Bär genannt (um 1100–1170), hatte die Ufer der Elbe von holländischen Deichbauern befestigen lassen – eine fortwährende Aufgabe an der Elbe, die noch heute vorangetrieben wird. Hochwasser-Überschwemmungen waren damit, wie die jüngste Vergangenheit gezeigt hat, nicht immer einzudämmen. Die Landschaften am linken und rechten Ufer unterscheiden sich deutlich voneinander: Dünen und flaches Land am Ostufer, im Westen bewaldete Hügel, die bis zu 13 Prozent Steigung haben können. Auf der gesamten Strecke, auf der das Grüne Band mit der Grenz-Elbe zusammenfällt, gibt es übrigens nur zwei Brücken, sonst ist man auf sechs Fähren angewiesen – zwei davon sind reine Personenfähren.

Der breite Strom markierte schon immer eine politische Grenze: zunächst zwischen den Germanen und den Slawen, dann zwischen den Sachsen als Verbündete des Ostfränkischen Reiches gegenüber den sogenannten Barbaren, die 929 in der Schlacht bei Lenzen ihre Vormachtstellung an der Elbe behaupteten, bis hin zu den ostelbischen Junkern, die sich gegen die liberalen Modernisierungstendenzen des westlichen Adels abschotteten. Für den ersten Kanzler der Bundesrepublik Deutschland begann „Asien" an der bundesrepublikanischen Elbgrenze. In einem Brief Adenauers von 1946 heißt es: «Asien steht an der Elbe. Nur ein wirtschaftlich und geistig gesundes Westeuropa, zu dem als wesentlicher Bestandteil der nicht von Russland besetzte Teil Deutschlands gehörte, kann das weitere geistige und machtmäßige Vordringen Asiens aufhalten.» Schon vor der Gründung der beiden Teilstaaten erteilte Adenauer einem einheitlichen Staatsgebilde eine Absage und favorisierte die Bindung der Bundesrepublik an den Westen. Alte Ressentiments gegenüber Ostelbien dürften den Rheinländer Adenauer auch dazu veranlasst haben, dass er, wenn er mit der Bahn auf dem Weg nach Berlin die Elbe überqueren musste, angeblich die Vorhänge seines Zugabteils zuzog, um die «asiatische Steppe» nicht sehen zu müssen.

Am 25. April 1945 waren an drei Orten entlang der Elbe amerikanische und sowjetische Soldaten aufeinandergetroffen. Aber nur das Zusammentreffen auf der Elbbrücke von Torgau nordwestlich von Dresden wurde berühmt. Diese Begegnung von Angehörigen der 58. US-Gardeschützendivision und der russischen 69. Infanteriedivision wurde am nächsten Tag für die Fotografen der US-Armee nachgestellt und gilt seitdem (fälschlicherweise) als das erste Aufeinandertreffen beider Armeen. Am selben Tag verkündeten die Regierungen der USA, Großbritanniens und der Sowjetunion in gleich lautenden Erklärungen, Hitler-Deutschland sei besiegt. Das inszenierte Bild vom Handschlag auf der Brücke von Torgau diente als Beleg dafür und wurde von der Weltöffentlichkeit auch so verstanden.

Als das Besatzungsstatut für Deutschland am 26. Juli 1945 noch einmal geändert wurde, hatte das auch Folgen für die Elbe als Grenzfluss.

Die US-Streitkräfte zogen aus Mitteldeutschland wieder ab, und seitdem bildete die Elbe auf dem Abschnitt zwischen Lütkenwisch östlich von Schnackenburg (Flusskilometer 473) und Boizenburg bzw. Lauenburg (Flusskilometer 566) die Grenze zwischen der britischen Besatzungszone am Westufer und der sowjetischen am Ostufer. Diese 93,7 Kilometer lange Flussgrenze war aber strittig: Für die spätere DDR verlief sie in der Mitte des Stroms, für die Bundesrepublik auf der Verbindungslinie der Buhnenköpfe des Ostufers. Einige Jahre lang schien das kein Konfliktthema zu sein, denn die Binnenfrachter fuhren ungestört nach Westberlin oder kamen von dort, DDR-Grenzboote sowie Boote des westdeutschen Zolls und des Bundesgrenzschutzes kreuzten hier – bis zur Schlacht von Gorleben am 6. Oktober 1966.

Für den Transitverkehr der Binnenschifffahrt nach Westberlin gab es auf DDR-Seite die Kontrollstelle Cumlosen (sechs Kilometer nordwestlich von Wittenberge), im Westen Schnackenburg. Es war nur Güterverkehr zulässig. Trotz der politischen Feindschaft siegte der Pragmatismus zwischen Ost und West: Die Strommeister kamen ebenso von beiden Seiten wie die Eisbrecher, um die Elbe bei starkem Eisgang schiffbar zu halten.

In den ersten Jahren war die Elbe eine „Grüne Wasser-Grenze". Die sowjetischen Truppen bewachten sie eher beiläufig als streng. Das änderte sich erst, nachdem die DDR-Grenztruppen konsequent das Ufer abgeriegelt hatten – nicht nur an Land, in der Elbtalaue, sondern auch mit Patrouillenbooten auf dem Wasser: 1952 war die „Fünf-Kilometer-Sperrzone" landeinwärts der Deichlinie installiert worden, mit allen Konsequenzen und Behinderungen für die hier lebenden Menschen. Es kam zu den erwähnten Zwangsaussiedlungen und Zerstörungen von Gebäuden im Grenzbereich. Nach 1961 wurden die Grenzanlagen weiter befestigt: Auf dem Deich errichtete man einen Zaun; ihm folgten das obligatorische Minenfeld, Wachtürme und ein weiterer Metallzaun mit Todesstreifen, Kolonnenweg und Sperrgraben.

Hitzacker liegt an der Einmündung der Jeetzel in die Elbe. So ruhig wie hier sind die Flüsse nicht immer: Hochwasser begleitet die Bewohner seit je.

Mancher Fluchtversuch über die Elbe endete tödlich. Die genaue Zahl ist nicht bekannt. Verbürgt ist der Tod des 21-jährigen Hans-Georg Lemme, der 1974 bei Lütkenwisch von einem DDR-Grenzboot überfahren wurde. Für die beim Fluchtversuch über die Elbe getöteten Menschen errichtete man 1999 ein Denkmal: einen Gedenkstein mit Schiffsschraube an der Einheitseiche vor der Alten Schule in Lütkenwisch. Er ist allen „Grenzopfern" aus den Jahren 1960 bis 1989 gewidmet.

WEINBERG AN DER ELBE

Bei Hitzacker mündet die einst schiffbare Jeetzel in die Elbe. Auf den Elbhöhen („Klötzie"), dem 83 Meter hohen Weinberg, an deren südöstlichem Fuß Hitzacker liegt, wurde bereits während der Christianisierung um 900 Wein angebaut. Slawen hatten auf dem Weinberg im 8. Jahrhundert eine Burg errichtet, die Heinrich der Löwe 1150 ausbauen ließ. Der Name „Hidesaker" taucht erstmals 1162 auf, die Stadt wurde jedoch erst 1258 gegründet.

Der gebildete und weitgereiste Welfenherzog August der Jüngere festigte in der ersten Hälfte des 17. Jahrhunderts seine Herrschaft mit eigener Hofhaltung. Seine umfangreiche Büchersammlung von über 13 000 Bänden wurde 1636 zum Grundstein der Barockbibliothek in Wolfenbüttel, denn August war 1635 Regent von Braunschweig-Lüneburg geworden und hatte seine Bücher vor den Wirren des Dreißigjährigen Krieges von Hitzacker nach Wolfenbüttel in Sicherheit bringen lassen. Als er 1666 starb, umfasste die Herzog-August-Bibliothek mit 35 000 Bänden eine der größten Büchersammlungen seiner Zeit mit damals schon legendärem Ruf. Das berühmte Bücherrad des Herzogs, eine Art rotierendes

Elbfischerei

Obwohl eingedeicht, gehört die Elbe zu den naturnahen Flüssen Deutschlands: 20 Prozent der ehemaligen Auen sind erhalten und bieten Tieren und Pflanzen ideale Lebensräume. Einst fing man hier vor allem Lachs, Schnäpel, Stör, Meerforelle, Maifisch, Quappe und Flussneunauge – Wanderfischarten, die Fangerträge von 100 Kilogramm pro Hektar lieferten.

Die Elbfischerei begann im 14. Jahrhundert. Die Fischer lebten auf einer Anhöhe beim heutigen Hohnstorf. In der „Fischerrolle“ von 1597 wurden die Fischereiregeln festgelegt. Jeweils zehn Hohnstorfer und Lauenburger Fischern verlieh Herzog Franz von Sachsen Engern und Westfalen die später immer wieder erneuerte Fischereiberechtigung von Barförde (Elbkilometer 762) bis nach Obermarschacht (Elbkilometer 783). Als die Herzogtümer Braunschweig-Lüneburg und Sachsen-Lauenburg die Berechtigung 1894 verkaufen wollten, bildeten 20 Hohnstorfer Fischer, die bisher Pächter waren, eine Genossenschaft und kauften die Fischrechte. In der Gegend um Bleckede waren 1926 allein auf 24 Elbkilometern 14 Berufsfischer unterwegs. 1940 schließlich verkauften sie die Berechtigung wegen zu geringer Erträge an den Staat. Gefischt wurde danach, stets begleitet von NVA-Booten, nur noch von vier Fischern bis Mitte der 1960er-Jahre. Einer bloß machte weiter; später übernahmen sein Sohn und dann der Enkel die Fischerei.

> Auf der Schlossinsel in Bleckede liegt das Biosphärium Elbtalaue: eine riesige Aquarienlandschaft, die einen Blick in die Unterwasserwelt der Elbe erlaubt.

Nach 1900 waren die Fischbestände durch schadstoffbelastete Industrieabwässer dramatisch zurückgegangen. Still- und Flachwasserzonen als natürliche Lebensräume waren wegen des Buhnenbaus verloren gegangen. Anfang der 1950er-Jahre sank der Fang auf 15 Kilogramm pro Hektar. Aber seit einigen Jahren leben dank reduzierter Schadstoffeinleitungen und der sich bessernden Wasserqualität Aal, Aland, Flussbarsch, Kaulbarsch, Hecht, Brasse, Zope, Gründling, Güster, Ukelei, Hasel und Quappe in der Elbe. Vor allem der Aalbestand wird gefördert: Zum wiederholten Mal setzte man im Mai 2013 im Elbabschnitt Schnackenburg bis Bunthausspitze bei Hamburg Jungaale aus – 137 000 waren es dieses Mal. Inzwischen bietet sich dort ein hindernisfreies Revier für Aale. Erst in Geesthacht gibt es ein Wehr.

Auf der Schlossinsel in Bleckede liegt das unvergleichliche Biosphärium Elbtalaue: eine riesige Aquarienlandschaft, die einen Blick in die Unterwasserwelt und die Artenvielfalt der Elbe erlaubt. Neben Zander und Hecht, Stör und Wels kann man einen Biber in seinem natürlichen Lebensraum beobachten. Und man erfährt viel über die 150 Brutvogelarten, die in der Elbtalaue nisten, und über die Zugvögel, die hier einkehren: im Sommer Störche, im Winter Schwäne und Gänse.

Lesepult, ist in einem Nachbau im Museum Zollhaus in Hitzacker zu bestaunen.

Während der deutschen Teilung wurde Hitzacker Zollschiffsstation, deren Boote wie die der „Gegenseite“ auf der Elbe patrouillierten. Doch mit der innerdeutschen Grenze unmittelbar vor der Haustür entfielen auch wichtige Handelspartner im Hinterland. Die Stadt steht buchstäblich mit den Füßen im Wasser und leidet häufig unter Hochwasser, vor allem die Altstadt: 2006 stieg der Pegel während des Frühjahrshochwassers auf 7,63 Meter. Die Stadt sorgte vor und installierte massive Spundwände, die bei heranfließenden Wassermassen hochgefahren werden können. 2008 waren die Schutzanlagen fertiggestellt. Dadurch richtete das erneute Jahrhunderthochwasser im Juni 2013 trotz eines Rekordpegelstands von 8,05 Metern keinen allzu großen Schaden an. Dennoch waren die 280 Bewohner der Altstadt vorsorglich evakuiert worden.

IM WILDEN WENDLAND

Nicht nur ein kleines Dorf in Gallien ist für seinen erbitterten Widerstand gegen einen übermächtigen Gegner in die Geschichte eingegangen. Auch ein Dorf mit seinen etwa 850 Einwohnern im Südosten Niedersachsens hat sich in die Zeitgeschichte eingeschrieben. Gorleben ist mehr als nur der Name eines Elbdorfs am Flusskilometer 492 im Landkreis Lüchow-Dannenberg: Gorleben bedeutet seit drei Jahrzehnten gelebten Widerstand im Wendland – ein Symbol für den Kampf gegen die Kernenergie.

Das Wendland ist die Grenzregion zwischen Brandenburg, Mecklenburg-Vorpommern, Niedersachsen und Sachsen-Anhalt. Der Name „Wendland“ bezieht sich auf die Wenden (Slawen), die hier im frühen Mittelalter siedelten und die polabische Kultur begründeten, deren Sprache aber seit Mitte des 18. Jahrhunderts ausgestorben ist. Viele Ortsnamen sind slawischen Ursprungs, auch Siedlungsformen wie die Rundlingsdörfer. Seit dem 14. Jahrhundert existiert das Dorf Gorleben, über das vermutlich kaum jemand sprechen würde, wenn man nicht Mitte der 1970er-Jahre beschlossen hätte, hier ein nationales Atommüll-Endlager zu errichten.

Das heftig umstrittene Endlager mitten im Biosphärenreservat Niedersächsische Elbtalaue macht die Gemeinde zur reichsten Niedersachsens. Der Protest gegen diese Einrichtung richtet sich zugleich gegen die Atommülltransporte ins oberirdische Zwischenlager. Der Salzstock, der möglicherweise als Lagerstätte für den Atommüll infrage kommt, wird immer noch auf seine Eignung geprüft; 1986 wurde dafür ein Bergwerk errichtet. Seither ist in der Region nichts mehr wie zuvor. Der Gemeinderat hatte 1981 einstimmig für das Zwischenlager gestimmt, obwohl man ursprünglich dagegen gewesen war. Das änderte sich, nachdem der damalige Bundeskanzler Helmut Schmidt und der CDU-Chef Helmut Kohl die Gemeinderatsmitglieder vor Ort von der Errichtung des Endlagers überzeugt hatten.

Was die große Politik bei den Lokalpolitikern geschafft hatte, gelang ihr bei den Bürgern und Atomkraftgegnern im ganzen Land nicht. Am 3. Mai 1980 wurde die „Freie Republik Wendland“ auf dem Gelände der Tiefbohrstelle 1004 ausgerufen. Hütten entstanden, man versorgte sich selbst, die Bevölkerung aus der Region unterstützte die Besetzer mit Bauholz und Lebensmitteln. Etwa 1000 Menschen lebten hier ihren Protest, basisdemokratisch. An den Wochenenden kamen zahlreiche Sympathisanten – auch Prominente wie der damalige Juso-Vorsitzende Gerhard Schröder und der Liedermacher Wolf Biermann. Man veranstaltete Lesungen und Konzerte im Freundschaftshaus oder auf eilig gezimmerten Bühnen. Ab dem 18. Mai 1980 sendete Radio Freies Wendland. Nach vier Wochen war alles vorbei:

Papier gewordener Widerstandsgeist: Dieser Ausweis der „Freien Republik Wendland", die im Mai 1980 ausgerufen wurde, dokumentiert den frühen Protest gegen die Kernenergie.

Polizei und Bundesgrenzschutz räumten das Gelände gewaltsam. Die „Freie Republik Wendland" wurde zum Mythos des Widerstands gegen die Kernenergie.

Der Widerstandsgeist lebt seitdem fort in den Protesten gegen die von großem Polizeiaufgebot begleiteten Castor-Transporte. Im April 1995 standen 4000 Demonstranten 7600 Polizisten gegenüber, im März 1997 waren gar 30 000 Polizisten im Einsatz. Die Eisenbahnstrecke von Lüneburg bis zur Verladestation Dannenberg und die Zufahrtsstraßen wurden blockiert. Mit Barrikaden aus Traktoren und Baumstämmen, mit Sitzblockaden und durch Anketten an Gleise versuchten Demonstranten, die Transporte aufzuhalten. Das gelang ihnen nicht, aber sie verzögerten die Ankunft der Castor-Behälter erheblich. Seit 1995 treffen fast jedes Jahr Container mit hochradioaktivem Atommüll aus den Wiederaufbereitungsanlagen in La Hague und Sellafield im Zwischenlager ein. Bis 2012 gab es 13 Castor-Transporte. Weitere sollten bis 2014 folgen, aber ein im April 2013 verabschiedetes Endlagersuchgesetz verhindert das vorerst. Es wird nun auch nach anderen Standorten zur Zwischen- und Endlagerung gesucht.

Gorleben ist gleichwohl nicht aus dem Rennen. Der Ort ist mittlerweile auch ein Synonym für verfehlte Atompolitik. Überall im Wendland, auf Feldern, an Straßen und an Häusern, findet sich das gelbe Widerstandssymbol „X", mit dem die Bevölkerung ungebrochen ihren Protest gegen das Zwischen- und Endlager zum Ausdruck bringt. Der von der Bundesregierung geplante Ausstieg aus der Atomenergie löst das grundlegende Problem für die Region nicht: Schließlich sind immer noch Atomkraftwerke in Betrieb, deren Brennelemente „entsorgt" werden müssen.

KLEINE STADT – EINST GANZ GROSS

Schnackenburg hat nur 600 Einwohner – die kleinste Stadt Niedersachsens und die zweitkleinste Deutschlands: ein schmucker Ort mit ein- bis zweigeschossigen Fachwerkhäusern. Inzwischen gehört Schnackenburg zur Samtgemeinde Gartow im Landkreis Lüchow-Dannenberg. Der Name leitet sich vom niederdeutschen „Snaak" oder „Snack" (Schlange) und „Borg" (Burg) ab. Hier mündet der Aland in die Elbe. Der Aufenthalt der Schiffe im Hafen sorgte einst für gute Einnahmen. Jahrhundertelang sprudelten die Zolleinkünfte, die zu den höchsten an der Elbe zählten. Im 14. Jahrhundert waren sie so hoch, dass Kaiser Karl IV. (1316–1378) höchstpersönlich einmal nach Schnackenburg kam, um sicherzustellen, dass was des Kaisers war, auch der Kaiser bekam.

Während der deutschen Teilung war Schnackenburg Grenzstadt mit einer Zoll-Kontrollstation für den Transit- und Wechselverkehr der Elbbinnenschifffahrt; die Fährverbindung ins brandenburgische Lütkenwisch war bis 1990 unterbrochen. Inzwischen gibt es die Ladestelle für die Binnenschifffahrt nicht mehr, im Hafen liegen heute Segel- und Sportboote. Schnackenburg erlebte während der Teilung jedoch einen wirtschaftlichen Aufschwung durch den Grenzlandtourismus. Mindestens drei Busse mit Schaulustigen kamen an guten Tagen in den Ort. Heute sind es vor allem Radtouristen, die auf dem Elberadwanderweg am Grünen Band entlangfahren und mit der Fähre einen Abstecher nach Schnackenburg machen.

Im Alten Fischerhaus erinnert das Grenzlandmuseum an die Zeitgeschichte: Die Ausstellung zeigt nicht nur Uniformen und Ausrüstung der DDR-Grenztruppen, sondern auch die der westdeutschen Zöllner und Beamten des Bundesgrenzschutzes. Zum Museum gehört die nur wenige Kilometer entfernte Gedenk- und Begegnungsstätte Stresow. Einst war hier ein Dorf mit

In Schnackenburg mündet der Aland in die Elbe. Bis zur Wiedervereinigung war der Ort Grenzstadt und Zoll-Kontrollstation mit einem Schutzhafen für die Binnenschifffahrt.

Die Schlacht von Gorleben 1966

Das bundesrepublikanische Peilschiff "Kugelbake" sollte Vermessungsarbeiten auf der Elbe vornehmen. Es wurde von einem DDR-Peilboot begleitet, das seinerseits am Westufer Messungen durchführen wollte. Das wurde ihm verweigert. Klein beigeben wollte die DDR-Besatzung aber nicht und stellte sich mithilfe von zwei anderen Booten so vor die "Kugelbake", dass keine Querpeilungen mehr möglich waren.

Ein englischer Offizier und einer des Bundesgrenzschutzes, die an Bord der "Kugelbake" waren, machten der DDR-Bootsbesatzung klar, dass sie sich auf dem Territorium der Bundesrepublik befand. Doch die DDR-Boote zogen sich nicht zurück. So ging es ein paar Tage lang, dann erschienen am Westufer britische Panzer. Auf der Ostseite stand eine sowjetische Panzerkompanie.

Wie es weiterging, erzählte 40 Jahre später jemand, der dabei war – Hans-Joachim Steinkrug war damals bei den DDR-Grenztruppen in Dömitz stationiert: «Unser Zugführer war bei uns mit an Bord auf der Barkasse, und der sagte immer: Jungs, keine Waffen! Fasst keine Waffen an! Wenn ihr die anfasst, erlebt ihr das Ende nicht mehr. Uns war ja eigentlich bis dahin, weil ja alles so gut gegangen ist, die Gefahr gar nicht so bewusst. Klar, wir haben uns davorgelegt, und die Engländer, die haben mit ihren Waffen gespielt, es sind Panzer aufgefahren, es sind Schützenpanzerwagen da gewesen, es sind Hubschrauber, und wir guckten dann hoch in die Läufe der Maschinengewehre ... Dann war ein Hubschrauber über uns, zehn, zwölf Meter über uns, drei Stück, große englische Hubschrauber, die versucht haben, mit ihren Rotorblättern Wasserwellen zu erzeugen, die Boote zum Kentern zu bringen, dass die 'Kugelbake' durchkann ... Das sah verdammt gefährlich aus, ohrenbetäubender Lärm, und wer da also sagt, er hätte keine Angst gehabt, der lügt.»

Letztendlich erzwang die britische Übermacht freie Fahrt für die "Kugelbake". Die "Schlacht von Gorleben" war ohne einen Schuss zu Ende gegangen. Der Westen sah sich als Sieger – die DDR ebenso, weil sie besonnen reagiert und somit einen dritten Weltkrieg verhindert habe. Eigentlicher Sieger war jedoch die Vernunft.

Hans-Joachim Steinkrug fährt fort: «Wir haben dann nach Tagen erst mal wieder den Hafen angelaufen, sind praktisch mit Glanz und Gloria in unserer Dienststelle empfangen worden. Tage später wurde dann durch die militärische Führung im Kulturhaus in Dömitz eine Auszeichnung vorgenommen. Alle, die daran teilgenommen haben, wurden entsprechend ihrer Dienststellung ausgezeichnet: mit Urkunden, Orden und so weiter.» – «Haben Sie auch einen bekommen?» – «Ja, ich hab 'ne Uhr bekommen. Eine Armbanduhr.»

Bericht: Hans-Joachim Steinkrug

DDR-Grenzpatrouille: Das Foto erinnert daran, dass die Elbe zwischen Lauenburg und Schnackenburg bis 1989 eine schwer bewachte und durchaus umstrittene Grenze bildete.

16 Höfen inmitten des „Schutzstreifens“ der DDR-Grenzanlage. Anfang der 1970er-Jahre wurde es zerstört, die Dorfbewohner zwangsumgesiedelt. Vier Familien flüchteten. Seit 2005 stehen hier 16 neu gepflanzte Bäume für das Schicksal der kleinen Gemeinde Stresow.

Ein zehn Kilometer langer Grenz- und Naturlehrpfad führt von Schnackenburg über Stresow nach Nienwalde – durch beinahe unberührte Natur mit seltenen Pflanzen und Vögeln, zum Beispiel Seeadler und Schwarzstorch. Auf dem einstigen Kolonnenweg, ob zu Fuß oder mit dem Rad, geht es vorbei an den Resten der DDR-Sicherungsanlagen. Man passiert auch die einstige kleine Grenzübergangsstelle Kapern-Bömenzien. Heute ist es hier denkbar friedlich, wenn man von zwei Aussichtsplattformen über die Alandniederung und den Stresower See blickt. Die Natur gedeiht auch westlich von Schnackenburg, am Gartower See und in der Gartower Marsch: Hier werden seit 1990 wieder Biber gesichtet. Sie waren in Deutschland fast ausgestorben; um 1900 soll es noch höchstens 100 Tiere an der mittleren Elbe gegeben haben. In der DDR ging es dem Biber wegen des erneuerten Artenschutzes besser, und er konnte sich ausbreiten. In den Westen kehrte er erst nach der Grenzöffnung zurück.

VOM WENDLAND BIS IN DEN HARZ

Jameln
Schnackenburg
BRANDENBURG
Wittenberge
Wahrenberg
Lüchow
Arendsee
Bergen an der Dumme
Salzwedel
BIOSPHÄRENRESERVAT
FLUSSLANDSCHAFT ELBE
Wittingen
Isenhagen
SACHSEN-ANHALT
NIEDERSACHSEN
NATURPARK
DRÖMLING
Brome
Stendal
Zicherie/Böckwitz
Gardelegen
Elbe
Wolfsburg
Oebisfelde
A 39
Braunschweig
Haldensleben
Mittellandkanal
Helmstedt
Marienborn
A 2
Wolfenbüttel
Magdeburg
A 395
A 14
GROSSES BRUCH
Hornburg
Osterwieck
Stapelburg

Vorige Doppelseite:
Blick über den Naturpark Drömling zwischen Kaiserwinkel und Jahrstedt. Das „Land der tausend Gräben" mit insgesamt 1725 Kilometer Wasserläufen ist ein Rückzugsgebiet für viele bedrohte Tier- und Pflanzenarten.

DAS ERSTE DAMPFSCHIFF der Passagierlinie Berlin–Hamburg legte 1820 bei Wittenberge an. Als 1823 eine Ölmühle gebaut worden war, die noch bis 1990 als VEB Märkische Ölwerke existierte, 1835 der Hafen fertiggestellt und 1846 der Anschluss an die Eisenbahnlinie Berlin–Hamburg dazukam, begann die Blütezeit der Stadt an der Elbe. 1875 wurde Wittenberge Standort eines Eisenbahnreparaturwerks, das bis heute besteht, und seit der Jahrhundertwende entwickelte sich die Stadt zu einem wichtigen regionalen Industriestandort. Das führte dazu, dass man den aufstrebenden Architekten Walter Gropius beauftragte, im Norden der Stadt eine Arbeitersiedlung zu bauen, wo ab 1914 drei Siedlungshäuser-Typen entstanden. Leider wurden sie nie unter Denkmalschutz gestellt, so dass private Um- und Anbauten die ursprüngliche Form zu einem großen Teil verändert haben.

Ausdruck dieser wirtschaftlichen Potenz ist das monumentale Rathaus mit einem 51 Meter hohen Turm. Doch bald legte sich auch ein Schatten auf die Stadt: Ab 1942 wurde auf dem Betriebsgelände der seit fünf Jahren existierenden Zellstoff- und Zellwollefabrik ein Außenlager des KZ Neuengamme eingerichtet – 3000 Zwangsarbeiter mussten hier unter unmenschlichen Bedingungen schuften.

Ein wichtiger Industriezweig war 1903 hinzugekommen, als die Singer Manufacturing Company aus New York in Wittenberge eine Nähmaschinenfabrik eröffnete, die sich stetig vergrößerte. 1945 wurde das Werk als Reparationsleistung demontiert und in „Gießerei- und Maschinenfabrik Wittenberge" umbenannt, aber bald mithilfe von Krediten unter dem Namen „Nähmaschinenwerke Veritas" wieder in Betrieb genommen. Ab 1965 firmierte es schließlich als „VEB Nähmaschinenwerk Wittenberge – Kombinat Testima", und drei Jahre später exportierte das Unternehmen die millionste Haushaltsnähmaschine. 1989 waren im Werk etwa 3200 Arbeiter und Angestellte beschäftigt; insgesamt wurden bis zur „Abwicklung" 1991 exakt 7 650 877 Nähmaschinen produziert. Auf mancher der millionenfach in alle Welt verkauften Maschi-

Das Singer-Werk in Wittenberge war seit 1903 einer der wichtigen Arbeitgeber der Stadt: Bis zu 3000 Menschen stellten hier die Veritas-Haushaltsnähmaschinen her. 1989 waren es noch 400 000 Stück, bevor das Werk 1990 demontiert wurde.

nen *made in Wittenberge* wird heute noch genäht. Reparaturen sind kein Problem, denn es gibt immer noch Ersatzteile. Die letzte Maschine, die vom Band lief, lackierte man als Ausdruck der Trauer über die Werksschließung schwarz. Sie steht heute im Wittenberger Stadtmuseum Alte Burg.

Geblieben ist auch der gelb verputzte Uhrenturm des Nähmaschinenwerks, ein Wahrzeichen der Stadt: Die größte freistehende Turmuhr auf dem europäischen Festland wurde 1928/29 errichtet, stark vom Stil der Neuen Sachlichkeit beeinflusst. Auf der beleuchteten Uhr kann man die Zeit aus bis zu zwölf Kilometer Entfernung ablesen, denn die Uhr hat Ziffernblätter mit einem Durchmesser von 7,57 Metern, und die Zeiger sind 3,30 und 2,25 Meter lang. Ursprünglich diente der Uhrenturm als Wasserspeicher der Versorgung der Fabrik mit Brauchwasser und dem Feuerschutz. Im Zweiten Weltkrieg beschädigt, wurde die Uhr erst 1957 wieder in Betrieb genommen. Seitdem leuchtet sie auch wieder.

Nach der Wende mussten fast alle wichtigen Industriebetriebe der Stadt wegen mangelnder Rentabilität ihre Tore schließen. Erhalten blieb nur das Bahnausbesserungswerk, heute der wichtigste Arbeitgeber Wittenberges. Hier werden die im Nahverkehr eingesetzten Doppelstockwagen instandgehalten und die IC-Züge modernisiert. Einen weiteren herben Rückschlag bedeutete es für den Ort, dass seit dem Jahr 2000 der bis dahin stündlich verkehrende ICE auf der Strecke Hamburg–Berlin nicht mehr in Wittenberge hält. Seit 1870 hatten hier stets alle Fernzüge auf dieser Strecke halt gemacht. Zu DDR-Zeiten war der Bahnhof die einzige Haltestelle der Interzonenzüge zwischen Hamburg und Berlin, bevor sie die Grenzbahnhöfe Schwanheide und Griebnitzsee/Staaken passierten.

Mit den seit der Jahrtausendwende jährlich stattfindenden Elblandfestspielen, einem internationalen Festival mit Operettenprogramm, versucht man, Touristen für Wittenberge zu interessieren. Man pflegt die Operette hier deshalb besonders, weil der Komponist Paul Lincke in den 1880er-Jahren in Wittenberge seine Ausbildung absolvierte. Dazu passt, dass Filmproduktionsfirmen die Stadt schon vor Jahrzehnten wegen ihrer historischen Bausubstanz als Drehort entdeckt haben. So drehte die DEFA unter der Regie von Frank Beyer mit Erwin Geschonneck und Marita Böhme hier 1963 den Spielfilm „Karbid und Sauerampfer", 2001 stand Heiner Lauterbach als Axel Caesar Springer im Fernsehfilm „Der Verleger" in Wittenberge vor der Kamera, und Veronica Ferres spielte vor der Kulisse der Elbstadt 2005 in der Verfilmung von Hans-Jürgen Massaquois Autobiografie „Neger, Neger, Schornsteinfeger".

VON DEICHBAUERN UND STÖRCHEN

Nur sechs Kilometer elbabwärts liegt am linken Flussufer das von Fachwerkbauten und Dreiseithöfen aus dem 17./18. Jahrhundert geprägte Dorf Wahrenberg. Es gehört zur Gemeinde Aland im Landkreis Stendal in Sachsen-Anhalt. Bis Ende der 1970er-Jahre kam man schnell mit der Fähre über den großen Fluss ans andere Ufer – heute verkehrt sie nicht mehr mehr, trotz aller Bemühungen der Dorfbewohner, sie wieder in Betrieb zu nehmen. Nur noch ein Foto der Fähre auf dem Dorffriedhof erinnert an vergangene Zeiten.

Das Haufendorf Wahrenberg ist eines der ältesten der Altmark. Der Name könnte sich von „wahren" und „bergen" ableiten, denn wenn die Elbe Hochwasser führt, gilt es, Hab und Gut zu bewahren und zu bergen. Viele Höfe liegen deshalb auf Warften, aufgeschütteten Hügeln. Der erste Markgraf Brandenburgs, Albrecht I., auch der Bär genannt, hatte im 12. Jahrhundert nicht nur die deutsche Ostsiedlung vorangetrieben, sondern auch holländische und friesische Deichbauern angesiedelt, um das Land zu befestigen. Anfangs hieß der Ort noch Wartenberg, offenbar nach der gleichnamigen Ritterfamilie, die das Dorf um 1246 gegründet hatte. Bis Mitte des 18. Jahrhunderts gehörte es dann der einflussreichen märkischen Familie Gans Edle Herren zu Putlitz, deren Burg drei Kilometer südwestlich am Aland, einem Nebenfluss der Elbe, stand.

Das Dorfwappen macht deutlich, warum Wahrenberg so bekannt ist: Es zeigt einen silbernen Storch mit schwarzer Flügeldecke und rotem Schnabel auf grünem Hintergrund. Die ersten Storchenzählungen wurden 1910 durchgeführt: Bis zu sieben brütende Paare registrierte man damals, in den 1990er-Jahren waren es im Schnitt 13. Den Rekord verzeichnete man 1998: 16 von 17 Paaren brüteten 47 Junge aus. Doch seit der Jahrtausendwende gibt es immer weniger Storchenpaare: 2005 waren es nur noch fünf Paare mit zehn Jungen. Eine überzeugende Erklärung für diese Entwicklung gibt es nicht. Man hat jedenfalls damit begonnen, verbuschte Feuchtwiesen und verlandete Gewässer zu renaturieren – und im März 2013 zählte man bereits wieder 19 Storchennester!

BADEVERGNÜGEN IM SALZSTOCK

Arendsee im Norden der Altmark, am Südufer des gleichnamigen Sees gelegen, ist inzwischen ein Luftkurort und war zu DDR-Zeiten ein Ferienparadies für die Kinder der Werktätigen. Vor der Wende herrschte hier Hochbetrieb, heute kommen neben Wochenendurlaubern vor allem Tagesausflügler. Der größte und tiefste See Sachsen-Anhalts bietet im Sommer allerlei Badevergnügen – und diente manchem als Ersatz für den Ostseestrand. Es gab zahlreiche Ferienwohnheime, einen Campingplatz und Wochenend-Datschen. Das heutige

Morgennebel über dem Arendsee, in dem unter anderem die heringsähnlichen Kleinen Maränen vorkommen.

Kinderferienlager ist aus dem Zentralen Pionierlager „Maurice Thorez" (benannt nach einem französischen KP-Führer und Widerstandskämpfer) des einstigen Schwermaschinenbaukombinats Karl Liebknecht in Magdeburg hervorgegangen. Das Lager war groß und beherbergte Jugendliche aus mehreren Nationen. Neben Polen, Russen und Tschechen waren hier auch Jugendorganisationen befreundeter linker Parteien aus der Bundesrepublik zu Gast. Der Kontakt mit diesen Westdeutschen war bei der Lagerleitung nicht gern gesehen, und man versuchte, ihn zu unterbinden. Dennoch fand so manches heißbegehrte und hochgehandelte Objekt jugendlicher Begierde – eine Jeans oder ein *Bravo*-Heft – auf diesem Weg in den Osten.

Die Entstehung des Arendsees geht auf ein außergewöhnliches Naturereignis zurück: Die „Annales regni Francorum" aus dem 9. Jahrhundert, die wichtigste Quelle zur frühen Karolingerzeit, berichten davon, wie sich im Jahr 822 bei „Arnseo" ein See durch einen Salzstockeinbruch bildete. Das Grundwasser hatte die Salze abgelaugt, die Salzformationen brachen ein, und es entstand eine wassergefüllte Einsturzdoline. 1685 kam es zu einem erneuten Einbruch, bei dem die Mühle des Ortes versank und sich der See schlagartig um 20 Hektar vergrößerte. Auf einem derartigen Salzstock liegt auch das nur knapp 30 Kilometer entfernte Gorleben.

Der wannenartige und runde, fünf Quadratkilometer große See, in dem Kleine Maränen und andere Süßwasserfische leben, hat kaum Buchten, relativ steile Randböschungen und ist bis zu 50 Meter tief. Nur an der Nordseite gibt es größere

Flachwasserbereiche mit Schilfrohr, schmalblättrigen Rohrkolben und Teichbinsen. Der Abfluss liegt am nordwestlichen Ufer, ein sehr schmaler und nur temporär wasserführender Stichgraben, der zum Lüchower Landgraben führt und so über die Jeetzel indirekt mit der Elbe verbunden ist. An das Ufer schließt sich Wald mit Kiefern, Eichen und Schwarzerlen an.

Ein etwa hüfthoher Markstein aus Granit erinnert nördlich des Sees inmitten von Kiefernwald an die ehemalige Sperrgebietsgrenze. Das Nordufer lag schon im Sperrgebiet, in dem die Orte Jahrsau und Stresow dem Erdboden gleichgemacht wurden, um ein besseres Schussfeld an der Grenze zu haben. Die Truppen waren in der Ziemendorfer Kaserne stationiert, die heute ein Hotel ist. Die neuen Besitzer haben Wandmalereien der Soldaten als Zeugnisse der Geschichte in ein „Treppenhaus der Menschenrechte" integriert.

Der Vier-Länder-Grenzradweg führt am Arendsee entlang: vorbei an Lebensräumen für seltene Pflanzen und Tiere und an Relikten der deutschen Teilung.

Wie ein Dorn reichte hier einst die Wirler Spitze in das Territorium der DDR hinein. Der ursprüngliche Kiefernwald wurde zugunsten des freien Blicks auf die Grenze abgeholzt. Es entstand eine Binnendüne mit trockener Friesen- und Glockenheide, die Anfang September kräftig blüht. Sie erweist sich als idealer Lebensraum für Heidelerchen, Schwarzstörche, Kraniche und Ziegenmelker – ein sonderbarer Name für einen Vogel: Er hat riesengroße Augen, und wenn das Tageslicht abnimmt, ist häufig ein Surren, später ein Klatschen in der Luft zu hören. Der drosselgroße Geistervogel, auch Nachtschwalbe genannt, ist der Legende nach dann unterwegs, um Ziegen zu melken ...

EIN FRAUENSTIFT UND EIN SONDERLING

Ende des 12. Jahrhunderts gründete der brandenburgische Markgraf Otto I. am Arendsee ein Benediktinerinnenkloster, dessen romanische Kirche, eine dreischiffige, vollständig gewölbte, turmlose Pfeilerbasilika, erhalten ist. Sie bildet den nördlichsten Punkt der Straße der Romanik. Das Hauptportal ist siebengliedrig, und fein ornamentierte Rautenfriese schmücken die Kirche, die zusammen mit dem Kreuzgang und dem Klosterhof für Konzerte und Theateraufführungen genutzt wird. Theodor Fontane weilte 1859 in Arendsee, und das Frauenstift sollte auch eine kleine Rolle in seiner Novelle „Grete Minde" (1879) spielen. Die Handlung ist im frühen 17. Jahrhundert angesiedelt: Valtin, der Lebensgefährte Gretes, wird hier auf dem Klosterfriedhof bestattet. Nur die Damen des Frauenstifts bringen ein wenig Mitgefühl für Grete Minde auf, die aus Verzweiflung über das Unrecht, das ihr vor Gericht geschehen war, die Stadt Tangermünde angezündet hatte und in den Flammen umkam.

1888 kam der 14-jährige Carl Gustav Adolf Nagel nach Arendsee, um eine Lehre zu beginnen, brach diese jedoch bald ab und lebte – beeinflusst von

Ein DDR-Grenzpfahl im Kiefernwald an der Wirler Spitze, die wie ein Dorn in das Territorium der DDR hineinragte. Hier entwickelte sich eine Binnendüne mit Heidekrautgewächsen.

Sebastian Kneipp – als Vegetarier und Naturheilkundler in einer Erdhöhle. Er hatte lange Haare, trug einen Talar oder Lendenschurz und selbst im Winter keine Schuhe. 1900 wurde er entmündigt. Als gustaf nagel verfasste er in konsequenter Kleinschreibung und recht eigenwilliger Orthografie Gedichte, philosophisch-esoterische wie theologische Traktate.

Nagel zog als Wanderprediger umher, bestritt seinen Lebensunterhalt mit Vorträgen und dem Verkauf seiner Schriften. Seine Wanderungen führten ihn bis nach Jerusalem. 1903 wurde seine Entmündigung aufgehoben, und 1910 kaufte er ein Grundstück am Seeufer in Arendsee. Dort errichtete Nagel, der dreimal verheiratet und Vater von drei Söhnen war, über Jahre hinweg ein Garten- und Tempelareal, dazu eine Holzbaracke mit Sonnen- und Brausebad.

Mitte der 1920er-Jahre gründete Gustaf Nagel die „Deutsche kristliche Folkspartei", die vergeblich bei den Reichstagswahlen kandidierte. Während des Dritten Reiches predigte er mutig gegen die Judenverfolgung und später auch vehement gegen den Krieg. Daraufhin zerstörten 1942 HJ-Marineschüler sein Areal am See. Ein Jahr später wurde er ins Konzentrationslager Dachau und 1944 in die Nervenheilanstalt Uchtspringe bei Stendal zwangseingeliefert.

Nach seiner Entlassung 1945 lebte der überzeugte Pazifist Nagel wieder in Arendsee und kam später noch einmal in die Nervenheilanstalt, wo er 1952 starb. Die Tempelruine und seine Kurhalle sind erhalten geblieben. Auch die Gaststätte birlokal zum alten gustaf und Schautafeln an der Strandpromenade erinnern noch heute an den wohl schillerndsten Bürger Arendsees.

RUNDLINGSDÖRFER

Sie besitzen eine auffällige Siedlungsform, die man aus der Luft oder auf Karten am besten erkennt. Auch wenn man durch den einzigen Zugangsweg in ein Rundlingsdorf kommt, wird schnell deutlich, wie die Dorfgemeinschaft ihre bis zu zehn Höfe angeordnet hat – nämlich im Kreis. Bei einem „richtigen" Runddorf gibt es auch keine weitere Straße, die hinausführt. Die Zugangsstraße ist eine Sackgasse, sie mündet in einem Wendehammer, einem schönen, kreisrund geschlossenen Platz.

Ganz sicher ist man sich nicht, wie diese Dörfer entstanden sind, ob sie einst ein Viehkral, ein Kultplatz oder ein Wehrdorf waren. Gewiss ist: Sie wurden im Zuge der ersten Ostkolonisation angelegt und überwiegend von Slawen bewohnt. Man orientierte sich offensichtlich an altslawischen Siedlungsplätzen der Völkerwanderungszeit aus der zweiten Hälfte des 7. Jahrhunderts. Später könnte es sich bei den Bewohnern auch um Kriegsgefangene aus den Ostgebieten nach den Wendenkreuzzügen im 12. Jahrhundert gehandelt haben. Seitdem festigte sich diese einheitliche Gemeinschaftssiedlungsform an der Grenze der Slawen zum Deutschen Reich von Nord nach Süd – am ausgeprägtesten und über Jahrhunderte am besten erhalten im Wendland.

Durch die Abgrenzung des slawischen vom sächsischen Siedlungsraum im bewaldeten Drawehn und der deutsch besiedelten Altmark mit ihren sumpfigen Landgrabenniederungen gab es wenig Zuwanderung, so dass die kleinteilige Dorfstruktur erhalten blieb und nicht wirtschaftlich günstigeren Siedlungsformen geopfert wurde. „Wüstungsprozesse" im Mittelalter führten im Wendland zur Aufgabe einiger Rundlinge. Hinzu kamen Brände, die die vormals enge Bebauung ausdünnten, wenn nicht sogar neue Dörfer andere Siedlungsformen entstehen ließen.

Ein deutlicher Hinweis auf Siedlungen slawischen Ursprungs sind die Ortsnamen und die Namen der meisten Bewohner sowie die polabische Sprache, die im Wendland bis ins 17. Jahrhundert gesprochen wurde. Örtliche Grundherren dürften die Rundlinge gefördert haben, um die Getreideproduktion auf ihren Äckern zu intensivieren und vereinzelt siedelnde Bauern in einem derartigen Dorf zusammenzufassen. Erstmals wurden die Rundlingsdörfer im 14. Jahrhundert urkundlich erwähnt.

Die Höfe sind keil- oder sektorenförmig um einen runden oder ovalen Platz errichtet. Die Rundlinge liegen erhöht nahe einer Niederung mit Gewässer, der Zugang erfolgt von der Ackerflur. Eine typische Gebäudeform gibt es zwar nicht, niedersächsische Hallenhäuser in Giebelstellung zum Dorfplatz dominieren jedoch das Dorfbild. Ein Dorfteich fehlt, auch gab es zunächst keine Kirchen; diese wurden erst später errichtet. Am Anfang standen hufeisen- oder halbkreisförmig angeordnete Höfe, die dann zu einem vollständigen Kreis geschlossen wurden. Nur der Zugangsweg bildete eine Lücke. An diesem konnten weitere Häuser gebaut werden: Damit entwickelte sich das klassische Rundlingsdorf zu einem Sackgassendorf. (Heue haben einige auch eine weitere Aus- bzw. Zufahrt, zum Beispiel Satemin südwestlich von Lüchow.)

Die heute kulturhistorisch interessanten Häuser entstanden zwischen 1680 und 1890, vor allem in der wirtschaftlichen Blütezeit der Region während der großen Agrarreformen. Später gab es nie wieder eine derartige konjunkturelle Hochphase im Wendland, so dass die vorindustriellen Siedlungs- und Bauformen erhalten blieben. Das klassische Wendland-Rundlingsdorf liegt abseits großer Verkehrswege. Es gibt heute noch etwa 100 Wendlanddörfer, an deren Ortsbild die Rundlingform ablesbar ist. Typische Beispiele sind Jameln, Satemin und Schreyahn. Und womöglich

Ehemaliger Kolonnenweg bei der Wirler Spitze: Wo einst der Kalte Krieg regierte, herrscht heute die Natur. Am Wegesrand finden sich Goldröhrlinge, und im September hört man hier die Brunftschreie der Hirsche.

werden 15 dieser Rundlingsdörfer in ein paar Jahren zum Unesco-Welterbe in der Kategorie „Kulturlandschaften und bäuerliche Architektur“ gehören – denn um diesen Titel haben sie sich beworben.

STADT DER HANSE UND DES BAUMKUCHENS

Die Geschichte der Stadt Salzwedel beginnt mit einer Burg: Sie beschützte die Jeetzefurt am Handelsweg zwischen Magdeburg und der Salinenstadt Lüneburg. Es handelte sich um den karolingischen Handelsstützpunkt „Schezla“. Salzwedel wird jedoch erst 1112 anlässlich einer Belagerung der Burg durch Kaiser Heinrich V. erwähnt. Um die Burg hatte sich eine Siedlung gebildet, die ab 1247 durch die Entstehung der Neustadt im Nordosten der Altstadt Konkurrenz erhielt. Beide Städte existierten bis 1713, als landesherrlicher Zwang Alt- und Neustadt vereinigte. Ab 1248 waren Zölle beim Übergang über Jeetze erhoben worden, 1263 wurde Salzwedel Hansestadt. Wohlstand verbreitete sich in der mittelalterlichen Doppelstadt nicht nur durch den Handel, sondern auch durch Tuchmachereien und Leinenwebereien; davon zeugen noch Reste der Stadtbefestigung und die zahlreichen Kirchen. Nach dem durch den brandenburgischen Kurfürsten Johann Cicero niedergeschlagenen „Bierzieseaufstand“ verlor die Stadt 1488 ihre Rechte und musste aus der Hanse austreten. Dennoch entstanden zahlreiche Großbauten wie die Propstei, das Neustädter Rathaus und mit reichem Schnitzwerk versehene Fachwerkhäuser.

Im 19. Jahrhundert etablierten sich Industriebetriebe: eine Chemie- und Zuckerfabrik, eine Eisengießerei und die burgartige, mit Ecktürmen und Zinnen verzierte Bergschloss-Brauerei. Durch die deutsche Teilung abgeschnitten vom niedersächsischen „Hinterland“, wurde Salzwedel Ende der 1960er-Jahre wirtschaftlich wieder bedeutend, als man hier auf dem zweitgrößten europäischen Kontinental-Erdgasfeld mit der Gasförderung begann. Seit dem 17. August 1969 strömt das hiesige Erdgas in das Verteilernetz: Zuerst nur bis nach Magdeburg, aber 15 Jahre später wurde die halbe DDR versorgt. 1100 Beschäftigte hatte der einstige VEB-Betrieb, der nach der Wende von der Treuhand an Gaz de France verkauft wurde. Dieser Betreiber fördert noch immer Erdgas aus den Tiefen der Altmark, obwohl man eigentlich von einer Förderdauer von nur 25 Jahren ausgegangen war.

Jenny Marx, des Philosophen Gattin, „Beraterin, Kampfgefährtin und Sekretärin“, wie es zu DDR-Zeiten hieß, wurde 1814 in Salzwedel als Jenny von Westphalen geboren. Sie ist die berühmteste Tochter der Stadt – ihr Geburtshaus ist seit 1969 ein Museum und war naturgemäß Ziel unzähliger Schulklassen. Salzwedel ist außerdem bekannt als Stadt des Baumkuchens: Zwar ist er keine Salzwedeler Erfindung, aber von hier aus trat er im 19. Jahrhundert seinen Siegeszug um die Welt an. Ursprünglich soll er als Hochzeitskuchen in der Puszta sehr beliebt gewesen sein. 1682 erwähnte der Hofmedicus des brandenburgischen Großen Kurfürsten Johann Sigismund einen großen Kuchen, den er als „Placentae cylindricae“ oder „Baumkuchen“ bezeichnete. Er wird schichtweise an einem sich drehenden Spieß über offener Flamme gebacken. Nach dem Erhitzen wird die Kuchenmasse – das Rezept bleibt geheim – schichtweise ausgebacken. Die herabträufelnde Masse wird zusammen mit frischer Masse wieder aufgetragen, die durch das stetige Anbacken Zacken bildet. Nach dem Backvorgang kühlt der Kuchen ab, und der Zuckerguss wird darübergegossen.

Als Friedrich Wilhelm IV. am 26. Mai 1841 Salzwedel besuchte, schmeckte ihm dieser Kuchen so vorzüglich, dass er den Rest mit nach Berlin nahm. Zu Weihnachten erhielt er wieder einen

Hoch zu Ross entlang der Grenze

Die hermetisch abgeriegelte Grenze zur Deutschen Demokratischen Republik umschloss weite Teile des niedersächsischen Landkreises Lüchow-Dannenberg. Auf DDR-Seite sollten 3,20 Meter hohe Streckmetallzäune, Wachtürme und Scheinwerfer Fluchtversuche verhindern, auf westlicher Seite waren Zöllner auf Streife unterwegs - nicht nur zu Fuß. Seit den 1950er-Jahren gab es im Landkreis Lüchow-Dannenberg eine kleine Zollreiter-Staffel. Reinhard Höper gehörte dazu. Auf seinen Streifzügen hoch zu Ross traf der grau uniformierte Zollreiter manchmal auf Pilzsammler und Spaziergänger. «Viele Urlauber, die uns sahen, meinten: Ja, so wie ihr euren Dienst macht, möchten wir mal unseren Urlaub verbringen», erzählt Höper. «Ja, haben wir dann geanwortet: Dann müssen Sie mal bei Regen kommen. Oder im Winter bei 15 Grad minus. Das waren die Schattenseiten.»

Auch sonst war der Dienst der Zollreiter alles andere als ein Spaziergang. Aufgabe der Zollreiter war es, die Situation an der DDR-Grenze genau zu beobachten und ihrer Dienststelle jede bauliche Veränderung und andere Vorkommnisse an den Grenzsperranlagen zu melden. Ausgerüstet mit Taschenlampe und Funkgerät, Pistole und Fernglas, war Reinhard Höper am Grenzzaun unterwegs: im Schichtdienst mit sieben weiteren Kollegen. «Wir sind tagsüber mal vormittags geritten von 6.00 bis 12.00 Uhr oder von 7.00 bis 13.00 Uhr oder nachmittags von 12.00 bis 18.00 oder 13.00 bis 19.00 Uhr. Und wir hatten natürlich auch Nachtdienst», erinnert sich der ehemalige Grenzbeamte. Nachts seien er und seine Kollegen jedoch mit Fahrrädern oder zu Fuß auf Grenzstreife gewesen, denn Pferde sehen in der Dunkelheit auch nicht besser als Menschen, so Höper.

Kontakte zu den Grenzsoldaten der DDR, die auf der anderen Seite des Zauns in ihren Trabis auf betonierten Kolonnenwegen patrouillierten, gab es nicht. «Da war ja zwischen uns erst ein Leerraum, dann kam der Doppelzaun mit den Minen dazwischen und dann der Kolonnenweg und der Graben», sagt der heute 70-Jährige. Auch eine Art Trampelpfad habe es gegeben, der laufend gepflügt und geeggt werden musste, damit die NVA-Soldaten Fußspuren von Flüchtlingen erkennen konnten. Fluchtversuche hat er nie erlebt. Dafür gehörten Alltagsgeräusche und Szenen aus den nur einen Steinwurf entfernten Grenzdörfern der Altmark zum Dienst: «Wie die da eingesperrt waren, konnten wir ja sehen. Bömenzien konnte man sehen, und die Straße von Bömenzien nach Aulosen konnte man auch sehen.»

Insgesamt 20 Jahre blieb der Zollreiter seinem Beruf treu – bis zum Mauerfall im November 1989. «Danach ging es monatelang nur noch darum, die Pferde zu bewegen», erinnert er sich. «Schon wenige Tage nach der Grenzöffnung sahen wir plötzlich Ausflugsbusse aus Schnackenburg auf der anderen Seite des Zaunes auf dem ehemaligen Kolonnenweg entlangrollen.»

Bericht: Gisela Jaschik

Acker- und Wiesengeometrie heute – einst trennte die Grenze hier Altmark und Wendland bei Salzwedel und Arendsee voneinander. Der ehemalige Todesstreifen ist noch gut zu erkennen.

Baumkuchen aus Salzwedel. Bald verschickte man Baumkuchen nach Wien und Sankt Petersburg. Die 1808 gegründete „Erste Salzwedeler Baumkuchen-Fabrik“ wurde 1865 schließlich „Königlicher Hoflieferant“. Es gab bald immer mehr Konditoren, die allein oder in Gemeinschaft mit anderen Baumkuchen produzierten und exportierten. Die Baumkuchen-Fabrik wurde 1958 von den DDR-Behören enteignet und die Inhaberin zu zwei Jahren Haft verurteilt, da sie durch den Baumkuchenversand ins westliche Ausland der Bevölkerung „wertvolle Rohstoffe“ entzogen habe. Der VEB-Betrieb hielt die Tradition jedoch aufrecht, und der Baumkuchen blieb beliebt wie eh und je. 1990 erstattete man der Familie das Unternehmen zurück.

GRENZÜBERGANG IN DER ALTMARK

Bergen an der Dumme liegt in naturbelassener Umgebung am Südostrand des Naturparks Elbhöhen-Wendland. Er wird von der Wustrower Dumme durchflossen, die in die Jeetzel mündet. Der kleine Ort ist deshalb erwähnenswert, weil hier 1973 ein Grenzübergang eröffnet wurde – zwischen Lauenburg an der Elbe rund 80 Kilometern nördlich und Bergen gab es keinen weiteren. Als Grenzort hat Bergen eine lange Tradition, da es an der Handels- und Heerstraße Leipzig–Hamburg lag und jahrhundertelang eine Zollstation war: zunächst zwischen Braunschweig–Lüneburg und Brandenburg, dann zwischen Hannover und Preußen.

Dank des Leinenweberhandwerks hatte man es seit Mitte des 17. Jahrhunderts zu einem bescheidenen Wohlstand gebracht. Der Ort hatte eine gewisse wirtschaftliche Anziehungskraft für altmärkische Dörfer, die nach der Teilung entfiel. Viele Betriebe mussten aufgeben. Mit der Eröffnung des Grenzübergangs 1973 entwickelte sich immerhin ein Durchgangsverkehr auf der Bundesstraße 71. Von dem einstigen Übergang, etwa drei Kilometer von Bergen entfernt bei Darsekau, ist heute nichts mehr zu sehen.

HIMMEL UND WEITE

Folgt man der ehemaligen Grenze von Salzwedel aus Richtung Süden, gelangt man über Bad Bodenteich nach Wittingen. Kurz vor dem Ort lohnt ein Abstecher durch Felder, Wiesen und Wälder ins idyllische Lüben: ein 100-Seelen-Dorf mit altem Baumbestand und großen, restaurierten Bauernhäusern. Lüben ist ein 1000 Jahre alter Rundling und heute ein Museumsdorf – 1987 wurde es als „schönstes Dorf Deutschlands“ ausgezeichnet. Die Grenze war keine 800 Meter entfernt. Der Schriftsteller Hans Pleschinski, der im nahen Wittingen aufwuchs, charakterisiert die Landschaft um seine Heimatstadt so: «Die gewisse Naturschönheit basiert auf unendlich viel Himmel und auf der durch wenige Ortschaften akzentuierten Weite. Es gibt Autostrecken, auf denen man zehn bis zwölf Kilometer lang das Gefühl haben kann, durch Kanada zu fahren … Dörfer mit der Namensendung -büttel … beherrschen die Topographie der Gegend aus Weideland, Rübenäckern, Wachholderhainen und Mooren» – ideales Ackerland für Getreide und Viehzucht. Pleschinski widmete der Gegend um seine Heimatstadt Wittingen das Buch „Ostsucht – Eine Jugend im deutsch-deutschen Grenzland“ (1993), ein anschauliches Sittenbild des Zonenrandgebiets von den späten 1950er- bis Mitte der 1970er-Jahre.

Wittingen, einst am «Westweltsaum der NATO» (Pleschinski) gelegen, befindet sich an der Niedersächsischen Spargelstraße und an der Bahnlinie nach Braunschweig zwischen Lüneburger Heide und Altmark. Wohl schon Ende des 8. oder Anfang des 9. Jahrhunderts gab es den Ort, der im Mittelalter Grenzort zur Altmark war. Die evangelisch-lutherische St.-Stephanus-Kirche in der

Wilfried Wolter war Ortsvorsteher von Lüben, als hier die Grenze geöffnet wurde. Vor dem Mauerrest erinnert er sich an bewegende Momente.

Otto Wolter, der lange den Familienbetrieb Wolter's Gasthaus in Lüben führte, zeigt ein Foto, das den Ausbau der Grenze wenige Hundert Meter östlich dokumentiert.

Grenzübergänge und Grenzsicherung

Grenzübergänge, die bereits von den Alliierten festgelegt worden waren, sind auch DDR-Grenzübergänge geblieben. Hinzu kamen die mit einem Stern (*) gekennzeichneten Übergänge. Sie wurden für den kleinen Grenzverkehr der Regionen erst nach dem Grundlagenvertrag 1973 eröffnet.

Landstraße: Lübeck-Schlutup/Selmsdorf – Lauenburg/Horst – *Bergen (Dumme)/Salzwedel – *Duderstadt/Worbis – *Eußenhausen/Meiningen – *Rottenbach/Eisfeld

Eisenbahn: Lübeck/Herrnburg – Büchen/Schwanheide – Walkenried/Ellrich – Ludwigsstadt/Probstzella – Wolfsburg/Oebisfelde – Helmstedt/Marienborn – Bebra/Gerstungen – Hof/Gutenfürst

Autobahn: Gudow/Zarrentin – Helmstedt/Marienborn (für Alliierte) – Herleshausen/Wartha – Rudolphstein/Hirschberg

Wasser: Schnackenburg/Cumlosen (Elbe) – Rühen/Buchhorst (Mittellandkanal)

Die DDR-Grenztruppen sollten die Staatsgrenze der DDR vor Grenzverletzungen aller Art schützen, notfalls mit Waffengewalt. Wenn Angehörige der alliierten Nationen ein- oder ausreisen wollten, wurden sie immer von sowjetischen Kräften kontrolliert. Seit Gründung des Ministeriums für Staatssicherheit (MfS) 1950 war die Grenzsicherung eine von dessen Hauptaufgaben: Von 1952 bis 1957 stand die Deutsche Grenzpolizei nach sowjetischem Vorbild unter direkter Leitung des MfS. Erst 1961 beschloss man, Grenztruppen der Nationalen Volksarmee (NVA) aufzustellen, die dem Ministerium für Nationale Verteidigung unterstellt waren. Man übernahm etwa 40 000 Angehörige der Deutschen Grenzpolizei. Ab 1973 hießen die Einheiten schließlich „Grenztruppen der DDR“ und hatten eine Stärke von durchschnittlich 50 000 Mann. Zweimal pro Monat hatte ein Grenztruppen-Kompaniechef in Gemeinden, die im Schutzstreifen lagen, Sicherheitsberatungen mit dem sogenannten Abschnittsbevollmächtigten (einem Angehörigen der Volkspolizei), dem SED-Sekretär der Ortsparteiorganisation, dem Bürgermeister und dem zuständigen MfS-Beauftragten durchzuführen.

> «Durch ein sicheres, überlegtes und bestimmendes Handeln musste die Urteilsbildung der Reisenden über die DDR und die Staaten des Warschauer Vertrages aktiv beeinflusst werden.»

Seit 1982 konnten männliche Zivilisten über 18 Jahre in der Sperrzone bei der Grenzsicherung eingesetzt werden, die „Freiwilligen Helfer der Grenztruppen der DDR“ (FHG). Im Prinzip war das sogar schon seit 1952 möglich. Diese Helfer gingen Streife. Viele waren Reservisten der NVA und der Bereitschaftspolizei, in der Regel

Der Grenzübergang Helmstedt/Marienborn lag an der Transitstrecke nach Berlin und war der größte Übergang an der innerdeutschen Grenze: ein Ort langer Wartezeiten. 1996 wurde hier die Gedenkstätte „Deutsche Teilung Marienborn" eingerichtet.

Ortskundige: Förster, Waldarbeiter, Busfahrer und LPG-Bauern. Nicht herangezogen wurden Bürger, die Verwandte in Westdeutschland oder Berlin hatten. Jeden Monat unterrichtete man die Helfer: Politik, Schießen, Topographie- und Gesetzeskunde standen auf dem Lehrplan. Die Dienstzeit dauerte von 18 bis 23 Uhr, bis zu acht Stunden im Monat. Als „Sold" gab es Geldprämien und Medaillen, aber kein regelmäßiges Gehalt. Auf diese Weise halfen etwa 7000 zusätzliche DDR-Bürger, die Grenze zu sichern.

Höflichkeit bei den Grenzkontrollen war geradezu ein Befehl: «Es war für jeden Passkontrolleur seit jeher zwingend, ein sachliches, korrektes und höfliches Auftreten vorzugeben. Durch ein sicheres, überlegtes und bestimmendes Handeln musste die Urteilsbildung der Reisenden über die DDR und die Staaten des Warschauer Vertrags aktiv beeinflusst werden. Die Reisenden waren, soweit die Umstände und Verkehrslage an der Grenzübergangsstelle dies zuließen, bei der Passkontrolle am Pkw, im Reisebus bzw. in Zugabteilen zu begrüßen und zu verabschieden. Jegliche Bemerkungen und Äußerungen, z. B. bezogen auf die Persönlichkeit, ihr Äußeres, Bekleidung, Alter, Geschlecht, Rasse oder andere persönliche Eigenheiten, die als abwertend, diskriminierend, unsachlich oder in anderer Weise persönlich verletzend aufgenommen werden könnten, hatten zu unterbleiben.» So erinnert sich ein ehemaliger Oberleutnant an seinen Dienst an der Grenze. So mancher Transit- oder DDR-Reisende dürfte allerdings ganz andere Erfahrungen gemacht haben.

Stadtmitte ist die älteste Kirche der Stadt – eine Wehrkirche, in der sich um 1000 die damaligen Bewohner verschanzten, als „heidnische Wenden“ aus den Elbniederungen in der Gegend wüteten. Wittingen profitierte vom Ost-West-Handel, der über die Salzstraße abgewickelt wurde. Zu Beginn des 13. Jahrhunderts wurden dem Ort die welfischen Stadtrechte verliehen, und er wurde Miteigentümer der Lüneburger Münze. Wirtschaftlich bedeutend ist seit jeher die Privatbrauerei Wittingen. Seit 1429 braut sie den Gerstensaft. Im Mittelalter war dies neben der Lederverarbeitung der Haupterwerbszweig.

Am 1. Dezember 1900 hielt das moderne Verkehrszeitalter Einzug in Wittingen, das seitdem an die Bahnstrecke Uelzen–Braunschweig angeschlossen ist. Hinzu kommt die Kleinbahn Celle–Wittingen, die von der Osthannoverschen Eisenbahn („OHE“ oder im Volksmund: „Oma hat's eilig“) betrieben wird. Noch in den 1960er-Jahren wurde der Salonwagen aus dem Jahr 1904 eingesetzt, heute sind nur noch Güterzüge und eine Museumsbahn unterwegs. Die Altmärkische Kleinbahn fuhr von 1909 bis 1945 von Wittingen-West nach Diesdorf bzw. Beetzendorf in der Altmark. Da die DDR-Behörden nach Errichtung der Sperrzonen fast alle Strecken in unmittelbarer Nähe zur Grenze demontierten, gibt es auch diese West-Ost-Verbindung nicht mehr: Von hier kommt man nicht auf direktem Weg nach Oebisfelde und weiter nach Berlin. Die ehemalige Grenzregion wurde in Sachen Bahnverbindung amputiert.

Wittingen nahm nach dem Zweiten Weltkrieg viele Flüchtlinge aus den ehemaligen deutschen Ostgebieten auf, wodurch sich die Bevölkerung verdoppelte. Die Grenze war nur drei Kilometer entfernt: An der Straße nach Waddekath gab es einen Aussichtspunkt, von dem aus man einen

Der Innenhof des Heideklosters Isenhagen westlich von Wittingen: Alte Bäume beschirmen die Grabsteine.

Diese frühgotische Backsteinfassade ist ebenfalls Teil des Klosters Isenhagen. Die Klosterkirche beherbergt einen geschnitzten Flugelaltar von 1440.

Blick in den anderen Teil Deutschlands werfen konnte – der so nah und so fern zugleich war.

Etwa neun Kilometer von Wittingen entfernt liegt Isenhagen. Kaum zu glauben, aber der Ort war einst Kreisstadt. Heute besteht er aus knapp 150 Einwohnern, einer Straße, alten Eichen, ein paar Bauernhöfen – und vor allem einem Kloster. Es ist eines der sechs sogenannten Heideklöster. 1533 war durch die Säkularisierung das „Klosteramt“ ohne Hoheitsgebiet entstanden, und das Kloster selbst wurde 1540 ein evangelisch-lutherisches Damenstift, das noch heute bewohnt wird. Ende des 18. Jahrhunderts kamen die Gografschaft Hankensbüttel und die Vogtei Steinhorst mit insgesamt 31 Dörfern dazu. 1885 wurde der Kreis Isenhagen gebildet, der 1925 über 22 000 Einwohner hatte, aber 1932 wieder aufgelöst wurde. Seit 1974 gehört das Kloster zur Gemeinde Hankenbüttel. «Diese Ansammlung von Dächern war nicht nur eine winzigste Sub-Zentrale im Königreich Hannover, sondern auch im gesamten Preußen, das sich 1866 das Königreich der Welfen einverleibt hatte. Wahrscheinlich wegen des Zisterzienserklosters», sinniert Hans Pleschinski über seine Heimat. «Zumindest das Kloster Isenhagen hat seine Reize! In seinem Backsteingeviert, bei der tausendjährigen Gerichtslinde, steht das älteste Möbelstück Deutschlands, der Stuhl der Markgräfin Agnes von Meißen aus dem 13. Jahrhundert. Im Kloster kann man mittelalterliche Stickereien mit Ise-Perlen bewundern ... Im Innenhof des Kreuzgangs erhebt sich ein makabrer Hügel: die Anhäufung von Knochen niedersächsischer Nonnen aus acht Jahrhunderten. Die Decke des Kreuzgangs selbst wurde nie vollendet und ist seit 1450 provisorisch mit Eichenbohlen abgedeckt; zu jener Zeit rottete die Pest die Zisterziensergemeinschaft aus.»

GETRENNTES DOPPELDORF

Der Flecken Brome war auf drei Seiten von der DDR umgeben – nur vom Westen aus gab es einen Zugang. Unverrückbar steht im Ort die Burg aus dem 11. Jahrhundert. Sie gehörte zu den über 70 Grenzfesten des ehemaligen Fürstentums Lüneburg, wurde mehrfach zerstört und wiederaufgebaut. Erhalten haben sich der zweigeschossige Nordflügel, 40 Meter lange Kellergewölbe und der Turm aus dem 16. Jahrhundert. Die Burg war Verteidigungsanlage, Gerichtsort, Wirtschaftsgebäude, Wohnhaus des Vogtes und ist seit 1979 Heimatmuseum für Landwirtschaft und Handwerk der Region. Während des Dreißigjährigen Krieges wüteten die katholischen Truppen Tillys im 1527 lutherisch gewordenen Bromer Land. Nach dem Zweiten Weltkrieg bestimmte die innerdeutsche Grenze das Schicksal des Ortes: In den ersten Jahren nach der Teilung war es noch möglich, an einigen Stellen relativ risikofrei die Grenze zu überqueren. So blieben viele Flüchtlinge in Brome, und die Bevölkerung verdoppelte sich um 1950 nahezu. Doch bald war der Ort von seinen nördlichen, östlichen und südlichen Nachbarn abgeschnitten – bis zur Öffnung der Straße nach Mellin im November 1989.

Eine Kuriosität sind die Dörfer Zicherie und Böckwitz drei Kilometer südlich von Brome. Der Besucher hat, wenn er nicht auf die Ortsschilder achtet, den Eindruck, in einem Dorf zu sein. Doch es sind zwei: Zicherie gehört zur Samtgemeinde Brome, Böckwitz ist ein Ortsteil von Klötze. Beide waren zwar immer eigenständige Nachbardörfer, die aber fast ineinander übergingen. Dann trennte die Geschichte sie, und das Doppeldorf wurde zu einem Symbol für die deutsche Teilung. Und nach wie vor trennt sie eine Grenze: die zwischen Niedersachsen und Sachsen-Anhalt. So gibt es zwei Feuerwehren, die die Landesgrenze nicht überschreiten dürfen, die Kinder gehen in verschiedene Kindergärten und Schulen, die Jugendlichen haben kaum Kontakt zu denen im Nachbarort, und man trifft sich eher in einer Wolfsburger Disco als auf der Dorfstraße.

Das Dorf Zicherie, das aus der wendischen Siedlung Sékyra („Axt") hervorging, war wie das Nachbardorf ein Rundling und durch niedersächsische Hallenhäuser geprägt; heute ist es wie Böckwitz bedingt durch Neubauten ein Haufendorf. Viele Zicherier waren bis Ende des Zweiten Weltkriegs mit Böckwitzern verwandt oder verschwägert. Die einzige Gaststätte mit großem Saal stand in Böckwitz, der Fußballverein beider Dörfer war in Zicherie. Bis 1945 gingen Kinder aus Zicherie auch in Böckwitz zur Schule, und bis zur Währungsreform 1948 gab es noch Kontakt zum Nachbardorf. Ab 1952 wurden die beiden Orte voneinander abgeriegelt. Böckwitzer Häuser, die unmittelbar an der Grenze lagen, mussten der Grenze weichen. 1960 wurden die Bauern des Dorfes zwangskollektiviert. Ein Jahr später starb der westdeutsche Journalist Kurt Lichtenstein, der versuchte hatte, mit Landarbeitern im Grenzgebiet ins Gespräch zu kommen, hier durch Schüsse aus der Maschinenpistole eines Volkspolizisten: das erste Todesopfer nach dem Berliner Mauerbau. Immerhin wurde die Mauer zwischen beiden Dörfern bereits sieben Tage nach dem Fall der Berliner Mauer eingerissen.

Zu denen, die im Lauf der 1950er-Jahre aus Böckwitz vertrieben und umgesiedelt wurden, zählte auch die Familie Schütte. Später floh sie in den Westen und erhielt nach der Wiedervereinigung ihren Hof zurück, in dem sie nun ein Grenzmuseum eingerichtet hat. Zu sehen sind mehr als 10 000 Exponate zur Landwirtschafts- und Grenzgeschichte, restaurierte Fachwerkscheunen, ein altes Backhaus und ein Bauerngarten. Der Grenzlehrpfad südlich des Ortes führt zu einem Grenzturm und anderen Grenzanlagen, die die Absperrungen zwischen Böckwitz und Ziche-

Hinter dem Ortsausgangsschild ging es jahrzehntelang nicht weiter, denn die Nachbardörfer Zicherie und Böckwitz waren voneinander abgeschnitten. Den mahnenden Weihnachtsbaum auf der Westseite konnten wohl nur die Grenzpolizisten vom Wachturm aus sehen.

rie chronologisch dokumentieren. Zur Eröffnung pflanzte der ehemalige Außenminister Hans-Dietrich Genscher dort 1998 einen Ahornbaum.

Ein geschichtsträchtiger Ortsteil von Brome ist Rühen an der B 244. Es liegt auf dem Vorsfelder Werder, einem eiszeitlichen Geestrücken, am Westrand des Niedermoorgebiets Drömling. Der Mittellandkanal führt durch den Osten des Gemeindegebiets, und ein Teil der Gemeindegrenze bildete die Grenze zur DDR, heute zu Sachsen-Anhalt. Wie so häufig in dieser Region, handelt es sich um ein wendisches Rundlingsdorf; die Flurnamen weisen darauf ebenso hin wie der gut erkennbare Rundling im Süden des Ortes. Mit der Teilung Deutschlands wurde Rühen Grenzkontrollstelle und Zollhafen für den Güterverkehr auf dem Mittellandkanal. Die Elbe und der Kanal waren die einzigen Wasser-Transitwege von und nach Berlin. Der Ort wuchs durch die zahlreichen Flüchtlinge und Vertriebenen und vor allem in den 1970er- und 1980er-Jahren durch die vielen VW-Mitarbeiter, die hier ihr Eigenheim bauten.

In den 1930er-Jahren sorgte der Reichsarbeitsdienst auf den Niedermoorflächen dafür, dass die Flächen landwirtschaftlich genutzt werden konnten. Man legte nach der Methode der „Moordammkulturen" erhöhte Beete zwischen etwa fünf Meter breiten Gräben an: Dadurch ließen sich hier Getreide, Kartoffeln und Zuckerrüben anbauen. Das Lager des Reichsarbeits-

dienstes lag am Kanal, eine Baracke steht dort noch heute. 1944/45 wurde dieser Ort zum „Sterbelager" für mehr als 300 Säuglinge und Kleinkinder von Zwangsarbeiterinnen, die zusammen mit russischen Kriegsgefangenen im nahe gelegenen Wolfsburger Volkswagenwerk arbeiteten. Auf der dortigen Kriegsgräberstätte sind 76 von ihnen begraben, und eine Gedenktafel erinnert an das Schicksal der polnischen und sowjetischen Kinder. Der für das Lager Verantwortliche, ein VW-Werksarzt, wurde nach dem Krieg hingerichtet.

SCHLAFTRUNKENE, WUNDERLICHE LANDSCHAFT

«Eine warme Dämmerung lag auf der weiten hügeligen Ebene; gelbes und rotes Gewölk auf grauem Grunde spiegelte sich im stehenden Gewässer, und die feine Sichel des Mondes stand fast ebenso zartscharf unten im glatten Teiche, wie oben am dunkelnden Himmelsgewölbe. Schilf, Binse und Weidenstrauch regten sich so wenig wie der ernsthafte nachdenkliche Vogel, welcher der träumerischen Landschaft vor kurzem sein Nachtessen in Gestalt dreier wohlbeleibter Frösche entnommen hatte und nunmehr ruhig verdauete, ebenfalls mit seinem Bilde zu seinen Füßen in den stillen Fluten.» So beginnt Wilhelm Raabes Roman über den Drömling aus dem Jahr 1872, den er „Dräumling" nannte.

Heute ist der Drömling eine naturnahe Kulturlandschaft, die im Dunst weichender Morgenstunden immer noch ihren Zauber entfaltet: Gräben und Äcker, Baumreihen und Hecken wechseln sich ab, dazwischen ausgedehnte Grünlandflächen und Horstwälder, Pappeln auf den Dämmen entlang der Entwässerungsgräben und auf den Wiesen. Das mit Erlen- und Birkenbruchwald durchsetzte Giebelmoor bei Brome, am Rand des Drömling gelegen, gilt als westlichste Ausdehnung der sibirischen Taiga. Insgesamt 1725 Kilometer lang sind die Wasserläufe im „Land der tausend Gräben" – ein ideales Rückzugsgebiet für eine Vielzahl seltener und vom Aussterben bedrohter Tier- und Pflanzenarten. Hier sind Reh, Wildschwein, Rotfuchs, Dachs und Fischotter zu Hause. Biber wurden lange Zeit kaum gesichtet, aber seit Mitte der 1990er-Jahre sieht man sie häufiger.

In den Lüften hört man den Pirol, die Nachtigall, den Neuntöter, die Wacholder- und die Rotdrossel. Kraniche ziehen ihre Kreise und rasten hier, bevor sie weiterfliegen. Der Weiß- und der Schwarzstorch brüten im Drömling ebenso wie der Graureiher und der immer seltener anzutreffende Rotmilan. Insgesamt sind hier mehr als 100 Brutvogelarten und zahlreiche Fledermausarten heimisch. Auf den Wasserflächen tummeln sich Enten, Zwergtaucher und Höckerschwäne. Libellen und Heuschrecken, Wasserkäfer und Käfer aller Art, Tag- und Nachtfalter teilen sich mit Kreuzkröten, Laubfröschen und Ringelnattern das Revier. Von den mehr als 25 vorkommenden Fischarten stehen zehn auf der Roten Liste. Pillenfarne, Flutende Teichsimse und markante Gelbe Wiesenraute bilden die Grabenvegetation.

Die 340 Quadratkilometer große Niederung ist wenig besiedelt und seit je Grenzgebiet. Der Sumpf war lange kaum zu durchqueren. Er bildete eine Art natürliche Grenze zwischen Ost und West. Im Jahr 938 wurde er vom Corveyer Mönch Widukind als „Thrimining" erwähnt; die heutige Schreibweise ist seit dem frühen 16. Jahrhundert gebräuchlich. Seit dem Mittelalter gehörten die westlichen Ländereien den braunschweigischen, lüneburgischen und hannoverschen Landesherren, die östlichen den Magdeburgern und Brandenburgern, später dann Preußen. Nach dem Zweiten Weltkrieg teilten wieder zwei Herrschaftsbereiche den Drömling. Heute gehört er gleichermaßen zu Niedersachsen und Sachsen-Anhalt, wo er seit 1990 ein Naturpark ist.

Sonnenuntergang im Naturpark Drömling. Der Himmel ist voller Grau- und Saatgänse, die hier auf dem Weg in ihre Winterquartiere rasten.

Äsendes Rehwild in der abendlichen Niedermoorlandschaft des Drömling. Auch Rotfuchs, Dachs und Biber sind Teil der artenreichen Tierwelt.

Die Niederung entstand in der Saaleeiszeit vor mehr als 140 000 Jahren, und vor etwa 10 000 Jahren, am Ende der letzten Eiszeit, setzte die Bewaldung ein. Das Gefälle der Flüsse Aller und Ohre ist sehr gering, und so „vernässen" die Böden und bilden Niedermoore mit weiten Erlenbruchwäldern. Der Drömling fungierte damit als Speicherbecken für die Hochwässer der beiden Flüsse. Es war Friedrich der Große, der Mitte des 18. Jahrhunderts die Entwässerung veranlasste und damit die Kultivierung der Landschaft ermöglichte. Der Naturschutz wurde hier nicht immer großgeschrieben: Zu DDR-Zeiten wurde der Drömling intensiv landwirtschaftlich genutzt, vor allem betrieb man Holz- und Weidewirtschaft. Der ursprüngliche Bruchwald wurde durch Äcker, Wiesen und Forste verdrängt. Weite Teile dieser Landschaft werden im Frühjahr überflutet, liegen aber im Sommer wieder trocken. In den letzten Jahren hat man mithilfe von Wehren den Wasserspiegel angehoben, wodurch sich die Bedingungen für Pflanzen und Tiere verbessert haben. Trotz besagter Überschwemmungen nutzten die Bewohner von immerhin 50 Drömling-Dörfern die Feuchtwälder lange Zeit: Im Mittelalter sprach man vom „freyen Drömling", in dem jeder sein Holz schlagen durfte. Mit der Kultivierung wurden Holzreviere für die Dörfer festgelegt.

Schon manchem erschien diese Region wie ein Labyrinth: «Ein Fremder weiß sich im Drömling nicht hinein zu finden, viel weniger wieder heraus zu kommen. Die Nachbarn allein wissen die Stege ...», notierte der Historiker Samuel Walther (1679–1754) und berichtete von wenigen Meter hohen Anhöhen („Horste"), die Schutz vor

Hochwasser boten. Nicht nur vor diesem: «Im 30jährigen Krieg war der Drömling voller Leute, und thaten den feindlichen Streiffereyen grossen Schaden. Der Drömling ist den Feinden jederzeit fatal gewesen.» Und Wilhelm Raabe charakterisierte den Drömling in seinem eingangs zitierten Roman als wunderlich-derben Landstrich: «Der Sumpf hieß der Dräumling und war seit uralten Zeiten berühmt wegen seiner fetten Frösche und seiner derben Jungen und Mädchen ... Der Sumpf oder Morast war von Wäldern, Heiden und kärglichen Ackerfeldern umgeben, und in die Wälder zog er sich in vielen Armen und Abzweigungen hinein; hier stundenbreit sich ausdehnend, dort sich in fast natürliche Gräben und Kanäle zusammenziehend. Eine ärmliche Bevölkerung nährte sich durch harte Arbeit um ihn und in ihm: Waldleute, Landleute, Fischer, Schäfer, und vor allem Bienenzüchter, Torfstecher und Torffuhrleute. – Ein Flüßchen durchschlich – durchschlich wie schlaftrunken die wunderliche Landschaft, und wo dasselbe in Verbindung mit dem Sumpfe und mit Hilfe einer von Hügeln umgebenen Niederung einen See gebildet hatte, lag auf einer Art Halbinsel ein Städtchen von etwa siebentausend Seelen, Paddenau genannt ...»

Der Naturpark Drömling liegt in Sachsen-Anhalt und erstreckt sich längs der Ohre und des Mittellandkanals.

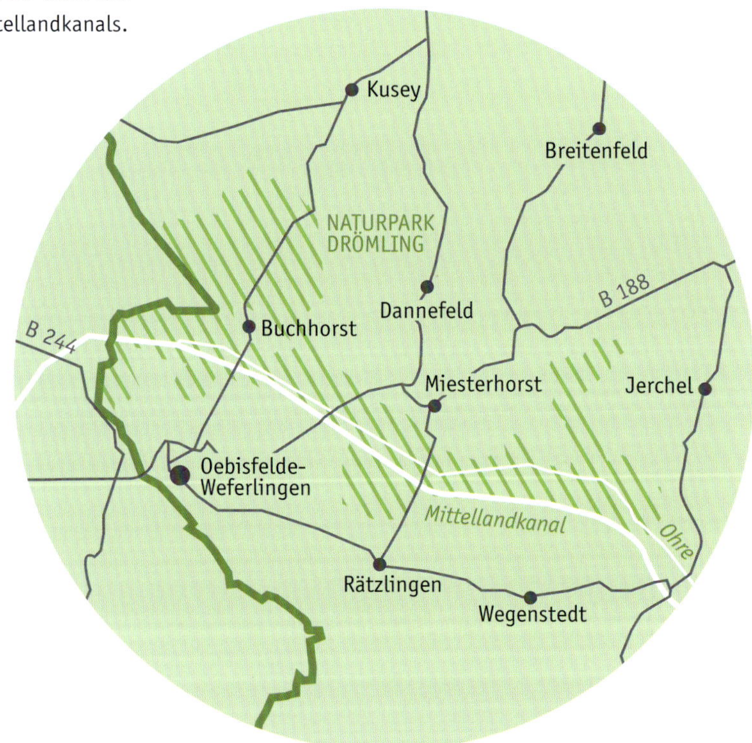

EIN EISENBAHNKNOTENPUNKT

Die Aller bildet die Grenze zur Altmark und zur Magdeburger Börde. Sie ist zugleich der Grenzfluss zwischen Niedersachsen und Sachsen-Anhalt. Oebisfelde gehört seit 2007 zum Landkreis Börde, doch jahrhundertelang hatten sich die Oebisfelder der Altmark zugehörig gefühlt. Für die Entwicklung des Ortes bedeutend war der Anschluss an die Eisenbahn 1871: Daraus sollte sich ein wichtiger Knotenpunkt auf der Strecke zwischen Hannover und Berlin entwickeln. 1880 kam eine Eisenbahnwerkstatt hinzu. Die Einwohnerzahl stieg sprunghaft an, denn die Bahn war der wichtigste Arbeitgeber. Bis 1945 gingen Züge in alle Himmelsrichtungen: Die Lehrter Bahn fuhr nach Osten über Stendal nach Berlin, nach Westen gelangte man über Wolfsburg Richtung Hannover, Richtung Norden gingen Züge nach Salzwedel und Richtung Südosten nach Magdeburg, im Süden nach Helmstedt und südwestlich nach Schandelah bei Braunschweig. Mitte der 1930er-Jahre passierten täglich über 200 Züge den Ort.

Nach der deutschen Teilung wurden drei der vier grenzüberschreitenden Strecken stillgelegt. Nur die Lehrter Bahn blieb für Interzonenzüge geöffnet. Damit wurde Oebisfelde zum Grenzbahnhof; auf westlicher Seite war das Wolfsburg. Während der Blockade Westberlins 1948 kam der Zugverkehr für mehrere Monate zum Erliegen, und ab 1952 lag der Bahnhof im fünf Kilometer breiten Sperrgürtel. Gleise wurden abgebaut, auch, um die Abfertigung von Personen-Interzonenzügen zu isolieren. Ab Juli 1954 fuhr der Interzonenzug Hannover–Oebisfelde–Magdeburg – die Loks der Bundesbahn wurden hier von denen der Reichsbahn abgelöst. Diese Interzonenzüge bedienten die Fernstrecke Köln–Leipzig. Die Transitzüge nach Westberlin gingen über Helmstedt-Marienborn. Der westliche Teil des Bahnhofs war eingezäunt. Güterzüge von und nach Westen liefen über ein Gleis, das durch eine Schutzweiche gesichert war, die nur auf Anordnung der Grenztruppen gestellt werden durfte.

Seit September 2002 ist die Strecke nach Salzwedel stillgelegt, so dass noch drei Strecken von Oebisfelde ausgehen. Durch den Ort rauschen heute die Schnellzüge zwischen Hannover und Berlin. Nur Regionalbahnen fahren nach Stendal, Wolfsburg und Braunschweig, Haldensleben und Magdeburg. Was wäre aus Oebisfelde und seinem Umland geworden, wenn es die Teilung nicht gegeben hätte? Denn nur etwa 18 Kilometer von der Grenze entfernt boomte Westdeutschland und platzte fast aus allen Nähten – bis heute. Erst nach dem Fall der Mauer konnten Menschen der Region Anteil nehmen an einer industriellen Entwicklung und dem damit verbundenen Wohlstand, der sich über vier Jahrzehnte vor ihrer Haustür entfaltete, aber unerreichbar blieb.

EINST BURG, HEUTE AUTOSTADT

Es war einmal eine Burg an der Aller, Wolfsburg genannt. Sie lag zwischen den kleinen Orten Vorsfelde und Fallersleben, in dem Heinrich Hoffmann, der Dichter der Nationalhymne, 1798 geboren wurde. Diese Burg gehörte zunächst dem Adelsgeschlecht derer von Bartensleben, später den Grafen von der Schulenburg. Die nahe gelegenen Siedlungen Rothenfelde und Heßlingen (heute Stadtteile von Wolfsburg) gehörten ebenfalls dazu. Zwischen 1574 und 1620 wurde die mittelalterliche Burg im Stil der Weserrenaissance zu einem repräsentativen Schloss als Vierflügelanlage mit Barockgarten umgebaut. Und so präsentiert es sich noch heute.

Das Schloss lag in tiefster Provinz. Abwechslung brachte im 18. und 19. Jahrhundert nur die Postroute Braunschweig–Calvörde. Die Bewohner des Schlosses und der Siedlungen in unmittelbarer Umgebung führten weiterhin ein beschauliches Dasein – bis Mitte der 1930er-Jahre, als der Mittellandkanal langsam seiner Vollendung zustrebte. 1938 stellte man die Schleuse Sülfeld fertig, und im selben Jahr wurde höheren Ortes in Berlin beschlossen, in der etwas karg anmutenden Landschaft am Kanal zwischen Harz, Heide und Altmark ein Automobilwerk zu errichtet. Am Himmelfahrtstag 1938 legte Adolf Hitler persönlich den Grundstein. Der offizielle Name des Ortes lautete nun „Stadt des KdF-Wagens bei Fallersleben". 1144 Menschen lebten hier damals. Erst auf Drängen der britischen Besatzungsmacht wurde der Name nach dem Zweiten Weltkrieg in „Wolfsburg" geändert. Die Einwohnerzahl stieg seit der Gründung ständig: 1945 waren es mehr als 14 000, im Jahr des Mauerbaus knapp 65 000, und im Jahr der Wiedervereinigung waren es fast doppelt so viele. Heute leben mehr als 123 000 Menschen in Wolfsburg.

In der Sprache der NS-Propaganda war hier der „Olymp der Arbeit", das „Zentrum der nationalsozialistischen Auto-Mobilmachung". Dafür war der von Ferdinand Porsche konstruierte „Volkswagen" ausersehen. Schon bevor das Werk stand, hatten mehr als 300 000 Käufer das Auto für den Preis von 1000 Reichsmark bestellt – die meisten bekamen ihren Wagen aber gar nicht, denn nach dem Überfall auf Polen 1939 wurden keine Pkw mehr gebaut, sondern Kübelwagen. Aus dem Autohersteller wurde ein Rüstungsbetrieb, der Fliegerbomben, Panzerfäuste und Tellerminen produzierte. 1944 bestanden fast zwei Drittel der

Aus der Geschichte der Eisenbahn

Das Eisenbahnzeitalter begann 1835 auf der heute noch üblichen Normalspur mit 1435 Millimeter Spurweite. Zunächst gehörten die Eisenbahnen privaten Gesellschaften. Nach 1871 entstanden staatliche Länderbahnen, und Privatbahnen bedienten vor allem den Regional- und den Nahverkehr. In Preußen unterlagen Kleinbahnen «wegen ihrer geringen Bedeutung für den allgemeinen Eisenbahnverkehr» weniger strengen Anforderungen: So reichte zum Beispiel als Material für deren Gleisbetten Kies statt des sonst erforderlichen Schotters. Das „Gesetz über Kleinbahnen und Privatanschlussbahnen" von 1892 förderte den Bau von lokalen Bahnen durch private Unternehmen, an denen durchaus auch der Staat, die jeweilige Provinz oder Kommune Anteile hatte. Nach dem Ersten Weltkrieg wurden viele dieser Privatbahnen vom Reich übernommen und 1924 in die Deutsche Reichsbahn-Gesellschaft integriert, die den größten Teil des Eisenbahnverkehrs in Deutschland abwickelte.

Als Folge der deutschen Teilung entstanden die Deutsche Bundesbahn (DB) und die Deutsche Reichsbahn (DR) in der DDR. Nach der Wiedervereinigung wurden auch sie zusammengelegt und mit der Bahnreform 1994 zum privatwirtschaftlichen Unternehmen der Deutschen Bahn AG. In der DDR wurde der alte Name „Deutsche Reichsbahn" deshalb beibehalten, weil die Betriebsrechte für Berlin mit dem Potsdamer Abkommen eben der Deutschen Reichsbahn zugefallen waren: Durch eine Umbenennung wären die Betriebsrechte für den Westteil Berlins verloren gegangen. Die Transportabteilung der Sowjetischen Militäradministration in Deutschland (SMAD) war für lange Zeit gegenüber der DR weisungsbefugt. So wurden Gleisanlagen und elektrische Anlagen demontiert und als Reparation in die Sowjetunion geliefert.

Bis zu 86 Prozent aller Güter der DDR wurden 1986 von der Bahn transportiert, und die Fahrpreise im Personenverkehr waren relativ niedrig.

Mit der Verstaatlichung in der DDR übernahm die DR fast sämtliche Privatbahnen. Die Eisenbahn hatte für die Wirtschaft und die wenig motorisierte Bevölkerung der DDR eine größere Bedeutung als im Westen. So beförderte die DR mehr Güter als die DB, obwohl die Bundesrepublik das weitaus größere Netz hatte. Bis zu 86 Prozent aller Güter der DDR wurden 1986 von der Bahn transportiert, und die Fahrpreise im Personenverkehr waren relativ niedrig. Die Züge durften jedoch nicht schneller als 120 Stundenkilometer fahren. Die Bahnhöfe und die DR-Anlagen wurden von der Transportpolizei, einer Abteilung des Ministeriums des Inneren, überwacht.

Über die Jahrzehnte wurde das Schienennetz in der DDR jedoch vernachlässigt. 1979 gab es 14 164 Schienenkilometer, doch nur 1621 Kilometer davon waren elektrifiziert, und insgesamt 290 Kilometer entfielen auf Schmalspurstrecken. 1988 wurde der Dampflokomotiven-Betrieb auf den Normalspurstrecken eingestellt, und nur Schmalspurstrecken wurden weiterhin mit Dampfloks befahren.

Belegschaft aus Zwangsarbeitern (KZ-Häftlinge und Kriegsgefangene). Insgesamt waren es 20 000 Menschen, die nach der NS-Devise „Vernichtung durch Arbeit" hier unter zum Teil unmenschlichen Bedingungen arbeiten mussten. Der VW-Konzern dokumentiert diesen Teil seiner Geschichte in einem ehemaligen Luftschutzbunker. Bomben zerstörten 1945 etwa zwei Drittel Wolfsburgs.

Nach Ende des Krieges liefen die nicht zerstörten Bänder auf Anordnung der Alliierten wieder an und produzierten nun Fahrzeuge für den Eigenbedarf der Besatzungsmächte. Die Stadt wurde nach US-Muster autogerecht auf- und vor allem ausgebaut. Tausende Vertriebene kamen in Barackensiedlungen unter, später entstanden schmucklose Arbeitersiedlungen. Doch auch Stararchitekten wie Alvar Aalto, Hans Scharoun und Zaha Hadid verewigten sich im Lauf der Zeit in Wolfsburg. In den 1950er-Jahren legte der mächtige VW-Generaldirektor dem Oberbürgermeister die Amtskette um den Hals: Ohne VW ging und geht hier nichts. Die VW-Stadt war auch so etwas wie das „Soziallabor" der frühen Bundesrepublik – eine Symbiose aus Kapital, Arbeit und Wohlstand. Ab 1962 kamen die „Gastarbeiter", zunächst vor allem aus Italien, später sogar aus Tunesien. Es waren Tausende, und viele blieben.

Das Automobilwerk entwickelte sich bekanntlich zum größten Europas und VW zum viertgrößten Autobauer der Welt mit heute knapp 550 000 Beschäftigten. In Wolfsburg selbst sind es rund 46 000. Jeder Arbeitsplatz in der Stadt und im Umland ist vom Konzern abhängig. Nach wie vor gilt: „Hustet VW, bekommt Wolfsburg eine Lungenentzündung." Gewaltige Image-Anstrengungen ließen die „Erlebniswelt Autostadt" vor der Kulisse der Fabrikschornsteine entstehen: mit dem Automobilmuseum ZeitHaus, einem riesigen

Mit dem Bau des Volkswagenwerks Wolfsburg wurde 1938 begonnen. Das Bild stammt aus Franz Schroedters Dokumentarfilm „Aus eigener Kraft" von 1953, als man auf die heimische Autoindustrie besonders stolz war.

Die Gedenkstätte Deutsche Teilung Marienborn: Steht man vor den großflächig überdachten Baracken, bekommt man noch immer ein Gefühl für die allumfassende Kontrolle, der jeder Ein- und Ausreisende unterworfen war.

Teletubbie-Land, sanften Hügeln und Lagunen, Kinos und Luxushotel. Das Werk, immer noch die größte zusammenhängende Produktionsanlage der Welt, war in den vergangenen Jahren allerdings nicht immer ausgelastet. Und mancher VW-Arbeitsplatz in Wolfsburg erscheint nach Jahrzehnten des Booms inzwischen überflüssig.

DER ORT DER GROSSEN KONTROLLE

Im Sommer 1936 übergab man den Abschnitt der Reichsautobahn 6 (heute A 2), Braunschweig–Helmstedt, dem damals noch spärlichen Verkehr. Die Autobahn war lange vor der Machtergreifung der Nationalsozialisten geplant worden, und nun setzte man diese Pläne aus den 1920er-Jahren um. Später befand sich hier, zwischen Elm und Lappwald, zwischen Helmstedt und der Ausfahrt Alleringersleben, während der deutschen Teilung der größte Grenzübergang zwischen beiden Staaten. Wegen der Nähe zum 167 Kilometer entfernten Westberlin war diese Autobahn die wichtigste Transitstrecke. Außerdem wurde bereits hier auch der meiste Reiseverkehr in andere Ostblockstaaten abgewickelt, vor allem der nach Polen. Hinzu kam der Eisenbahnverkehr. Bereits am 1. Juli 1945 war der Kontrollpunkt bei Helmstedt und Marienborn zwischen britischer und sowjetischer Besatzungszone eingerichtet worden. Zunächst dienten auf beiden Seiten provisorische Holzbaracken als Grenzgebäude, doch wurden die Abfertigungsanlagen im Lauf der nächsten 44 Jahre in geradezu monströsem Maßstab ausgebaut. Die Alliierten nannten den Grenzübergang „Checkpoint Alpha“, den am Ende der Transitstrecke in Berlin-Dreilinden „Bravo“.

Auf westlicher Seite war es die einst bedeutende Universitäts- und Fachwerkstadt Helmstedt,

«Es war für jeden Passkontrolleur seit jeher zwingend, ein sachliches, korrektes und höfliches Auftreten vorzugeben», erinnert sich ein ehemaliger DDR-Grenzbeamter an seine Arbeit, die viele Transitreisende ganz anders erlebten.

auf der Ostseite der kleine Ort Marienborn, die die Last des Transitverkehrs tragen mussten. Das idyllische Marienborn ist einer der ältesten deutschen Wallfahrtsorte, durch den der „Bierweg“, ein alter Handelsweg, führte. Um das Jahr 1000 soll einem Hirten hier die Jungfrau Maria erschienen sein, und bald wurden ein Hospital und ein Armenasyl gegründet. Ende des 12. Jahrhunderts entdeckte man eine Quelle, der man eine heilende Wirkung zuschrieb – daher der Name Marienborn. Die Stiftskirche des Klosters wurde um 1200 errichtet. Ein Kleinod ist der geschnitzte und vergoldete Flügelaltar. Heute ist das ehemalige Kloster ebenso eine Ruine wie das Rittergut, das zu DDR-Zeiten von der örtlichen LPG genutzt wurde.

Nach der Festlegung der Besatzungszonen hatten auf der östlichen Seite zunächst nur sowjetische Soldaten das Sagen am Übergang. Nach der Gründung der DDR waren es deren Grenztruppen. Während des Kalten Krieges wurden die Abfertigungsanlagen verstärkt und die Kontrollmaßnahmen verschärft. Zwischen 1972 und 1974 bauten die DDR-Behörden in der unmittelbaren Nähre der alten Kontrollanlagen die 35 Hektar umfassende Grenzübergangsstelle Marienborn: Etwa 1500 Meter hinter der Grenze entstanden auf einer Hügelkuppe Baracken, großflächig überdacht, zweistöckige Gebäude und viele Lichtmasten. Das Autobahnstück zwischen der eigentlichen Grenze und den neuen Abfertigungsanlagen wurde durch Betonmauern entlang der Trasse „gesichert“. Die erhöhte Leitstelle überblickte den Grenzverkehr, bei „Zwischenfällen“ konnte man Rollsperren ausfahren. Etwa 1000 Menschen arbeiteten hier bei Passkontrolle und Zoll oder taten Dienst bei den Grenztruppen und beim Ministerium für Staatssicherheit. Die Gebäude waren auch durch ein Tunnelsystem zu erreichen. Allein in den Jahren

Hoch aufragende Lichtmasten bestimmten die Skyline der Grenzübergangsstelle. Heute erinnern sie daran, dass die Überwachung an der Grenze eine totale sein sollte.

1984 bis 1989 wurden hier mehr als zehn Millionen Pkw, fünf Millionen Lkw und mehr als 35 Millionen Reisende abgefertigt. Am 1. Juli 1990, auf den Tag genau nach 45 Jahren, schloss man den Grenzübergang – diesen historischen Ort der Kontrolle und der Angst.

Diese Geschichte dokumentiert die Gedenkstätte „Deutsche Teilung Marienborn“ seit 1996 auf 7,5 Hektar Fläche. Besucher können die einstige Passkontrolle, die Pkw-Einreise und die „Kontrollgarage“ für die Ausreise besichtigen. Die Gedenkstätte ist ein Ort der Erinnerung, «an dem Deutsche Deutschen ihre Geschichte erzählen» (Roman Herzog). Dazu gehören auch die ehemaligen Grenzanlagen von Hötensleben 18 Kilometer südlich von Marienborn im Landkreis Börde. Die Grenze durchschnitt den Ort, einige Häuser mussten weichen. Teile der Grenzanlagen sind heute im Originalzustand von 1989 auf einer Länge von 350 Metern und auf 6,5 Hektar zu besichtigen: der obligatorische Kolonnenweg mit Kfz-Hindernissen, die Sperranlagen unmittelbar hinter den Häusern, die Sichtblendmauer und der Signalzaun, das Schussfeld mit der Lichttrasse und der Führungsturm. Eigentlich sollten die Anlagen 1993 abgerissen werden, doch Hötenslebener Bürger setzten sich dafür ein, dass alles so blieb, wie es war.

NATUR IM SCHUTZ DER GRENZE

Über 15 Kilometer hinweg zog sich die Grenze durch das Große Bruch, eine strukturarme, geradezu eintönige Landschaft mit wenigen Dörfern. Dieses ehemalige Niedermoorgebiet mit zahlreichen schilf- und weidengesäumten Gräben erstreckt sich 45 Kilometer weit zwischen den Flüssen Bode und Oker vom sachsen-anhaltinischen

So sah der Grenzübergang Helmstedt in den 1950er-Jahren auf westlicher Seite aus. Als Checkpoint Alpha unterstand der Kontrollpunkt den Briten.

Was von der einstigen Stiftskirche übrig blieb: die Klosterruine Marienborn.

Oschersleben bis zum niedersächsischen Hornburg. Vor der Entwässerung durch Mönche im Mittelalter war diese Gegend fast undurchdringlich. Nur eine Fähre in der Nähe des Klosters Hamersleben führte hindurch. Im 16. Jahrhundert ließen die Herzöge zu Braunschweig und die Bischöfe zu Halberstadt den Großen Graben und den Schiffgraben anlegen, die teilweise schiffbar waren. Doch nach dem Dreißigjährigen Krieg versumpfte das Bruch allmählich wieder. Wie im Drömling veranlasste Friedrich II. die Trockenlegung, hier mithilfe von schwedischen Fachleuten.

Erst in den 1950er- und 1960er-Jahren gelang es durch den Bau von Dränagen und Gräben, das Große Bruch vollständig trockenzulegen: Es entstand großflächiges Ackerland, das man intensiv nutzte und düngte. Das führte allerdings zu bedrohlichem Artenschwund, und so beschloss der Bezirkstag Magdeburg schon Anfang der 1980er-Jahre, 786 Hektar unter Naturschutz zu stellen. Nach der Wiedervereinigung erklärte man das gesamte Große Bruch zum Landschaftsschutzgebiet. Heute leben hier wieder seltene Vogelarten wie der Steinkauz, der Wachtelkönig, die Sumpfohreule, der Bekassin und der Große Brachvogel. Nordische Gänse rasten auf ihrem langen Flug im Großen Bruch. – Am Grünen Band konnten sich mancherorts Feuchtwiesen, Niedermoorreste und Erlenbruchwälder erhalten. Sie sind aber durch intensive Landwirtschaft und großflächige Entwässerung gefährdet: Naturschützer sprechen davon, dass mehr als ein Drittel des ehemaligen Grenzstreifens stark beeinträchtigt ist. Der BUND will weiterhin Flächen aufkaufen, um naturnahe Bereiche zu bewahren – als Refugium für seltene Tiere wie die Helm-Azurjungfer, eine Libellenart, die sonnige, nicht bewirtschaftete Fließgewässerufer zum Leben braucht.

Rübenfusel statt Wodka

Aus ganz Deutschland und anderen Ländern fanden viele Besucher den Weg zu Willecke's Lust im Hasenwinkelgrund bei Hornburg, um bei einem Kännchen Kaffee und einem Stück Torte die Grenze genauer in Augenschein zu nehmen. Häufig erzählte Grenzgastwirt Hans Willecke den Gästen von seinen Erlebnissen. Noch lange nach der Schließung des Lokals dachte er immer wieder an diese Zeiten zurück, die wirtschaftlich wohl seine besten waren: «Das alles geht mir nicht aus dem Kopf», betont er immer wieder.

«Für uns war diese Grenzlage nach der Wiedereröffnung 1947 eine große Pleite. Als die Russen anfingen, Grenzgänger zu filzen, blieb unsere Kundschaft aus dem Osten von Osterwiek oder Rhoden weg», erinnert sich Hans Willecke. Auch geriet er selbst bei einer harmlosen Radtour westlich der Grenze in Gefahr: «Ich fuhr mit dem Fahrrad nach Hornburg, plötzlich sah ich zwei russische Soldaten. Mir flogen die Kugeln um die Ohren. Fünf oder sechs Schuss feuerten sie direkt vor meiner Nase ab, dann zogen sie weiter.» Er informierte die britische Besatzungsmacht, die in Hornburg stationiert war, von der Grenzverletzung der Russen. Daraufhin hätten die Engländer «als Warnung das Ilse-Ufer mit einem Maschinengewehr beschossen».

Anfang der 1950er-Jahre gab es noch einen kleinen Grenzverkehr. Auch sowjetische Soldaten kamen häufig vorbei und belebten das Tagesgeschäft: «Die wollten Wodka haben. Ich habe ihnen Rübenfusel gegeben.» An diesem kleinen Abschnitt der damaligen Grünen Grenze kam es immer wieder zu Zwischenfällen, bevor die Grenze undurchlässig wurde. So wurde einmal ein Volkspolizist, der seine Eltern in seinem Heimatort Hornburg besuchen wollte, beim Überqueren der Grenze angeschossen. Einen anderen Mann, der an der Grenze verletzt worden war, konnte der Wirt Hans Willecke ebenfalls retten: «Ich habe einen Sack Stroh auf den Handwagen geschmissen und den Mann daraufgelegt, um ihn ins Krankenhaus zu fahren.» Eines Tages fand Hans Willecke eine schwer verletzte Frau unter den Boskoop-Bäumen auf seiner fünf Hektar großen Obstplantage. Sie hatte sich an der Grenze verirrt und war angeschossen worden. Auch sie wurde gerettet.

Bericht: Uwe Hildebrandt

KAFFEETRINKEN AM TODESSTREIFEN

Hornburg, eine verträumte und heute fast in Vergessenheit geratene kleine Stadt an der Ilse, nahm Anfang der 1950er-Jahre viele Flüchtlinge auf – denn es lag unmittelbar hinter der Demarkationslinie und der zunächst „grünen", später undurchdringlichen Grenze. Damals lebten in Hornburg 4400 Menschen, heute sind es nur noch rund 2500. Im 16. Jahrhundert war die Stadt durch Hopfenanbau zu einem gewissen Wohlstand gelangt: Wer innerhalb der sicheren Stadtmauern lebte, war Grundstückseigentümer, musste einen ledernen Löscheimer besitzen und zahlte ein Bürgergeld von vier Talern. Hornburg lebt heute von der Landwirtschaft und der papierverarbeitenden Industrie, auch von einigen Touristen, die sich die reich verzierten Renaissance-Fachwerkhäuser ansehen. Viele dieser Gebäude besitzen Spruchbänder und Schmuckbalken, auskragende Stockwerke, Fächerfriese und -rosetten. Eines der schönsten trägt den bezeichnenden Namen „Neidhammelhaus"; doch davon ist nur noch die Fassade zu bewundern, die nach einem Brand stehenblieb. Im Jahr 1594 war es das am höchsten besteuerte Haus in Hornburg. Seit 1988 steht die Altstadt unter Denkmalschutz.

Dass die Grenzöffnung nicht nur Gewinner hervorbrachte, zeigt das Schicksal des Ausflugslokals Willecke's Lust: Das Traditionslokal am Kleinen Fallstein vor den Toren Hornburgs lag unmittelbar an der Grenze. Bei Kaffee und Kuchen konnten Gäste von der großen Terrasse aus einen Blick auf die Grenzanlagen werfen. Nach 1947 blieben zwar die Gäste aus dem Osten weg, doch kamen während der nächsten vier Jahrzehnte täglich Busse mit Grenztouristen aus dem Westen hierher. Man genoss Hagebutten- und Kirschwein, die Spezialitäten des Hauses. Ganze Firmenbelegschaften verbrachten ihre Betriebsausflüge in Willecke's Lust, Hochzeitsgesellschaften tafelten hier, und in der Walpurgisnacht gab es Spanferkel. Man kam nicht nur wegen der „Attraktion" Grenze, es gab nämlich auch Zuschüsse für solche Festivitäten am Todesstreifen. 2001 schloss das mittlerweile hochbetagte Gastwirtsehepaar das nicht mehr rentable Lokal. Zwölf Jahre dauerte es, bis der Enkel der alten Wirtsleute das Traditionslokal wieder eröffnete.

DIE DOPPELTÜRME VON ST. STEPHANI

Osterwieck am Südhang des Großen Fallsteins im Landkreis Harz ist die östliche Partnerstadt Hornburgs. Die mit großzügigen Spenden nach der Wende restaurierte Stephanikirche, das Wahrzeichen der Stadt, geht auf eine Gründung Karls des Großen aus dem Jahr 780 zurück. Die damalige Holzkirche war Sitz eines Missionszentrums. Die heutige Kirche stammt in ihren Ursprüngen aus dem 12. Jahrhundert und wurde am gleichen Ort errichtet. Schon von Weitem sind die markanten, 50 Meter hohen romanischen Doppeltürme zu sehen. Der Chorraum im durch Hochwasser beschädigten Kirchenschiff wurde Anfang des 16. Jahrhunderts im Stil der Spätgotik erneuert; mit der Reformation baute man das gesamte Kirchenschiff mit Anklängen an die Renaissance neu. Die Hallenkirche gehört zu den ersten protestantischen Sakralbauten überhaupt.

Der Kern der Innenstadt wurde bereits in den 1970er-Jahren saniert: 100 Häuser standen unter Denkmalschutz, und inzwischen ist die gesamte Stadt mit ihren 400 Fachwerkhäusern geschützt. Es ist ein fast vollständig geschlossenes Häuserensemble, das alle niedersächsischen Fachwerkstile aus 500 Jahren bietet: Seit der Renaissance zieren Flechtbänder, Schiffskehlen, lateinische Verse, Zauberknoten, Runen und Lebensbäume die Fassaden. So ist Osterwieck wie Quedlinburg und Goslar Teil der Deutschen Fachwerkstraße. Die einst blühende Handschuhindustrie, seit dem 18. Jahrhundert hier ansässig, gibt es seit der Wende nicht mehr. Wie Hornburg und wie so mancher Ort an der ehemaligen Grenze hofft die Stadt auf den Fremdenverkehr.

LICHT, LUFT, LEHM, WASSER

«Den Bergen des Nordharzes vorgelagert, hebt sich ... der kegelförmige Burgberg der Ruine aus der Ebene empor ... Durch die Ruinen und die mächtige, wundervoll gewachsene Linde ... geht im Abendwind ein Raunen und Rauschen aus alter Zeit, da die Ritter und Edelfrauen zum fröhlichen Waidwerk vorüber ritten und der Hornruf des Wächters von den Turmzinnen ins Tal hernieder klang», ist in der Ortschronik von Stapelburg zu lesen. Der kleine Ort liegt am Harzrand und geht auf das Vorwerk einer Turmhügelburg aus dem 16. Jahrhundert zurück.

1896 gründete der Braunschweiger Buchhändler Adolf Just im Eckertal auf den Wiesen vor Stadt unter dem Motto „Licht, Luft, Lehm, Wasser" die Kureinrichtung Jungborn. Es gab einen Damen- und einen Herrenpark, in dessen Licht-Luft-Häuschen sich die Kurgäste bei schlechtem Wetter zurückziehen konnten. Die Gäste wurden mit Naturheilverfahren wie der kneippschen Wasserkur behandelt. Massagen, Gymnastik, Heilerde und Freikörperkultur spielten hier dem Reform-Zeitgeist der Jahrhundertwende entsprechend eine große Rolle. Man servierte Obst und Gemüse aus eigenem Anbau, aber kein Fleisch.

Der Jungborn war eine der größten Einrichtungen dieser Art. Ein Chauffeur holte die Gäste mit der Kutsche oder mit dem Auto vom Bahnhof ab. Sogar Franz Kafka und Hans Albers kurten hier. Als gesund galt ein Patient, wenn er auf den Brocken und wieder zurück gewandert war. Wegen der unmittelbaren Grenznähe wurde die Naturheilanstalt, während des Krieges Lazarett, 1961 abgerissen. In einem rekonstruierten „Licht-Luft-Häuschen" kann man ihre Geschichte heute wieder erspüren und darüber nachsinnen, wie Kafka hier 1912 seine Schreibblockade überwand.

Eine Momentaufnahme aus dem Herrenpark der Naturheilanstalt Jungborn. Hier nahm man, dem Geist der Reformbewegung entsprechend, Licht- und Luftbäder.

Von alten und neuen Ländern

Es hat sich eingebürgert, dass man von den „fünf neuen Bundesländern" oder den „neuen Ländern" spricht. Diese waren mit dem im Juli 1990 von der DDR-Volkskammer beschlossenen Ländereinführungsgesetz aus den 15 bestehenden Bezirken gebildet worden. Skeptiker der Wiedervereinigung in Ost und West sprachen in Anspielung auf Neufundland auch gern von „Neufünfland", böswillig von den „Beitrittsländern" oder dem „Anschlussgebiet". Neu sind diese Länder innerhalb des neuen föderativen Bundesstaates, neu sind ihre Länderverfassungen – doch alle fünf Länder sind älter, wenn auch nicht in ihren heutigen Grenzen. Selbstverständlich war Brandenburg schon immer Brandenburg und Sachsen Sachsen, lange bevor es den Arbeiter-und-Bauern-Staat gab. Aber als politische Verwaltungseinheiten in der DDR gab es sie nun nicht mehr.

Zunächst waren 1947 neue Länder gebildet worden: Zu Mecklenburg war Vorpommern (der Teil westlich der Oder) gekommen. Aus den ehemaligen preußischen Provinzen Anhalt, Brandenburg und Sachsen entstanden Brandenburg und Sachsen-Anhalt, und die westlich der Oder gelegenen Teile Schlesiens um die Stadt Görlitz kamen zum ehemaligen Sachsen. Der Freistaat Thüringen hatte sich bereits am 1. Mai 1920 aus sieben thüringischen Kleinstaaten zusammengeschlossen. 1950 war dann der Regierungssitz von Weimar nach Erfurt verlegt worden, in den früheren preußischen Regierungsbezirk. Ein Jahr später wurde Thüringen Teil der DDR.

Skeptiker der Wiedervereinigung in Ost und West sprachen in Anspielung auf Neufundland auch gern von „Neufünfland".

Diese Länderidentitäten und Strukturen wurden 1952 aus ideologischen, aber auch aus ökonomischen Gründen zerstört. Im Rahmen der «weiteren Vervollkommnung des sozialistischen Verwaltungsaufbaus» – im Klartext: der Zentralisierung – wurden sie am 23. Juli 1952 aufgelöst. Dafür wurden 15 Bezirke (und 217 Kreise) als Verwaltungseinheiten installiert. Neun dieser Bezirke lagen an der innerdeutschen Grenze – von Nord nach Süd waren das die Bezirke Rostock, Schwerin, Magdeburg, Erfurt, Leipzig, Dresden, Suhl, Gera, Karl-Marx-Stadt und Ostberlin als Hauptstadt der DDR.

Geographisch sprechen wir heute vom Osten Deutschlands. Das war vor 1945 und ist für die Kriegsgeneration anders: Deutschlands Osten waren die einstigen deutschen Gebiete östlich der Oder und Neiße im heutigen Polen. Der Zweite Weltkrieg und die Teilung setzten hier eine eindeutige Zäsur. Doch erst nach langen innenpolitischen Auseinandersetzungen wurde im Warschauer Vertrag von 1970 die Oder-Neiße-Linie als Grenze anerkannt. Im Grenzvertrag von 1990 verzichteten Deutschland und Polen dann endgültig auf gegenseitige Gebietsansprüche.

VOM HARZ BIS IN DIE RHÖN

Goslar
Stapelburg
Bad Harzburg
Wernigerode
NIEDERSACHSEN
Brocken
NATIONALPARK
HARZ
Schierke
Osterode
Braunlage
Elend
SACHSEN-ANHALT
Sorge
Hohegeiß
Benneckenstein
A 7
Northeim
Zorge
Bad Lauterberg
Walkenried
Ellrich
Göttingen
Duderstadt
Nordhausen
Teistungen
Friedland
A 38
Leinefelde-Worbis
THÜRINGEN
Witzenhausen
Lindewerra
Bad Sooden-
Allendorf
Mühlhausen
Eschwege
Wanfried
Altenburschla
Großenburschla
Treffurt
Werra
Bad Langensalza
HESSEN
Creuzburg
Herleshausen
A 4
A 71
Eisenach
Erfurt
Großensee
Gerstungen
Gotha
Kleinensee
Heringen

Vorige Doppelseite:
Vom Brocken aus hat man heute wieder einen weiten Blick über den verschneiten Harz. Fast drei Jahrzehnte lang, von 1961 bis 1989, war der sagenumwobene Gipfel militärisches Sperrgebiet und damit unzugänglich.

LAUB- UND NADELWÄLDER, Moore, Granitklippen, sanfte Bergwiesen und in den tiefen Tälern wild rauschende Bäche mit Wasserfällen – das ist der Harz, gekrönt vom sagenumwobenen Brocken. Das höchste Mittelgebirge Norddeutschlands hieß im Mittelalter noch „Hart" (Bergwald) und gehört heute drei Bundesländern an, die sich für den Schutz dieser einzigartigen Landschaft einsetzen: Sachsen-Anhalt gründete 1990 den Nationalpark Hochharz und Niedersachsen 1994 den Nationalpark Harz, die 2006 zum bundesweit ersten länderübergreifenden Nationalpark Harz mit Verwaltungssitz in Wernigerode vereinigt wurden. Dieser ist mit 247,03 Quadratkilometern einer der größten deutschen Waldnationalparks. Im Süden reicht der Harz bis nach Thüringen hinein.

Nach dem Zweiten Weltkrieg besetzten sowjetische Truppen den größeren östlichen Teil des Harzes. Entlang der neuen Grenze wurden weite Areale zu Sperrgebieten erklärt, und die schutzwürdigen Lebensräume im ehemaligen Sperrgebiet sind heute Teil des Grünes Bandes, zum Beispiel der seit Jahrhunderten forstwirtschaftlich ungenutzte „Brockenurwald". Der Harz besitzt eine artenreiche Tierwelt: Hier leben Wildkatzen, Feuersalamander, Wasseramseln, Gebirgsstelzen und der Raufußkauz.

In 1141 Meter Höhe herrscht auf dem Brocken ein raues Klima, vergleichbar mit dem Islands: häufiger Nebel, niedrige Temperaturen und bis zu 300 Regen- oder Schneetage im Jahr. Da die natürliche Baumgrenze bei 1100 Metern liegt, ist der Gipfel baumlos. Tundrenartige Heidevegetation wächst zwischen flechtenüberzogenen Gesteinshalden. An Nebeltagen kann man dem „Brockengespenst" begegnen – einer optischen Täuschung, die entsteht, wenn beim schräg einfallenden Licht der untergehenden Sonne der Schatten des Beobachters auf eine Nebelwand fällt, die wie eine Kinoleinwand wirkt, auf die ein mehrfach vergrößertes Schattenbild projiziert wird. Kein Geringerer als Goethe prägte diesen Begriff, als er auf dem Brocken Studien zur Optik und zum Wetter durchführte.

Mit Flechten besetzte Granitfelsen und Krüppelfichten sind charakteristisch für den Brocken.

Die erste amtlich registrierte Brocken-Besteigung unternahm der Stolberger Arzt Johannes Thal im Jahr 1572. Graf Christian Ernst zu Stolberg-Wernigerode ließ 150 Jahre später auf dem Gipfel das sogenannte Wolkenhäuschen errichten. Ein erstes Gasthaus gab es ab 1800. Carl Friedrich Gauß nutzte den Brocken von 1821 bis 1825 für seine Vermessungsarbeiten. Nachdem das Brockenhaus abgebrannt war, wurde 1862 das neue Brockenhotel eröffnet. 1890 legte der Göttinger Professor Albert Peter hier den ersten deutschen Alpengarten an, und neun Jahre später erreichte die schmalspurige Brockenbahn zum ersten Mal den Gipfel. Mitte der 1930er-Jahre gelang von hier aus die erste Fernsehübertragung mit einem mobilen Sender, und man errichtete auf dem Brocken den ersten Fernsehturm der Welt.

Eine Wetterwarte gab es schon 1895, doch wurde sie 1912 teilweise abgerissen und durch einen großen steinernen Anbau ergänzt, der im Ersten Weltkrieg als Hellmann-Observatorium fertiggestellt wurde. Die heutige Wetterwarte nahm 1939 ihren Betrieb auf.

Bomben der US-Luftwaffe zerstörten 1945 das Brockenhotel, und bis zum April 1947 besetzten US-Truppen den Brocken, übergaben ihn dann aber nach dem bei der Konferenz von Jalta vereinbarten Gebietsaustausch an die Sowjets. Bis 1959 war ein Teil des Berges für Touristen noch zugänglich, und 1955 eröffnete die Gaststätte des ehemaligen Brockenhotels wieder. Bis zum August 1961 war der Gipfel noch mit Passierschein zugänglich, bevor er als militärisches Sperrgebiet von einer drei Meter hohen Mauer abgeschottet wurde. Die 7. Grenzkompanie in Schierke, im Brockenbahnhof untergebracht, sicherte das Areal.

Als Pendant zum Point Alpha in der Rhön, wo die US-Streitkräfte sich positioniert hatten, wur-

Nach 1961 gelangten nur noch Güterzüge durch dieses Tor in der Sperrgebietsmauer auf den Brocken. Sie transportierten Kohle, Öl und Lebensmittel für die auf dem Gipfel stationierten Truppen.

de der Brocken zum Horchposten der Sowjets und der Stasi. Die umfangreichen Überwachungs- und Spionageaufträge wurden mithilfe von zwei großen und leistungsfähigen Abhöranlagen ausgeführt: „Jenissej", die eine, unterstand dem sowjetischen Militärgeheimdienst GRU und „Urian", die andere, dem Ministerium für Staatssicherheit der DDR. Noch kurz vor den Ereignissen des November 1989 hatte man einen weiteren Abhörkomplex geplant, der nicht mehr gebaut wurde. Am 3. Dezember 1989 wanderten 6000 Menschen in einer Art Sternmarsch mit der Losung „Mauer weg!" auf den Brocken und erzwangen die Öffnung des Plateaus. Ab 1990 wurden die militärischen Anlagen abgebaut, und der letzte russische Soldat verließ den Gipfel am 30. März 1994.

Heute stehen hier ein 123 Meter hoher Sendemast und die umgebaute „Stasi-Moschee", deren Antennenanlagen in der Kuppel man besichtigen kann und in der das Informationszentrum des Nationalparks Harz untergebracht ist, sowie die Wetterwarte, die 2010 als Klimareferenzstation des Deutschen Wetterdienstes eingeweiht wurde. Nicht zu vergessen das Brockenhaus und die Brockenherberge mit Aussichtsplattform.

Inzwischen besuchen etwa eine Million Menschen jährlich den Brocken, den der Volksmund auch „Blocksberg" nennt. Schon um 1300 galt er als Sammelplatz von „Geisterwesen" und war während der Hexenverfolgungen im 16. Jahrhundert als Hexentanzplatz bekannt. Der Legende nach trafen sich in der Walpurgisnacht vom 30. April auf den 1. Mai hier die Hexen zu einem großen Bergfest. Goethe machte die Walpurgisnacht in seinem „Faust I" von 1808 populär. Heute erinnern in vielen Harzorten vor allem junge Frauen an die Walpurgisriten und lassen diese bäuerlichen Maibräuche fortleben.

MIT DER DAMPFLOK DURCHS GEBIRGE

Seit Ende des 19. Jahrhunderts schnaufen Dampflokomotiven durch den Ostteil des Harzes. Die 60,5 Kilometer lange Hauptstrecke der eingleisigen Schmalspurbahn quert das Mittelgebirge in Nord-Süd-Richtung von Wernigerode nach Nordhausen. Hinzu kommen die Brockenbahn, heute die Touristenattraktion, die Selketal- und die Rübelandbahn sowie die inzwischen stillgelegte Südharz-Eisenbahn. Die Harzbahnen gehörten zunächst der Nordhausen-Wernigeroder Eisenbahn-Gesellschaft (NWE), die 1949 verstaatlicht wurde. Nach der Privatisierung übernahmen die Harzer Schmalspurbahnen (HSB) den Betrieb. Anschluss an die Deutsche Bundesbahn gibt es in Wernigerode und Nordhausen.

Mit der Harzquerbahn geht es von Wernigerode über Hasserode und Steinerne Renne bald durch den einzigen Tunnel der Harzer Schmalspurbahnen unter dem Thumkuhlenkopf hindurch nach Drei Annen Hohne. Hier stößt sie auf die Brockenbahn. Hinter der Station Elend erreicht der Zug auf 557 Metern seinen Scheitelpunkt und trifft bei Sorge auf die ehemalige Strecke der Südharz-Eisenbahn, die 1963 stillgelegt wurde, da sie die innerdeutsche Grenze querte. Die alte Bahntrasse von Braunlage nach Walkenried bildet heute den Südharz-Eisenbahn-Radwanderweg.

Das Verbindungsgleis in Sorge war erst 1913 gelegt worden. Bis 1958 gab es noch einen Abzweig nach Tanne. Von dort hatte man Anschluss an die Rübelandbahn nach Blankenburg und bis 1964 an die Stichstrecke zur Harzquerbahn nach Drei Annen Hohne. Der Personenverkehr wurde 2005 auf dem zuletzt noch befahrenen Abschnitt zwischen Elbingerode und Blankenburg eingestellt.

Richtung Nordhausen geht es mit der Harzquerbahn durch das Tal der Warmen Bode nach Sorge und wieder hinauf nach Benneckenstein auf 530 Meter, dann über Sophienhof nach Eisfelder Mühle, dem Ost-Abzweig der Selketalbahn. Über Netzkater führt die Strecke aus dem Harz heraus und endet nach sieben Kilometern durch Nordhausen im dortigen Kopfbahnhof Nord, der neben dem normalspurigen DB-Bahnhof liegt.

Die Brockenbahn startet in Drei Annen Hohne zu ihrer knapp einstündigen Fahrt und schnauft Richtung Westen nach Schierke, bevor sie durch das Tal der Kalten Bode und am Wurmberg vorbei hinter der Eckerlochbrücke den Bahnhof Goetheweg auf 956 Meter Höhe erreicht. Danach geht es direkt auf den Gipfel, den die Brockenbahn anderthalbmal umrundet. Nach knapp 19 Kilometern hält sie dort.

Bereits 1869 gab es erste Pläne für die Bahn, gebaut wurde sie aber erst 1896, nachdem Fürst Otto zu Stolberg-Wernigerode Grundstücke abgetreten hatte. Am 4. Oktober 1898 erreichte der erste Zug den Brocken. Die Bahn fuhr aber nur vom 30. April bis zum 15. Oktober, im Winter ging es nur bis Schierke. Nach Zerstörungen im Zweiten Weltkrieg wurde sie erst 1949 wieder in Betrieb genommen.

1950 fanden in Schierke die Deutschen Wintersportmeisterschaften statt – nun fuhren die Züge auch im Winter zum Brocken. Speziell für die Meisterschaften hatte man den Bahnhof Eckerloch gebaut, der nach deren Ende wieder aufgegeben wurde. Zwei Jahre später lag die Strecke im Sperrgebiet. Kurz nach dem Mauerbau 1961 stellte man den Personenverkehr ein. Nun konnte man nur noch zweimal täglich von Drei Annen Hohne bis Schierke und zurück fahren, und das auch nur mit Passierschein. Bis 1987 transportierten Güterzüge Kohle, Öl, Baumaterial, Lebensmittel und allerlei Ausrüstung für die auf dem Berg stationierten sowjetischen Soldaten und die Grenztruppen der DDR. Nach der Wiedervereinigung diente die Brockenbahn dem Abtransport der militärischen Anlagen vom Gipfel. 1991 wurde die Strecke nach der Sanierung wieder eröffnet.

Winteridylle mit Brockenbahn: Vom Bahnhof Goetheweg kommend, umrunden die Züge den Gipfel anderthalbmal, bevor sie dort halten.

Blaue Stunde im Winter am Bahnhof Schierke. Bis 1989 endeten die Personenzüge der Brockenbahn hier.

Dichter im Harz

Natürlich ließen sich die Dichter von den Reizen und Mythen dieser Mittelgebirgslandschaft inspirieren. Neben Johann Wolfgang von Goethe ist es vor allem Heinrich Heine, der dem Harz ein Denkmal gesetzt hat: «Der Geist des Gebirges begünstigte mich ganz offenbar; er wußte wohl, daß so ein Dichtermensch viel Hübsches wiedererzählen kann, und er ließ mich diesen Morgen seinen Harz sehen, wie ihn gewiß nicht jeder sah.»

Der Weimarer Dichterfürst reiste dreimal in den Harz. Goethe war nicht auf dem Weg in die „Sommerfrische", sondern auf Dienst- und Forschungsreise. Ihn interessierte die Geologie und – im Auftrag seines Landesherrn – der Bergbau. Natürlich fanden seine Impressionen trotzdem Eingang in sein literarisches Werk. Bei all seinen Harz-Reisen besuchte Goethe den Brocken: «Die ganze Welt in Wolken und Nebel und oben alles heiter». Der heutige „Goetheweg" verbindet das Torfhaus bei Altenau mit dem Brocken. Goethes Route vom 10. Dezember 1777 lag vermutlich nahe dem heutigen Sandweg. Für den Hin- und Rückweg benötigt der Wanderer etwa sechs Stunden.

Knapp 50 Jahre später wanderte der Göttinger Student Heinrich Heine in seinen Semesterferien durch den Harz. Sein Ziel: der alternde Dichterfürst und Geheimrat in Weimar. Er brach an einem Morgen in der zweiten Septemberhälfte 1824 zu seiner vierwöchigen Wanderung auf, die sich in seinem berühmten Buch „Die Harzreise" (1826) niederschlug. Mit den Naturbeschreibungen und der satirisch bis sarkastisch gefärbten Gesellschaftskritik darin begründete Heine geradezu ein neues Genre, das er „Reisebilder" nannte. Schon das Prolog-Gedicht enthält diese eigentümliche Mischung aus Natursehnsucht und Philisterschelte:

Auf die Berge will ich steigen,
Wo die frommen Hütten stehen,
Wo die Brust sich frei erschließet,
Und die freien Lüfte wehen.

Auf die Berge will ich steigen,
Wo die dunklen Tannen ragen,
Bäche rauschen, Vögel singen,
Und die stolzen Wolken jagen.

Lebet wohl, ihr glatten Säle,
Glatte Herren! glatte Frauen!
Auf die Berge will ich steigen,
Lachend auf Euch niederschauen.

Heine lag nicht daran, schnell nach Weimar zu kommen. Er ließ sich treiben und von Umwegen inspirieren. Hinter Goslar notierte er einmal: «Ich mochte mich wohl verirrt haben. Man schlägt immer Seitenwege und Fußsteige ein und glaubt dadurch näher zum Ziele zu gelangen. Wie im Leben überhaupt, geht's uns auch auf dem Harze.»

Zu seiner Ausrüstung gehörten zwei Paar Wanderstiefel, eine Mütze und ein Rucksack, darin Hemden, Unterwäsche, Strümpfe und eine wollene Weste. Und da es nicht ungefährlich war, allein unterwegs zu sein, hatte er auch ein Messer und gleich zwei Pistolen dabei. Heine verrät uns nicht, ob er wirklich jeden Weg zu Fuß gegangen ist. Auszuschließen ist nicht, dass er für einige längere Strecken die komfortable Postkutsche genommen hat.

Heine: «Der Geist des Gebirges begünstigte mich ganz offenbar; er wußte wohl, daß so ein Dichtermensch viel Hübsches wiedererzählen kann ...»

Am dritten Tag erleichterte er seinen Ranzen um das zweite Paar Stiefel, bevor es Richtung Goslar ging: «Ich schlenderte wieder bergauf, bergab; schaute hinunter in manches hübsche Wiesental; silberne Wasser brausten, süße Waldvögel zwitscherten, die Herdenglöckchen läuteten, die mannigfaltig grünen Bäume wurden von der lieben Sonne goldig angestrahlt, und oben war die blauseidene Decke des Himmels so durchsichtig, daß man tief hineinschauen konnte, bis ins Allerheiligste, wo die Engel zu den Füßen Gottes sitzen, und in den Zügen seines Antlitzes den Generalbaß studieren.» Nach 19 Kilometern erreichte er die ehrwürdige Kaiserstadt Goslar, die heute zum Weltkulturerbe gehört.

Am Morgen des fünften Tages brach Heine um 6 Uhr zum 18 Kilometer entfernten Zechenhaus auf, das damals auf dem Ausläufer des Spitzenberges zwischen den beiden Trogtälern stand. Hier übernachtete er. Am nächsten Tag ging es dann auf den Brocken. «Je höher man den Berg hinaufsteigt, desto kürzer, zwerghafter werden die Tannen, sie scheinen immer mehr und mehr zusammenzuschrumpfen, bis nur Heidelbeer- und Rotbeersträucher und Bergkräuter übrig bleiben. Da wird es auch schon fühlbar kälter. Die wunderlichen Gruppen der Granitblöcke werden hier erst recht sichtbar; diese sind oft von erstaunlicher Größe. Das mögen wohl die Spielbälle sein, die sich die bösen Geister einander zuwerfen in der Walpurgisnacht, wenn hier die Hexen auf Besenstielen und Mistgabeln einhergeritten kommen. ... In der Tat, wenn man die obere Hälfte des Brockens besteigt, kann man sich nicht erwehren, an die ergötzlichen Blocksberggeschichten zu denken, und besonders an die große, mystische, deutsche Nationaltragödie vom Doktor Faust. Mir war immer, als ob der Pferdefuß neben mir hinaufklettere und jemand humoristisch Atem schöpfe. Und ich glaube, auch Mephisto muß mit Mühe Atem holen, wenn er seinen Lieblingsberg ersteigt; es ist ein äußerst erschöpfender Weg, und ich war froh, als ich endlich das langersehnte Brockenhaus zu Gesicht bekam.» Hier übernachtete er in denkwürdiger Gesellschaft.

In den folgenden Tagen führte sein Weg Heine über die sogenannten Schneelöcher am Osthang des Brockens hinunter nach Ilsenburg: «Das ist nun die Ilse, die liebliche, süße Ilse. Sie zieht sich durch das gesegnete Ilsetal, an dessen beiden Seiten sich die Berge allmählich höher erheben, und diese sind, bis zu ihrem Fuße, meistens mit Buchen, Eichen und gewöhnlichem Blattgesträuche bewachsen, nicht mehr mit Tannen und anderm Nadelholz. ... Ja, die Sage ist wahr, die Ilse ist eine Prinzessin, die lachend und blühend den Berg hinabläuft. Wie blinkt im Sonnenschein ihr weißes Schaumgewand! Wie flattern im Winde ihre silbernen Busenbänder! Wie funkeln und blitzen ihre Diamanten!» In Ilsenburg kehrte er im Gasthaus zu den Rothen Forellen ein, das es noch heute gibt, und wanderte schließlich weiter in die schmucke Fachwerkstadt Wernigerode.

In einem Brief an seinen Freund Moses Moser schreibt Heinrich Heine über diese Reise, die zu einer der berühmtesten der deutschen Literaturgeschichte wurde: «Sie war sehr heilsam, und ich fühle mich durch diese Reise sehr gestärkt. Ich habe zu Fuß und meistens allein den ganzen Harz durchwandert, über schöne Berge, durch schöne Wälder und Täler bin ich gekommen und habe wieder mal frei geatmet. ... Ich habe viel Herrliches und Liebes erlebt, und wenn nicht die Jurisprudenz gespenstisch mit mir gewandert wäre, so hätte ich wohl die Welt sehr schön gefunden.» Und einem anderen Briefpartner erklärt er mit charakteristischer Ironie: «Wenn ich gut haushalte, kann ich mein ganzes Leben lang meine Gedichte mit Harzbäumen ausstaffieren.»

Eichendorff: «Mit trunkenem Entzücken genossen wir hier, an die Ruinen des alten Brockenhauses gelehnt, das himmlische, unbeschreibliche Panorama ...»

Mancher bekannte deutsche Dichter stammte aus dem Harz: Gottfried August Bürger (1747–1794) zum Beispiel, der in Molmerswende am östlichen Harzrand geboren wurde – ein Dichter des Sturm und Drang, dessen Geschichten über den Baron Münchhausen zum Volksbuch wurden. Das Geburtshaus von Friedrich Gottlieb Klopstock (1724–1803) befindet sich am Fuße des Quedlinburger Schlosses. Und die romantischen Dichter waren besonders mit dem Harz verbunden: Adalbert von Chamisso (1781–1838), Joseph von Eichendorff (1788–1857) und Novalis (1772–1801). Dieser soll den Harz nach einem Besuch des Schlosses in Wernigerode zuerst als „romantisch" bezeichnet haben. Eichendorff war 1805 als Siebzehnjähriger auf dem Brocken und hielt in seinem Tagebuch fest: «Mit trunkenem Entzücken genossen wir hier, an die Ruinen des alten Brockenhauses gelehnt, das himmlische, unbeschreibliche Panorama ...»

Das Wahrzeichen der Kurstadt Bad Harzburg ist die Trink- und Wandelhalle im Badepark. Hier werden täglich zwei der sieben Harzburger Quellen als Trinkbrunnen ausgeschenkt. Das schöne Gebäude mit seiner langen Arkadenreihe wurde 1898 eingeweiht.

Doch es gibt nicht wenige Menschen, die nie mit der Bahn auf den Brocken gelangen, sondern mehrmals im Jahr hinaufwandern – oder sogar täglich, wie Benno Schmidt aus Wernigerode es seit 1989 tut: „Brocken-Benno", Jahrgang 1932, hat den Gipfel bereits mehr als 7000 Mal bestiegen. Das verschaffte ihm einen Eintrag in das Guinness-Buch der Rekorde.

KURORT UND FACHWERKSTADT

Heinrich IV. ließ im 11. Jahrhundert die Harzburg als kaiserliche Residenz und Sitz des Kollegiatstifts für die Ausbildung geistlicher Würdenträger und Reichsbeamter erbauen. Die Burg sollte der Kaiserpfalz im benachbarten Goslar und dem Silber- und Goldbergbau im nahe gelegenen Rammelsberg Schutz bieten. Mitte des 16. Jahrhunderts entdeckte man die Solequelle für die Saline Juliushall, und im 19. Jahrhundert war Harzbug bereits ein bekannter Kur- und Badeort, der sich damals Neustadt nannte. Nachdem 1851 die Saline geschlossen wurde, entwickelte sich der Badebetrieb nach dem Vorbild großer europäischer Bäder: Es entstanden Kuranlagen, elegante Hotels, ein Spielkasino und eine Pferderennbahn. Seit 1892 nannte sich die Gemeinde Bad Harzburg. Die Nähe zur innerdeutschen Grenze bescherte dem Ort nach dem Mauerfall am 12. November 1989 mehr als 300 000 Besucher aus der DDR.

Harzburgs Nachbar im Osten ist Wernigerode: Die Stadt wirbt mit Hermann Löns' Wort von der „bunten Stadt am Harz". Der Dichter beschrieb das Stadtbild mit seinen farbenfrohen Fachwerkhäusern anschaulich. Sehenswert ist das den Marktplatz dominierende Rathaus mit seinen aufwärts strebenden Fachwerkbalken, den zwei vor den breiten Giebeln stehenden, schlanken Fachwerktürmen und den „geschweiften Andreaskreuzen", die sich in den unteren Gefachen befinden. Geschnitzte Figuren zieren die Geschoss- und Dachüberstände. Zu Recht gilt es als eines der schönsten Rathäuser Europas.

Die Fachwerkidylle wird komplettiert durch die vielen Bürgerhäuser. An all dem könnte man sich heute womöglich nicht erfreuen, wenn sich der Stadtkommandant kurz vor Ende des Zweiten Weltkriegs im April 1945 nicht geweigert hätte, die Stadt gegen die anrückenden US-Truppen zu verteidigen. Er übergab sie kampflos, Wernigerode blieb unversehrt, doch er wurde von der Wehrmacht standrechtlich erschossen.

Wernigerode war einst ein Marktzentrum am nördlichen Harzrand und Zankapfel verschiedener Raubritter. Einer von ihnen errichtete eine Burg, aus der dann ein Schloss mit einem Flügel im Stil des niederdeutschen Spätbarock hervorging. Schließlich wurde die Anlage mit viel Gründerzeitprotz erweitert. Bis 1929 war der historistische Prachtbau Wohnsitz der Familie Fürst zu Stolberg-Wernigerode und ist noch heute das weithin sichtbare Wahrzeichen der Stadt.

Der wirtschaftliche Aufschwung hatte hier in der zweiten Hälfte des 19. Jahrhunderts mit dem Maschinen- und Werkzeugbau Einzug gehalten: Hergestellt wurden Elektromotoren, aber man produzierte auch Harzer Magermilchkäse und Schokolade in Wernigerode.

Doch hinter der Fachwerkidylle verbirgt sich auch Düsteres: So mussten in den hiesigen Rautalwerken (Wernigwerke AG), die seit 1938 als Leichtmetallgießerei Zulieferteile für die Rüstungsindustrie fertigten, zeitweise 800 Zwangsarbeiter und Häftlinge des KZ Buchenwald im Außenlager „Richard" schuften. Sie lebten in Baracken im Ort. 500 von ihnen wurden kurz vor Eintreffen der US-Armee auf einen „Todesmarsch" in Richtung KZ Theresienstadt getrieben, das nur 57 erreichten.

SPRECHENDE ORTSNAMEN

Elend und Sorge sind Ortsteile der Stadt Oberharz am Brocken: Elend liegt südlich vom Hohnekamm mit dem Erdbeerkopf, südöstlich des Barenbergs und nordnordwestlich vom Rauhen Jakob im Tal der Kalten Bode, das nördlich des Dorfs Elendstal heißt. In einer Urkunde von 1483 ist erstmals vom „elendischen Wege" die Rede, wo es eine Sägemühle gab und später auch ein Forsthaus. Mit der Eröffnung der Eisenhütte im späten 18. Jahrhundert wuchs die kleine Siedlung. 1818 wurde der Hochofen wieder abgerissen und 1863 die Eisenhütte stillgelegt. Nur die Holzwirtschaft blieb den Bewohnern. Seit 1899 ist Elend eine Station der Harzquerbahn, und seit 1928 verbindet die „Feuersteinstraße" den Ort mit Schierke und Wernigerode. Nach dem Ersten Weltkrieg brachten Sommerfrischler ein wenig Aufschwung. 1933 wurde sogar ein Waldbad eröffnet. Während der Teilung Deutschlands lag der Ort schließlich unmittelbar an der innerdeutschen Grenze.

Das etwa acht Kilometer entfernte Sorge lag ebenfalls im Grenzgebiet und ist wie Elend eine Station der Harzquerbahn. Im 13. Jahrhundert gab es hier ein Hüttenwerk, um das sich eine Siedlung bildete, seit dem frühen 16. Jahrhundert mit den Namen Sorge – der sicher auf die sorgenvollen Verhältnisse vergangener Zeiten zurückgeht. Aber das mittelhochdeutsche Wort „Zarge" für Grenze schwingt ebenso mit, denn seit dem Mittelalter lag der Ort an der Grenze verschiedener Herrschaftsbereiche: im 19. Jahrhundert zum Beispiel an der Grenze zwischen dem Herzogtum Braunschweig und dem Königreich Preußen.

Und ähnlich wie in Elend setzte eine wirtschaftliche Erholung mit dem Tourismus Anfang des 20. Jahrhunderts ein. Die Bahn brachte die Gäste schnell und bequem in den Hochharz, und die Johanniter-Heilstätte auf dem Ochsenberg beförderte den Fremdenverkehr.

Flucht über die Eckertalsperre

«Am 21. Mai 1967 begab ich mich mit zwei Freunden in der Absicht, die DDR zu verlassen, nach Wernigerode. Von dort aus wollten wir versuchen, die BRD zu erreichen. Wir hatten erfahren, dass die Grenze in der Nähe des Brockens löchrig war. Unser Weg begann in Hasserode. Von dort aus gingen wir über die Steinerne Rinne zum Brockengipfel, den wir am frühen Abend erreichten. Der Gipfel war 1967 noch nicht von einer Mauer umgeben. Wir hielten uns etwa 30 Minuten lang ungesehen auf diesem auf.

Es ist uns bis heute unerklärlich, dass wir weder auf der Straße zum Brocken (die wir zwangsläufig öfter betreten mussten) noch auf dem Gipfel selbst unentdeckt blieben. Vom Brocken aus sahen wir den Grenzverlauf am Fuße des Wurmbergs. Wir waren geschockt. Wie nur sollten wir die Grenze überwinden? Dort auf jeden Fall nicht, da die Grenze zu übersichtlich war und viele Beobachtungstürme zu sehen waren. Also orientierten wir uns in Richtung Torfhaus, das wir anhand der Sendemasten ausmachten. Auch sahen wir die B4 und glaubten, dort besser aufgehoben zu sein. Wir gingen in diese Richtung. Der Wald wurde bald wieder dichter und schützte uns davor, entdeckt zu werden. Wir erreichten bald den ersten Zaun, den Signalzaun. Dieser war durch abfließendes Schmelzwasser des Brockens unterspült, so dass wir an dieser Stelle unter ihm hindurchkriechen konnten.

Nach weiteren 800 Metern standen wir dann plötzlich am eigentlichen Grenzzaun, der sich unmittelbar am Ufer eines großen Sees befand. Später erfuhren wir, dass es die Eckertalsperre war. Wir waren noch im Schutze des Waldes, hatten noch etwa fünf Meter bis zum Grenzzaun vor uns und sahen etwa 20 Meter linker Hand einen Postenturm. Ohne groß zu überlegen, rannten wir los und konnten den Zaun unbemerkt überwinden. Jetzt standen wir am Ufer des Stausees und mussten entsetzt feststellen, dass die Freiheit erst am anderen Ufer begann, das 500 Meter entfernt war. Dies konnten wir anhand der dort aufgestellten Schilder ausmachen. Die Grenze verlief also in der Seemitte, was wir nicht wissen konnten. Auch hörten wir jetzt Stimmen und Hundegebell. So schnell wir konnten, liefen wir jetzt am Grenzzaun entlang in südlicher Richtung zum Ende des Sees. Uns war klar, dass wir uns noch auf dem Gebiet der DDR befanden. Erst am Ende des Sees, wo dieser in die Ecker mündete, übersprangen wir den Bach. Die dort aufgestellten Schilder ("Halt! Zonengrenze!" und "Achtung! Bachmitte Grenze") machten uns klar: Wir haben es geschafft! Aber noch war vom Bundesgrenzschutz nichts zu sehen. Erst nach längerem Umherirren am Westufer des Stausees wurden wir von einer Streife aufgenommen.»

Der Verfasser möchte anonym bleiben.

Der Landschaftskünstler Hermann Prigann gestaltete 1993 bei Sorge auf dem ehemaligen Todesstreifen das Naturdenkmal „Ring der Erinnerung“: einen kreisförmigen Wall aus Totholzstämmen mit einem Durchmesser von 70 Metern. Im Inneren des Kreises stehen fünf Säulen des alten Grenzzauns.

Der Luftkurort Braunlage boomte in der alten Bundesrepublik: Hier, südlich des Brockens und nahe der innerdeutschen Grenze, konnte man den idealen Harzer Sommer- oder Winterurlaub verbringen. Ganz in der Nähe liegt der 971 Meter hohe Wurmberg, auf den man seit 1963 per Seilbahn gelangt und den eine weithin sichtbare Skisprungschanze krönt. Zur Gemeinde Braunlage gehören weitere beliebte Ferienorte wie Hohegeiß und Sankt Andreasberg.

Auch in Braunlage war im 16. Jahrhundert ein Berg- und Hüttenwerk errichtet worden. Erst 1934 erhielt der Kurort Stadtrechte. Der Fremdenverkehr entwickelte sich mit dem Anschluss an das Eisenbahnnetz, und seit Anfang des 20. Jahrhunderts fuhren Omnibusse von Bad Harzburg nach Braunlage. Der Braunschweiger Omnibus-Hersteller Büssing ließ bald ein Erholungsheim für die Werktätigen und ihre Angehörigen in Braunlage bauen; andere Unternehmen taten es ihm nach: Ferienhäuser und -villen, Sanatorien, viele kleine Pensionen und stattliche Hotels entstanden. Die Bahnlinie wurde 1963 stillgelegt, und seitdem kriecht an schönen Tagen bereits am Vormittag eine Autoschlange von Bad Harzburg über Torfhaus hinauf nach Braunlage, um von hier bei klarem Wetter einen Blick auf den Brocken zu erhaschen. Am späten Nachmittag geht es dann im Schritttempo wieder zurück – nicht ohne zuvor im Ortsteil Königskrug zum Kaffee und den legendären Windbeuteln einzukehren.

Nach der Schließung der Glashütte 1905 brachten der Stadt vor allem die Holzindustrie und die Werk- und Rohsteine des Steinbruchs am Wurmberg Geld. Der Grenzöffnung 1989 folgte für Braunlage kein wirtschaftlicher Aufschwung. Im Gegenteil: Zu groß war die Konkurrenz anderer Urlaubsorte im Ostteil des Harzes. Die Übernach-

Diese Postkarte zeigt die Grenze bei Hohegeiß in den Fünfzigerjahren. Einige Pfosten markieren die Grenze, und die Familie auf dem Foto blickt noch nicht auf Grenzanlagen, sondern ins freie Feld. Nur ein Schild signalisiert: „Hier ist Deutschland immer noch geteilt."

tungen gingen in den ersten 15 Jahren nach der Wiedervereinigung auf die Hälfte zurück; außerdem fiel die Zonenrandförderung weg. Der einst blühende Ferienort ging schweren wirtschaftlichen Zeiten entgegen. Wie Braunlage zu kämpfen hat, zeigt der Vergleich mit Wernigerode: 2012 gab es 440 000 Übernachtungen im Luftkurort, aber mehr als 770 000 in der bunten Fachwerkstadt. Unübertroffen bleibt der Harz trotz solcher Zahlen als Tagesausflugsziel.

SÄNGERWETTSTREIT DER BUCHFINKEN

Benneckenstein, ebenfalls Luftkurort, liegt am Oberlauf der Rappbode im Dreiländereck Niedersachsen, Sachsen-Anhalt und Thüringen. Über die Entstehung des Stadtnamens erzählt man sich gern folgende Schnurre: Einst hatte sich eine alte Frau am Wegesrand ausgeruht und war eingeschlafen. Als ein Jäger vorbeikam und sich in der Annahme, es handle sich um einen Stein, auf sie setzte, rief die Alte: «Benn eck en Stein?!»

Dieser plattdeutsche Tonfall kommt nicht von ungefähr, denn der Ort wurde Mitte des 13. Jahrhunderts von Nordfriesen aus Holstein gegründet. Ihre Sprache hat sich bis heute erhalten. Die Kleinbauern und Bergleute waren Untertanen der Grafen von Hohnstein. Durch mehrfache Erbteilungen wurde schließlich auch der Ort dreigeteilt: Seit Ende des 16. Jahrhunderts waren neben den Hohnsteinern die Grafen von Schwarzburg-Rudolstadt und die von Schwarzburg-Sondershausen Herren des Ortes. 1701 wurde der Nordteil Benneckensteins preußisch, 1741 kaufte Preußens König Friedrich II. den Schwarzburger Teil und verlieh dem Ort das Stadtrecht.

Die 1852 auf einer Klippe erbaute St. Laurentiuskirche beherrscht das Ortsbild. Im Gegensatz zu vielen anderen Kirchen ist der Altarraum nach Westen ausgerichtet. Als es mit dem Bergbau und Hüttenwesen vorbei war, lebte der Ort vor allem von der Holzwirtschaft, der Textilverarbeitung, intensivem Hausierhandel und vom Fuhrwesen. Es gab 40 Nagelschmieden, und zehn Prozent der Zündholzproduktion Deutschlands stammten von hier. Erste Feriengäste, die bald bequem mit der Bahn anreisen konnten, kamen ab 1887. Benneckenstein wurde Kur- und Wintersportort. 1934 wurde es sogar zum nationalen Sportzentrum: Die Boxer, Ringer und Gewichtheber der deutschen Nationalmannschaften bezogen hier ihre Trainingslager, und Max Schmeling wurde 1936 Ehrenbürger der Stadt.

Das Jahr 1989 schließlich bedeutete für viele Bewohner nicht nur Freiheit, sondern auch den Verlust des Arbeitsplatzes. Seit 2010 gehört Benneckenstein mit weiteren neun Ortsteilen zur neu gegründeten Stadt Oberharz am Brocken – gegen den mehrheitlichen Willen der Bürger.

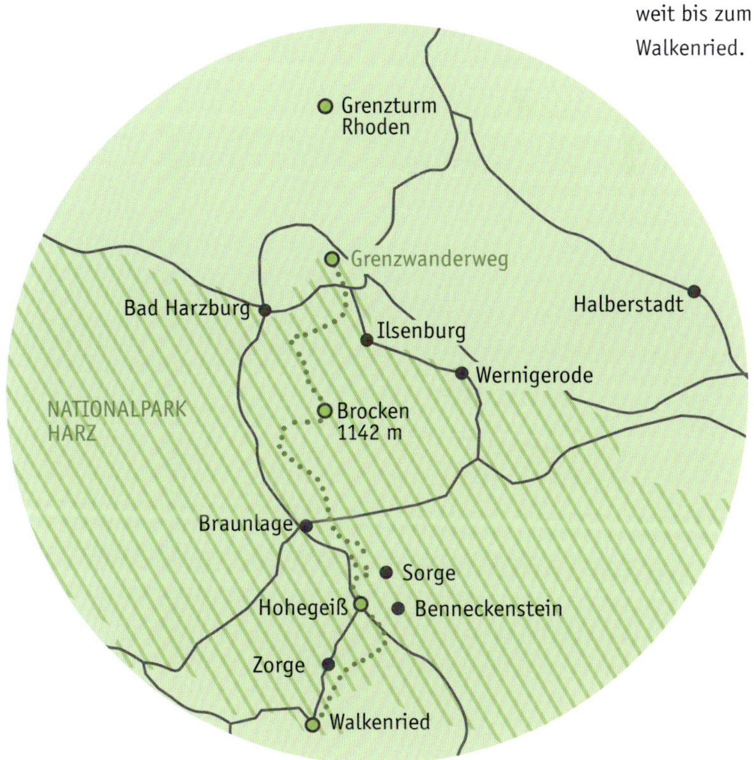

Der Harzer Grenzweg beginnt südlich von Stapelburg und führt über verschwiegene Pfade und den früheren Kolonnenweg 75 Kilometer weit bis zum Kloster Walkenried.

Eine Besonderheit von Benneckenstein ist das „Finkenmanöver", das seit mehr als 130 Jahren am Pfingstmontag ab 6 Uhr auf der Waldschneise am Waldschlösschen stattfindet: ein einzigartiger Sangeswettstreit der Buchfinken und eine alte Harzer Tradition aus dem frühen 15. Jahrhundert. Jeder der in einem weiß umhüllten Käfig sitzenden gefiederten Sänger versucht, mit möglichst vielen „Strophen" seine Kontrahenten zu übertönen. Eine fachkundige Jury bewertet die Sangeskunst der Buchfinkenhähne, die während der Paarungszeit die Nebenbuhler mit ihrem Gesang, den „Schlägen", aus dem Revier vertreiben wollen. Der Halter des Siegers wird zum „Finkenkönig" gekrönt. Heute muss sich die einst in den Mittelgebirgen verbreitete Finkenhaltung am Tierschutz orientieren und ist daher nur noch auf wenige Standorte im Harz beschränkt. Beim Sängerwettstreit herrscht Volksfeststimmung: In der Glut von mehr als 40 Pfingstfeuern werden Benneckensteiner Pfingstwürstchen gebraten.

VOM KLOSTERKONZERN ZUR RUINE

Walkenried liegt an der Wieda im Südharzer Gipskarst-Gebiet, einem Naturschutzgebiet mit einer geologischen Besonderheit: Die „Zwerglöcher", Gips-Quellungshöhlen, entstehen, wenn sich Anhydrit in Gips umwandelt und Aufwölbungen bildet. Im 12. Jahrhundert kultivierten Mönche die ursprünglich bewaldete Sumpflandschaft zu Äckern und einer Teichlandschaft. Angeblich existierten einst 365 Teiche, für jeden Tag des Jahres einer. Heute sind lediglich 50 von ihnen im Naturschutzgebiet „Priorteich/Sachsenstein" nachweisbar.

1127 hatte Adelheid von Walkenried ihr drittes Zisterzienserkloster gestiftet. Es lag wie die anderen weitab von Siedlungen in einer Niederung. Bald wurden zahlreiche Wirtschaftshöfe (Grangien) am südlichen, später auch am nördlichen Harzrand sowie Bergbau und Verhüttung am Rammelsberg betrieben. Das Kloster entwickelte sich zu einer Art mittelalterlichen Konzern.

Die Ruine der gotischen Klosterkirche von Walkenried vor blauem Herbsthimmel: Sie gehört seit 2010 zum Unesco-Welterbe.

Mitte des 15. Jahrhunderts mussten jedoch große Teile der Ländereien und die inzwischen unrentablen Bergwerke verkauft werden. Während des Bauernkriegs 100 Jahre später plünderte man das Kloster und beschädigte die Kirche schwer, die daraufhin ihrem allmählichen Verfall überlassen war. Die Mönche wurden Lutheraner, und 1648 hob man den protestantischen Konvent auf, während die gotische Klosterkirche als Steinbruch genutzt wurde. So verwendete der Braunschweiger Herzog August Wilhelm im frühen 18. Jahrhundert die Abbruchsteine für ein Jagdschloss südlich des Klosters, das heute ein Hotel ist. Im 19. Jahrhundert begeisterten sich vor allem die Maler der Romantik für die Kirchenruine und den Kreuzgang. Profaner ging es im Südflügel der Klausur zu, wo man nun Schnaps brannte. Erste Renovierungsarbeiten am Kreuzgang wurden Ende des Jahrhunderts durchgeführt, doch erst in den 1970er-Jahren begann man das Kloster umfangreicher zu sanieren.

Die Kirche blieb eine malerische Ruine. Erhalten und restauriert wurden das Klausurgebäude aus dem 14. Jahrhundert, der Kreuzgang, der als einer der schönsten der norddeutschen Gotik gilt, das Brunnenhaus mit seinem polygonalen Grundriss und Verbindung zum Kreuzgang sowie der Kapitelsaal: Das Gewölbe wird von kapitelllosen Säulen getragen, und die farbigen Gewölberippen strahlen wieder in ihrem alten Glanz. Seit 2006 gibt es hier ein Museum. Vier Jahr später wurde das Kloster Walkenried gemeinsam mit der Oberharzer Wasserwirtschaft zum Unesco-Weltkulturerbe.

GOTISCHE MUSTERSTADT MIT KZ

Ellrich an der Zorge, seit 1869 durch die Eisenbahn mit Nordhausen und Northeim verbunden,

ist die nördlichste Stadt Thüringens. Der hiesige VEB Eldamo („Elegante Damenmode") war in der ganzen DDR bekannt, und noch heute kann man manche der hier gefertigten Hochzeitskleider online ersteigern. Die Ellricher Gipslagerstätten lieferten Schulkreide, Stuck- und Modelliergips sowie Gipsbandagen.

Nordhausen, die sechstgrößte Stadt Thüringens und Endpunkt der Harzer Schmalspurbahnen, ist nicht weit entfernt. Südlich der Stadt erstreckt sich die fruchtbare Landschaft der Goldenen Aue. Bis 1802 war Nordhausen neben Mühlhausen eine der zwei freien Reichsstädte Thüringens, kam dann zu Preußen und war von 1815 bis 1945 Teil der preußischen Provinz Sachsen. Victor Hugo rühmte Nordhausen 1831 im „Glöckner von Notre-Dame" (1831) als gotische Musterstadt, die sich ihre Ursprünglichkeit bewahrt habe. «Ein Schauspiel ‹eigener Art›, von dem sich (Leser) leicht eine Vorstellung machen können, welche so glücklich gewesen sind, eine ganz gothische, vollständige, gleichartige Stadt zu sehen, wie (…) Nordhausen in Preußen.»

Bis heute liegt ein dunkler Schatten auf der Stadt, denn 1943 wurde nordwestlich von Nordhausen das Konzentrationslager Dora-Mittelbau errichtet, in dem unter unmenschlichen Bedingungen 60 000 Zwangsarbeiter unterirdisch die von der nationalsozialistischen Propaganda gefeierten sogenannten Vergeltungswaffen (V1 und V2) produzierten. Ein Drittel von ihnen kam ums Leben. Sie waren in 38 Lagern untergebracht und mussten auch in anderen Unternehmen arbeiten. Im größten der Lager lebten 6000 Menschen, die vor allem für das Junkers-Werk arbeiteten.

Ein großer Teil der Stadt wurde noch kurz vor Kriegsende von britischen Bombern zerstört, bevor US-Soldaten Nordhausen im April 1945 besetzten und die Insassen des KZs Dora-Mittelbau befreiten. Die Rote Armee übernahm Nordhausen im Juli des Jahres. Die Nordhausener sind stolz darauf, am 17. Juni 1953 ein Zentrum der Arbeiteraufstände im Bezirk Erfurt gewesen zu sein.

Bekannt war Nordhausen unter anderem durch seine Kautabakfabrik – der VEB Tabak galt als der „größte Zigarettenhersteller der Republik" – und die deutschlandweit vertriebene Doppelkorn-Produktion. Schon im Mittelalter brachte der Nordhäuser Korn der Stadt Reichtum. Ab 1726 produzierten 69 Brennereien jährlich 1,3 Millionen Liter Branntwein, Mitte des 18. Jahrhunderts waren es sogar 100 Brennereien. Ab 1789 wurde streng auf das Reinheitsgebot für den Korn geachtet: zwei Drittel Roggen und ein Drittel Gerstenmalz. 1819 förderte man staatlicherseits die Branntweinherstellung aus Kartoffeln, was zu Korn-Pantschereien mit Kartoffelsprit führte.

Der VEB Nordbrand schließlich galt als der «größte und modernste Spirituosenproduzent der DDR». Er hatte alle anderen Brennereien verdrängt und exportierte ab 1961 in die Bundesrepublik. Ende der Sechzigerjahre wurden zehn Millionen Liter, ab 1986 jährlich gar 60 Millionen Liter Branntwein produziert. Nach 1989 halbierte sich die Produktion, und 1991 wurde der Betrieb von der Eckes AG übernommen. Drei Jahre später begann auch das Brennerei-Museum jährlich gut 100 000 Liter Korn herzustellen – dieser Schnaps ist eine Rarität, die nur in wenigen Spirituosenläden verkauft wird. Ein Kontrapunkt zu so viel Schnapsseligkeit ist die bemerkenswerte Tatsache, dass Eduard Baltzer 1867 in Nordhausen die deutsche Vegetarier-Bewegung gründete.

EINE URALTE GRENZE

Über die Namensgebung von Duderstadt im Untereichsfeld erzählt man sich folgenden Kalauer: Die Gründerväter konnten sich nicht einigen und ermunterten sich reihum immer wieder: «Gib du der Stadt den Namen …» Mehr als 600 zum Teil schmucke Bürgerhäuser, vorwiegend aus Fach-

Eine Szenerie wie aus dem Märchen: In Duderstadt stehen etwa 500 Fachwerkhäuser, die in ihrer farbigen Pracht wie aus der Zeit gefallen scheinen.

werk, die großen Stadtkirchen mit ihren mächtigen Türmen, der Westerturm mit seiner gedrehten Spitze und das markante Rathaus, eines der ältesten Deutschlands, prägen das mittelalterlich anheimelnde Stadtbild. Der Ort ist umgeben von fruchtbaren Böden, weshalb die Gegend im Mittelalter auch Goldene Mark genannt wurde. Seit 1660 baute man Tabak an, was der Stadt zu einer gewissen Prosperität verhalf.

1802 kam Duderstadt zu Preußen, geriet damit aber in eine geopolitische Randlage, denn die Stadt lag an der mitten durch das Eichsfeld verlaufenden Grenze zum Königreich Hannover. Mit der Annexion Hannovers durch Preußen 1866 fielen die Zollbeschränkungen weg. Im Zuge der Industrialisierung und der Reichsgründung fünf Jahre später erreichte der wirtschaftliche Aufschwung auch Duderstadt.

Nach dem Zweiten Weltkrieg rückte Duderstadt erneut an den Rand, an den der „Zone". Viele Vertriebene und Flüchtlinge fanden hier eine neue Heimat. Die Demarkationslinie zwischen der sowjetischen und der britischen Besatzungszone war in den ersten Nachkriegsjahren noch relativ durchlässig. Sowjetische Soldaten sahen bei einem Grenzübertritt schon mal weg, wenn man ihnen vorher eine Flasche Schnaps offeriert hatte.

Im Eichsfeld ging die neuerliche Grenzziehung auf die alte Grenze zwischen der preußischen Provinz Sachsen und Hannover zurück. Sie bedeutete schon damals ein hartes Los für die Duderstädter, die einige Grenzschikanen durch die Preußen erdulden mussten – was manche Bürger durchaus nicht davon abhielt, einen lebhaften Schmuggel zu betreiben. Verfolgt man die Entstehungsgeschichte dieses Grenzverlaufs

Folgende Seiten:
Die Fachwerkhäuser in der Westertorstraße von Duderstadt. Von oben erkennt man die schmalen, lang gestreckten Grundstücke besonders gut.

Das Duderstädter Rathaus mit seinem massiven Sandsteinunterbau geht auf die Jahre 1302/03 zurück und ist eines der ältesten in Deutschland. Lebensgroße, geschnitzte Pfosten tragen die Überdachung des Treppengangs.

bis ins 15. Jahrhundert, so stößt man auf das einst kurmainzische Eichsfeld. Geht man gar bis ins sechste Jahrhundert zurück, hat man es mit der Bildung der Großreiche der Thüringer und des Sachsenstammes zu tun. Davon geblieben ist über die Jahrhunderte hinweg die Sprachgrenze zwischen dem Niederdeutschen und dem thüringischen Mitteldeutsch.

Im Grundlagenvertrag der BRD mit der DDR 1972 wurde zwischen den Dörfern Gerblingerode im Westen und Teistungen im Osten ein kleiner Grenzverkehr eingerichtet: Von 1973 bis 1989 nutzten fast sechs Millionen Reisende den Übergang Duderstadt/Worbis. 1995 wurde hier das Grenzlandmuseum Eichsfeld eröffnet, das die Geschichte dieses „Schlupflochs" in den Osten dokumentiert. 2013 kam ein Pavillon zum „Europäischen Grünen Band" hinzu. Eine besondere Erfahrung ist es, den sechs Kilometer langen Grenzlandweg entlangzuwandern, auf dem man zum Teil original erhaltene Grenzsperranlagen und Beobachtungsbunker besichtigen kann.

Das im 13. Jahrhundert gegründete Zisterzienserinnenkloster Teistungenburg lag an ebendieser Grenzübergangsstelle. Es überstand die Reformation und den Bauernkrieg leidlich und nahm im Dreißigjährigen Krieg heftigen Schaden: 1643 war es nach seiner Plünderung völlig verarmt. Ab 1722 errichtete man die Klosterkirche St. Peter und Paul und den Konventsbau neu. Im Jahr 1809 wurde die Klosterkirche säkularisiert, und 170 Jahre später rissen DDR-Grenztruppen die Klostergebäude bis auf die Umfassungsmauern, das Teistunger Tor und eine Scheune ab. In den 1990er-Jahren restaurierte man die weißen Sandstein-Klostermauern, innerhalb derer heute der Freizeitpark Teistungenburg mit Hotel und einem Damhirschgehege liegt.

Das Grenzland-
museum Eichsfeld:
Auf dem sechs Kilo-
meter langen Genz-
landweg kann man
an Mauerresten und
Beobachtungsbunkern
entlangwandern.

ERSTE STATION NACH FLUCHT UND VERTREIBUNG

Das Flüchtlingslager bei Friedland, einer kleinen Gemeinde im Landkreis Göttingen, geht auf die Anordnung der britischen Besatzungsmacht zurück, eine erste Anlaufstelle für Flüchtlinge, Vertriebene und Heimkehrer einzurichten. Nach Ende des Zweiten Weltkriegs suchten Millionen von Flüchtlingen aus den ehemaligen Ostgebieten des Deutschen Reiches eine neue Heimat – vor allem aus Ostpreußen, Schlesien und dem Sudetenland kamen die Menschen, dann aus der SBZ, der späteren DDR. Es kamen auch Tausende Kriegsgefangene; die letzten 1955 aus Russland. Friedland lag genau am Schnittpunkt von drei Besatzungszonen: der britischen (Niedersachsen), der amerikanischen (Hessen) und der sowjetischen (Thüringen) sowie an den Bahnstrecken zwischen Hannover–Kassel und Göttingen–Bebra.

Die Flüchtlinge wurden in der ersten Zeit in Notunterkünften untergebracht: in ehemaligen Stallgebäuden, Baracken oder Wellblech-Nissenhütten, dann in festen Gebäuden. Im Lauf der Jahrzehnte war das Lager auch die erste Station für Flüchtlinge aus vielen verschiedenen Ländern, so für russische Spätaussiedler. Im Jahr 2009 gab es noch 1000 Betten und 1000 Beschäftigte. Die Aufgenommenen werden medizinisch versorgt und erhalten halbjährliche Integrationskurse. Mitarbeiter des Bundesnachrichtendienstes und des Verfassungsschutzes befragen die Flüchtlinge über ihre Flucht und die Situation in ihren Heimatländern. Seit 1945 sind mehr als vier Millio-

nen Menschen in Friedland untergekommen. Der 1957 gegründete Verein Friedlandhilfe half ihnen bei der Wiedereingliederung. Oberhalb des Ortes befindet sich seit 1968 ein Heimkehrerdenkmal mit der Inschrift „Völker, entsaget dem Hass – versöhnt Euch, dienet dem Frieden – baut Brücken zueinander".

GRENZFLUSS WERRA

Folgt man dem ehemaligen Grenzverlauf südlich von Friedland, nähert man sich der Werra: Der Fluss hat zwei Quellen, die beide am Rennsteig im Thüringer Wald liegen, und ist knapp 300 Kilometer lang, bis er in Hannoversch Münden in die Fulda mündet: „Wo Werra sich und Fulda küssen / Sie ihre Namen büßen müssen, / Und hier entsteht durch diesen Kuss / Deutsch bis zum Meer der Weser Fluss", heißt es auf dem alten Weserstein von 1899. Werra und Weser haben übrigens den gleichen Wortstamm: „Wesera" (Wiesenfluss). Die Werra durchfließt abwechslungsreiche Landschaften – die Rhön, das Werrabergland, den Hainich, den Meißner-Kaufunger Wald. Der „Werratalradweg" führt durch das weite Flusstal, vorbei an Burgen und Schlössern, romantischen Städten, bewaldeten Bergrücken und Schilfgebieten; doch es ragen auch Felswände in die Werra. Sie gehört drei Bundesländern: Thüringen, Hessen und Niedersachsen, deren Grenzen sie in vielen Schleifen kreuzt – so auch die ehemalige innerdeutsche Grenze.

Im Nordosten Hessens durchfließt die Werra die Kirschenstadt Witzenhausen, wo im Mai Tausende Kirschbäume blühen und das Umland in ein weißes Paradies verwandeln. Südöstlich davon stehen sich oberhalb des Werratals die Burgen Ludwigstein und Hanstein gegenüber, und unterhalb des Höhebergs bei Lindewerra quert die Werra die hessisch-thüringische Landesgrenze. Hier wurde sie einst zum innerdeutschen Grenzfluss: Mal bildete sie die Grenze, mal kreuzte sie diese und floss östlich oder westlich in unmittelbarer Nähe von Todesstreifen und Grenzzaun.

DAS SALZWERK UND DER KURORT

Bad Sooden-Allendorf glänzt als alter Kurort mit romantischem Kurpark und einem sehenswerten Gradierwerk. Mehr als 1000 Jahre lang wurde aus der Sole durch Sieden Salz gewonnen. Im Dorf Sohten (Sooden) stand das Salzwerk. Hier lebten die Salinenarbeiter – östlich der Werra im benachbarten Allendorf wohnten die Eigentümer der Siedepfannen. Ab 1218 hatte Allendorf Stadt- und Marktrechte. Ab 1876 trennte die Eisenbahn mit Verbindungen nach Hamburg und Frankfurt/Main beide Orte; 1929 wurden sie zwangsvereinigt. Mit Aufhebung des Salzmonopols und dem Anschluss an Preußen 1866 verlor die Saline allmählich an Bedeutung; viele Menschen wurden arbeitslos und wanderten mit ihren Familien aus. 1906 wurde das letzte Salz gesiedet. Zuvor hatte man jedoch die heilende Wirkung der Sole erkannt, und so wurde im heutigen Kurpark ein Badehaus errichtet. Am 1. Juni 1881 begann offiziell der Kurbetrieb.

Zwischen Allendorf und Wahlhausen verlief die ehemalige Grenze zwischen dem Königreich Preußen-Kurhessen und Thüringen; so auch die spätere Demarkationslinie zwischen der amerikanischen und der sowjetischen Besatzungszone. Ab 1952 war diese Grenze bald völlig abgeriegelt, und die Verbindung zum östlichen Hinterland fiel weg. Neben dem wirtschaftlich so wichtigen Solebad gab es nun nur noch die Möbelindustrie. Im Stadtteil Allendorf fallen sofort die parallel verlaufenden Straßen ins Auge: Sie wurden im späten 17. Jahrhundert angelegt, und die meisten der hübschen Fachwerkhäuser besitzen noch immer die damals gebauten, ungewöhnlich tiefen Keller. Am Söder Tor, von wo aus man die Salz-

Das Grenzstreifenprojekt des Heinz Sielmann

Die von Heinz Sielmann 1994 gegründete und nach ihm benannte Stiftung hat sich den Naturschutz und die Landschaftspflege auf die Fahnen geschrieben. Nur einen Kilometer von der ehemaligen innerdeutschen Grenze entfernt liegt das stiftungseigene Gut Herbigshagen. Acht Kilometer lang ist der Abschnitt des Grünen Bandes, das das Gut mit dem Grenzlandmuseum Eichsfeld verbindet. Die Thüringer Sektion des Bundes für Umwelt und Naturschutz Deutschland (BUND) und die Heinz Sielmann Stiftung haben gemeinsam 30 Hektar des Gebiets aufgekauft. Im Vordergrund der Stiftungsarbeit steht die Bewahrung der unterschiedlichen Fauna und Flora des Grünlands, das nun von Schafen beweidet wird. Sie verhindern eine „Wiederbewaldung".

Der Grenzstreifen zwischen Teistungen und Ecklingerode wurde inzwischen als Naturschutzgebiet ausgewiesen. Entlang des Kolonnenwegs kann man es durchwandern. Hier wechseln sich offene wie halboffene mit bewaldeten Bereichen ab. «Durch die geringe Nutzungsintensität und Erschließung», so die Stiftung, «konnte sich hier ein strukturreiches und vielfältiges Biotopmosaik erhalten. Heute dient es als Lebensraum, Rückzugsgebiet und Wiederausbreitungszentrum für seltene Tier- und Pflanzenarten in der landwirtschaftlich geprägten Umgebung.»

Der Grenzstreifen zwischen Teistungen und Ecklingerode wurde als Naturschutzgebiet ausgewiesen. Entlang des Kolonnenwegs kann man es durchwandern.

Doch mittlerweile wehren sich ortsansässige Land- und Forstwirte gegen Landschaftsschutzprojekte auf dem rund 130 Kilometer langen Teilstück des Grünen Bandes zwischen dem Landkreis Göttingen und dem Landkreis Werra-Meißen. Die Bauern und Forstleute fürchten allzu strenge Auflagen: Sie hätten in der Vergangenheit schlechte Erfahrungen mit Umweltschutzprojekten gemacht, da die Flächen nur eingeschränkt genutzt werden könnten. Das mindere den wirtschaftlichen Ertrag ihrer Betriebe und erschwere notwendige Baumaßnahmen, da zu viele Schutzvorschriften beachtet werden müssten.

Dennoch fühlt sich die regionale Land- und Forstwirtschaft in gewisser Hinsicht den historischen und ökologischen Notwendigkeiten der Region verpflichtet. Dies betreffe jedoch nur den Kolonnenweg. Die geplante Größe müsse von daher reduziert werden. Die Sielmann Stiftung plante ursprünglich 18 500 Hektar als Naturschutzgebiet. Inzwischen wurde es auf 9600 Hektar verkleinert. Doch auch dies ist manchem Land- und Forstwirt noch zu groß. Die Sielmann Stiftung und das Niedersächsische Umweltministerium setzen nun auf Einsicht und Freiwilligkeit: «Kein Grundstück wird gegen den Willen des Besitzers als Naturschutzgebiet ausgewiesen», heißt es.

Die denkmalgeschützte St.-Crucis-Kirche im Stadtteil Allendorf wurde aus Feldsteinen erbaut und liegt nahe des Werraufers.

transporte überwachte, schrieb Wilhelm Müller sein Gedicht „Der Lindenbaum", das schließlich in der Vertonung von Franz Schubert in seinem Liedzyklus „Die Winterreise" weltberühmt wurde – mit dem schönen Anfangsvers „Am Brunnen vor dem Tore". Vor den Toren von Bad Sooden-Allendorf liegt auch der Hohe Meißner, und das landschaftlich reizvolle Werratal wird hier gern als die „grüne Pforte" zum hessischen Märchenland bezeichnet.

Bei Eschwege fließt die Werra durch den Schlierbachswald und bildet südlich der Stadt den Werratalsee. Am alten Hafen Wanfried und dem dortigen Damm zur Uferbefestigung („Schlagd") kann man heute noch ablesen, dass die Werra einst schiffbar war. Bis 1806 verschifften von hier aus Kaufleute aus Mühlhausen jahrhundertelang ihre Waren in Richtung Weser und weiter nach Übersee. In einem Wegeverzeichnis von 1550 heißt es: «Wanfried ist eine der fürnembsten Stätte Europas», und in einer Chronik von 1650 findet sich der Satz: «Ist wegen der Schiffahrt ein lustiker Ort!»

Werraloßfahrten gab es seit dem Mittelalter. Vorrangig wurde Holz transportiert. Die Reise ging bis Hannoversch Münden, wo die Flöße verkauft wurden und wo man fünf Werraflöße zu einem Weserfloß vereinigte, die ihre Fahrt bis Bremen fortsetzten. Mitte des 19. Jahrhunderts blühte die hiesige Flößerei: Von März bis November waren zwischen 2000 und 3000 Flöße unterwegs. Die Werrataleisenbahn machte die Holzflößerei schließlich unrentabel. In den 1920er-Jahren bis zum Beginn des Zweiten Weltkriegs war sie nur noch ein touristisches Vergnügen. Nach der Teilung Deutschlands gab es gar keine Flößerei mehr – die innerdeutsche Grenze verlief auf manchen Abschnitten in der Flussmitte. Seit dem neuen Jahrtausend gibt es wieder Flößer auf der Werra, und ab Lauchröden kann man gelegentlich bei öffentlichen Fahrten zusteigen.

In der trägen Fließgeschwindigkeit der Werra kann man auch selbst mit einem Paddelboot von Thüringen durch Hessen bis nach Niedersachsen flusswandern. Möglich ist dies ab Themar in Südthüringen: Durch grüne Weidentunnel geht es an engen Böschungen und durch offene Auenlandschaften an zahlreichen Burgen und Schlössern vorbei. Ab Meiningen ist die Werra für Zweierkajaks, ab Bad Salzungen auch für Kanadier befahrbar, und ab Creuzburg werden gern Schlauchboote benutzt. Jeder Werra-Ort hat heute, vom Land Thüringen und der EU gefördert, einen Bootsanleger, alle Wehre besitzen Umtragestellen.

Die Werra entspringt im Thüringer Schiefergebirge und vereinigt sich bei Hannoversch Münden mit der Fulda zur Weser. Zahlreiche Nebenflüsse liegen in ihrem Einzugsgebiet.

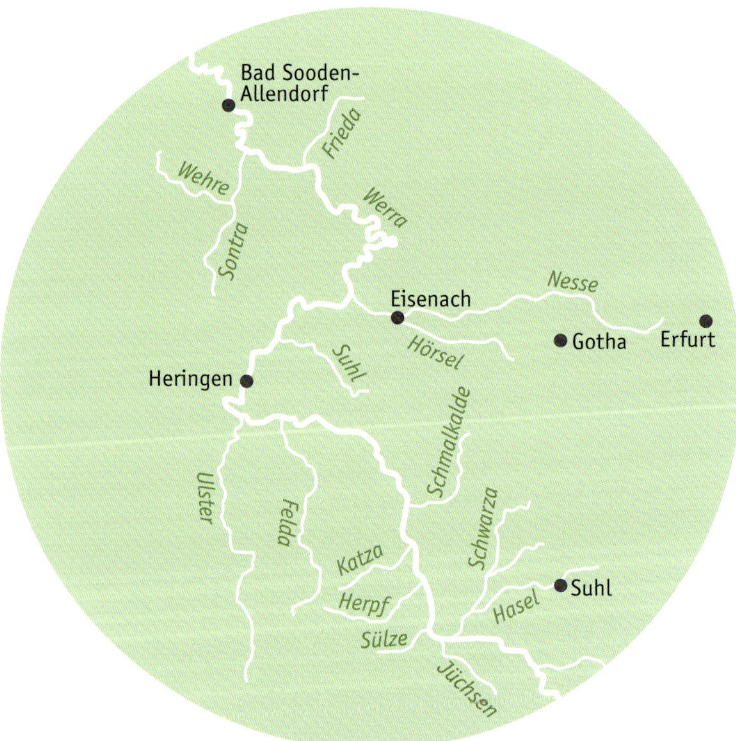

VON HESSEN UMZINGELT

Alten- und Großburschla an der Werra ist von bewaldeten Bergen umgeben und seit 1972 ein Stadtteil von Wanfried. Die Grenzlage zum thüringischen Westergau bestimmte sein Schicksal. Der Dorfanger mit der gut erhaltenen steinernen Thing- und Gerichtsstätte von 1688 wird von Pfarrhaus, Kirche, Gemeindeschänke, Dorfgemeinschaftshaus mit Kindergarten und Gästehaus umstanden und bildet ein gepflegtes, geschlossenes Ortsbild: Altenburschla war zwischen 1959 und 1973 Landes- und Bundessieger im Wettbewerb „Unser Dorf soll schöner werden". Das ist geradezu erstaunlich, wenn man bedenkt, dass in den Kriegen des 17., 18. und 19. Jahrhunderts die Truppen der verfeindeten Staaten und Länder durch das Dorf zogen, es besetzten und plünderten. Nach dem Zweiten Weltkrieg war Altenburschla im Osten, Süden und Westen als Enklave von der innerdeutschen Grenze umgeben.

Die Nachbargemeinde Großburschla erhielt 1902 Anschluss an die Werratalbahn: Die 46 Kilometer lange Strecke führte von Schwebda über Wanfried, Alten- und Großburschla, Heldra nach Treffurt. Von hier aus gelangte man mit der Vogteier Bimmelbahn nach Wartha (Werra) bei Eisenach und zur Bahnstrecke Halle–Bebra. Die dadurch begünstigte wirtschaftliche Entwicklung führte in Großburschla zum Bau einer Ziegelei und einer Stuhlfabrik. Noch in den 1920er-Jahren war der Ort mit dem nahe gelegenen Heldrastein ein beliebter Ausflugsort.

Nach 1945 fand man sich plötzlich mitten im Sperrgebiet wieder, und nun ragte der Ort wie ein „topographischer Finger" etwa sieben Kilometer in die Bundesrepublik hinein, war fast rundum von Hessen umzingelt. Genau andersherum verhielt es sich mit dem hessischen Nachbarn Heldra, das nun nach Thüringen hineinragte. Da Großburschla so isoliert lag, versorgten zunächst Pferdegespanne die Einwohner über einen Waldweg unter dem Heldrastein. 1947 genehmigten die sowjetische und die amerikanische Bestatzungsmacht den Bau von „neutralen Straßen". Die Bürger der hessischen Nachbargemeinden Weißenborn und Rambach konnten so den Bahnhof auf hessischem Gebiet erreichen; andererseits konnten die aus Großburschla durch das hessische Heldra nach Treffurt zum Bahnhof kommen. Über diese Straßen flüchteten dann viele in den Westen.

1952 kappte man schließlich alle Verkehrswege ins Hessische, nachdem eine einzige Verbindung nach Osten, die Straße über den Heldrastein nach Schnellmannshausen, gebaut worden war: Sie verlief durch den sogenannten Flaschenhals, der an der engsten Stelle 900 Meter schmal war und unmittelbar parallel zur Grenze verlief. Die „neutralen Straßen" waren nun abgeriegelt und durch Schlagbäume und Gräben völlig unpassierbar geworden.

Viele Werrabrücken waren kurz vor Ende des Zweiten Weltkriegs gesprengt worden. Die von Großburschla war noch intakt. Zuerst rückten amerikanische Soldaten ein, drei Monate später zogen sie wieder ab. Der Ort gehörte nun zur sowjetischen Zone. Einige Frauen fanden in der Zigarrenfabrik Arbeit. Ende der Fünfzigerjahre kamen eine Polstermöbel-, Stuhl- und Strumpfwarenfabrik hinzu. 1960 wurde die Landwirtschaft kollektiviert, und man gründete eine gärtnerische Produktionsgenossenschaft. Die Verdienstmöglichkeiten im Ort waren relativ gut.

Die Lebensumstände waren trotzdem beschwerlich, denn 44 Jahre lang mussten die Bürger für alle Arbeiten im Wald oder Feld eine Genehmigung beantragen. Im Frühjahr 1952 war der sogenannte Zehn-Meter-Streifen gezogen worden. Alle landwirtschaftlichen Kulturen mussten von den Bauern umgepflügt werden, und die Grenzanlagen wurden ausgebaut. Noch 1979/80 kamen zwischen Altenburschla und Heldra Sperrwerke über die Werra hinzu. Auf der „Insel" Großburschla informierte man sich über das Weltgeschehen zunächst noch über Westfernsehen und -rundfunk. Das hatte zur Folge, dass der Empfang westlicher Fernsehkanäle Anfang der Sechzigerjahre an den Fernsehgeräten der Bewohner technisch unmöglich gemacht wurde. Nun konnte man nur noch das Programm des Deutschen Fernsehfunks der DDR empfangen. Viele im Ort wurden bespitzelt – sie wurden unter den Fenstern belauscht, ihre Telefone wurden abgehört. Das Alltagsleben gestaltete sich von Jahr zu Jahr schwieriger: Passierscheine für Verwandte in der DDR, die das Sperrgebiet besuchen wollten, wurden erst nach mehreren Wochen genehmigt, „Westverwandte" durften nur bei Todesfällen ersten Grades einreisen. Feierte eine Familie die vom sozialistischen Staat erwünschte Jugendweihe, genehmigte man Einreiseanträge, die man im Fall einer Konfirmation meist ablehnte.

Nach der Grenzöffnung im November 1989 befand sich Großburschla in einem schlechten Zustand. Durch die Flucht vieler Einwohner waren ihre Grundstücke und Gebäude herrenlos geworden. Die Einwohnerzahl hatte sich – schon als Folge der Zwangsaussiedlung im Spätsommer 1961 – extrem verringert, denn viele junge Leute wollten nicht im Sperrgebiet leben und hatten sich Arbeit an anderen Orten in der DDR gesucht. Seit 1994 ist Großburschla ein Stadtteil von Treffurt im Wartburgkreis.

AM RENNSTEIG

Treffurt ist über die Grenzen Thüringens wegen seines historischen Altstadtkerns mit vielen restaurierten Fachwerkbauten bekannt. Das Rathaus ist ein Schmuckstück. Burg Normannstein überragt die Stadt als weithin sichtbares Wahrzeichen. Treffurt lag einst an der Kreuzung zweier mittelalterlicher Handelsstraßen. So wurde zum

Die innerdeutsche Grenze im Film

Erst nach der Wiedervereinigung wurde die ehemalige Demarkationslinie im deutschen Film ausführlich beleuchtet – meist in streng der Zeitgeschichte verpflichteten Dramen, vor allem über die Berliner Mauer. Ein paar Komödien gab es aber auch, satirische Aufarbeitungen der Annäherung zwischen „Ost" und „West".

Bis auf Wim Wenders' „Im Lauf der Zeit" (1976), ein Roadmovie über zwei Männer, die Kinoprojektoren in alten Lichtspielhäusern entlang der Grenze reparieren und den Hollywoodfilm „Mit dem Wind nach Westen" (1981) über die spektakuläre Ballonflucht der Familien Strelzyk und Wetzel am 16. September 1979 gab es kaum Spielfilme über die deutsche Teilung, geschweige denn eine Groteske. Eine solche drehte 1979 Niklaus Schilling: Sein „Willi-Busch-Report" persifliert das Leben an der „Zonengrenze" mit schwarzem Humor. Das Städtchen Wanfried, wo die Dreharbeiten stattfanden, diente als Vorbild für das fiktive Friedheim. Viele Wanfrieder wirkten an dem Kinospaß mit – eine Tragikomödie über die deutsche Realität dieser Zeit, ein wilder Mix aus Heimatfilm-Satire, Agentenstory und Melodram.

Die Story: Wilhelm Busch erbt die legendäre Regionalzeitung *Werra-Post*, die in dem Grenzstädtchen Friedheim erscheint. Einst war sie das Nachrichtenorgan für das ganze Werratal. Doch nun sinkt die Auflage, da in dem Provinznest nicht mehr viel los ist. Willi produziert daraufhin selbst gemachte Nachrichten – nicht zuletzt, um seinem berühmten Namensvetter gerecht zu werden: «Wie wohl ist's dem, der dann und wann, / Sich etwas Schönes dichten kann!» Bald macht das Blatt wieder Auflage mit Schlagzeilen wie «Ist Friedheim das Zentrum eines Spionagerings?» oder «Mädchen (5 Jahre) sieht die Wiedervereinigung voraus!» Stets ist Willi mit seinem postgelben Messerschmitt-Kabinenroller unterwegs, vor allem in Grenznähe. Auch ist er als sein eigener Pilot auf Recherche-Tour.

> Niklaus Schillings „Willi-Busch-Report" persifliert das Leben an der „Zonengrenze" mit schwarzem Humor – Heimatfilm-Satire, Agentenstory und Melodram.

«Wenn vielleicht in hundert Jahren nach den Filmen gesucht wird, die am intensivsten über unsere Gegenwart informieren, dann wird „Der Willi-Busch-Report" einer der wichtigsten sein», schrieb der Filmkritiker H. G. Pflaum. 1980 erhielt Niklaus Schilling für den „Willi-Busch-Report", der auch auf den Filmfestspielen in Cannes gezeigt wurde, den Max Ophüls Preis. 1992 folgte unter dem Titel „Deutschfieber", die „historische" Fortsetzung der Geschichte. Man hatte für die Dreharbeiten Hinweisschilder an den wenigen noch vorhandenen Grenzanlagen angebracht, mit der Bitte, sie nicht abzureißen, damit sie für den Film noch verwendet werden konnten.

Wieder spielten die Wanfrieder Bürger gerne mit, und Treffurt stand Pate für Burgstadt, den fiktiven östlichen Nachbarort von Friedheim. Willi hat die *Werra-Post* längst aufgegeben. Seine Tochter Sascha, in der DDR geboren, will nun mit ihrem Westvater etwas unternehmen. Die beiden reaktivieren den Messerschmitt-Kabinenroller und gehen auf Ostexpedition. Es kommt zur Neugründung der *Werra-Post*, und schließ-

Das Filmplakat zum „Willi-Busch-Report“ setzt den rasenden Reporter in seinem Messerschmitt-Kabinenroller in Szene.

lich will Willi im Vereinigungstaumel eine unabhängige „Werra-Republik“ gründen. In der filmischen Farce über die Wendezeit mutieren manche Pechmarie und mancher Hans im Glück zu „Kauf mich“-Bossen und -Bürgermeistern, Marketingexperten und Medienvertretern ... Niklaus Schillings „Deutschfieber“ erzählt die Geschichte der Wiedervereinigung, «als hätten sich die Brüder Grimm mit Cyberpunks zusammengetan», schrieb ein Kritiker.

Schutz der Werra-Furten eine Burg errichtet. Die Stadt entwickelte sich zu einem wichtigen regionalen Handelsplatz und erhielt 1333 das Stadtrecht. Während der deutschen Teilung mussten die isoliert liegenden grenznahen Ortsteile Kleintöpfer und Karnberg aufgegeben werden. Nach der Wende erholte sich die Stadt allmählich wieder, neue Unternehmen siedelten sich an, und auch Touristen kamen vermehrt in den Ort. Hinter Treffurt entfernt sich die Werra vorübergehend von der alten Grenze, bevor sie sich ihr westlich des Hainich hinter Creuzburg wieder nähert.

In Hörschel, einem heutigen Ortsteil von Eisenach, mündet die Hörsel in die Werra. Die Wartburg ist nur etwa sechs Kilometer Luftlinie entfernt. Hier beginnt der (nördliche) Rennsteig: Der Wanderweg führt durch den Thüringer Wald und das Schiefergebirge bis zu den Ausläufern des Frankenwalds bei Blankenstein. Wer diese fast 170 Kilometer lange Wanderung in Hörschel beginnt, nimmt, so will es ein alter Brauch, einen Stein aus der Werra mit auf den Weg und versenkt ihn in Blankenstein in der Saale oder in der Selbitz. Der Rennsteig-Tourismus begann um 1830, und 1892 erhielt Hörschel eine Bahnstation. 1945 wurde die Gemeinde wegen der vorrückenden US-Armee evakuiert. Die Wehrmacht sprengte die Hörselbrücke, bevor die Amerikaner den Ort im April besetzten. Ab 1952 lag er im Sperrgebiet, was den Fremdenverkehr für Jahrzehnte beendete. Rennsteigwanderungen begannen nun in Eisenach – auf den neuen Karten war Hörschel als nördlicher Rennsteigbeginn erst gar nicht mehr verzeichnet. Nach der Wende sanierte man das Dorf und richtete eine Touristeninformation im Rennsteigwanderhaus ein.

An der Autobahn 4 westlich von Eisenach lag der DDR-Grenzkontrollpunkt Wartha, der heute überwiegend als Raststätte genutzt wird. Aber Teile der Originalanlagen existieren noch: ein Wachturm, das Visa-Büro und die Ausreisestraße. Die Gastronomie befindet sich im ehemaligen Stabsgebäude. Der einzige Grenzübergang zwischen Hessen und Thüringen wurde 1952 in Betrieb genommen. Man fuhr zunächst über die parallel zur Bahnlinie verlaufende Landstraße, die jeweils einige Kilometer östlich und westlich der Grenze in die Autobahn überging. 1973 richtete man den Kleinen Grenzverkehr ein, und 1981 wurde hier Günter Guillaume ausgetauscht, der Spion an der Seite Willy Brandts. Ab 1983 baute man die Autobahn zwischen Eisenach-West und der Grenze aus, während die Bundesrepublik die Werratalbrücke Hörschel errichtete. Parallel zur Autobahn bildete die Werra für einige Kilometer die Grenze – sie fließt am Richelsdorfer Gebirge vorbei und bei Gerstungen vor dem südwestlich aufragenden Seulingswald wieder parallel zur heutigen Landesgrenze.

Die Talbrücke Wommen bei Herleshausen blieb bedingt durch den Zweiten Weltkrieg Fragment. Die Buntsandstein-Brücke mit ihren 17 Bogen wurde erst nach der Wende durch eine parallel geführte zweite Talbrücke ergänzt und vollendet.

EIN „HUNGERTURM"

Großen- und Kleinensee in Thüringen lagen an einer alten Heer- und Handelsstraße – der „Kurzen Hessen" –, die von Friedewald ins benachbarte Gerstungen führte. Ritter bauten auf der Hornungskuppe eine Burganlage, nördlich davon zwei weitere: die Burg Wildeck und bei Nentershausen die Burg Tannenberg. Eine eher unrühmliche Geschichte erzählt die lokale Sage vom Räuberhauptmann Wilde Sau, der um 1700 im Seulingswald und im Werratal sein Unwesen trieb und in den Legendenschatz Thüringens eingegangen ist.

Als das Holz in Hessen knapp wurde, ließen die Landgrafen eine Flößerholzstraße errichten, auf der die Bauern aus Großensee das Flößerholz aus der Werra zogen und mit ihren Fuhrwerken über Land zu einer Dielen-Sägemühle an der Fulda bei Breitenbach transportierten. Das war ein einträgliches Geschäft. Großensee war auch ein Zentrum der Werrakeramik, die auf Flößen bis nach Bre-

Das Grüne Band zwischen Obersuhl in Hessen und Dankmarshausen in Thüringen schlängelt sich wie vielerorts durch landwirtschaftlich genutzte Flächen hindurch.

Pfarrer im Sperrgebiet

Zum thüringischen Pfarramt Dankmarshausen gehörten bis 1952 auch drei weitere Gemeinden, die aber in Hessen lagen. Nachdem die Grenzanlagen ausgebaut worden waren, konnte der hiesige evangelische Pfarrer seine Schäfchen in den westlichen Gemeindeteilen nicht mehr besuchen. Von dieser Zeit berichtet Fritz Ewald, der 1986 die Pfarrei in Dankmarshausen übernommen hatte. Er zog aus dem Inneren der DDR ins Sperrgebiet und stellte sich dieser geographisch komplizierten seelsorgerischen Herausforderung. Erst nach gründlicher Überprüfung durch die staatlichen Stellen hatte er die Genehmigung zum Umzug ins sogenannte 500-Meter-Schutzgebiet an der DDR-Grenze erhalten.

Der neue Pfarrer kam erst einmal nur bis zum Sperrgebiets-Kontrollpunkt vor dem Ort: Der Fahrer der Umzugsfirma hatte nur den rosa Passierschein, erforderlich war aber ein grüner. Der Abschnittsbevollmächtigte, der zuständige Polizist der Volkspolizei für die Gemeinde, der eine Sondererlaubnis hätte erteilen können, war zwar in Dankmarshausen anwesend, aber im Urlaub. Erst nachdem der Kompaniechef den Abschnittsbevollmächtigen wieder in Dienst gesetzt hatte, konnte der Umzugswagen nach drei Stunden mit gültigen Papieren weiterfahren. «Wir haben aus Zeitdruck die Möbel zunächst im Gemeinderaum abgestellt», erinnert sich Fritz Ewald.

Der Hauptwohnsitz des Pfarrers war Dankmarshausen, und damit hatte er keine Genehmigung für das nördlich davon gelegene Großensee, das zu seinem Kirchensprengel gehörte und ebenfalls im Sperrgebiet lag. Auf diese Genehmigung sollte er noch 14 Tage warten. «Wenn da einer stirbt, dann fahre ich einfach hin», teilte der Pfarrer der zuständigen Behörde mit und erhielt zur Antwort: «Dann werden Sie gegriffen und zugeführt.» Dennoch konnte er die Beamten überzeugen und erhielt ein vorläufiges Dokument.

«Es herrschte hier immer so eine Friedhofsruhe», erinnert sich Fritz Ewald weiter. Eines Tages wurde er von einem vermeintlichen Gottesdienstbesucher angesprochen: «Seien Sie vorsichtig auf der Kanzel, Herr Pfarrer. Sie haben Frau und Kinder.» Er hatte den Mann bisher nur einmal in der Kirche gesehen und wollte wissen, woher er seine Informationen habe. Seine Antwort kam prompt: «Wir haben unsere Leute.» Der Pfarrer verstand die Botschaft und sah sich bei seinen Gottesdiensten vor der Predigt die Kirchenbesucher von nun an etwas genauer an. Doch er fand nie heraus, wer der Stasi-Informant war. Solche Zuträger pflegte er "Gummiohren" zu nennen.

Bericht: Heiko Kleinschmidt

men geliefert wurde. Bis in die 1960er-Jahre gab es noch Töpfereien im Ort.

Im 18. Jahrhundert hieß der Ort Großen- oder Sülingsee, benannt nach dem verlandeten Säulingssee. Nur ein Sumpf war davon übrig geblieben. Im 19. Jahrhundert wurden 220 Hektar Feuchtgebiet trockengelegt und zu Wiesen und Ackerland kultiviert. Westlich des Ortes baute man ab 1843 einen Eisenbahntunnel, durch den im August 1848 erstmals ein Zug von Gerstungen über Großensee nach Bebra fuhr. Arbeit fanden die Großenseer im Heringer Kalibergbau und in den 1930er-Jahren beim Bau der Reichsautobahn, deren Trasse zunächst unvollendet blieb.

Die deutsche Teilung isolierte Großensee völlig. Er lag nun in der DDR, nur durch einen 600 Meter breiten Korridor gelangte man in den Nachbarort Dankmarshausen. Die Verbindungswege in die unmittelbaren hessischen Nachbarorte Hönebach, Rasdorf, Bosserode, Obersuhl sowie nach Widdershausen und Kleinensee, die vom Lerchenberg getrennt wie Halbinseln auf DDR-Gebiet lagen, waren gekappt. Die Hauptstrecke für die Personenzüge Bebra–Gerstungen führte auf einem Kilometer durch das Gemeindegebiet, dann drei Kilometer bei Wildeck auf westdeutschem Territorium bis Obersuhl, wo sie die innerdeutsche Grenze Richtung Gerstungen (DDR) passierte.

Noch einschneidender war die Mauer nach Kleinensee. Die Bewohner der beiden Orte sollten sich nicht mehr sehen können. Nur mit dem Fernglas von den Dächern aus gab es Sichtkontakt. Die Durchfahrt der Züge war von strengen Sicherheitsvorkehrungen begleitet. In Richtung Raßdorf hatte man sogar Minen vergraben – als sie beseitigt werden sollten, fand man keine Lagepläne mehr, weil der zuständige Offizier sie auf seiner Flucht in den Westen mitgenommen hatte. Noch heute existieren Mauerstücke und Teile des Zauns. Infotafeln verdeutlichen die unübersichtliche Situation für die Soldaten auf beiden Seiten: US-Soldaten sollen aus Selbstschutz einmal zu viel als zu wenig geschossen haben.

Am Seulingssee breitet sich inzwischen wieder die Natur aus. Das Gelände um den See senkt sich als sogenannte Subrosionssenke langsam, aber stetig durch Auswaschungen des Salzgesteins. Nachdem der See zwischenzeitlich trockengelegt und der Boden kultiviert wurde, entwickelt er sich nun wieder zu einem Feuchtgelände. Man hofft, dass sich vor allem Weißstörche hier ansiedeln. Das Naturschutzgebiet gehört mit der Rohrlache zu einer Reihe von Feuchtbiotopen in der Werraaue. Die Rohrlache ist ein großflächiger Auenbereich zwischen Heringen und den Stadtteilen Leimbach und Widdershausen. Hier gedeihen ausschließlich salzabhängige Pflanzenarten, die sich an salzhaltigen Wasseraustrittsstellen angesiedelt haben.

Auf hessischer Seite, südlich von Kleinensee, steht im Seulingswald der „Hungerturm“. So nennt der Volksmund das begehbare Grenzmahnmal Bodesruh, weil sich offensichtlich viele Besucher nach der Turmbesteigung in dem benachbarten Gasthaus stärken müssen – und wohl auch im übertragenen Sinn mit Blick auf die einstigen „Brüder und Schwestern“ im Osten, wo sie zwar keinen Hunger leiden mussten, aber nach „Freiheit hungerten“. Das Mahnmal wurde am 17. Juni 1964 eingeweiht: Der 13 Meter hohe Turm symbolisiert die deutsche Teilung durch zwei von einem Spalt getrennte Stahlbetonblöcke. Erst die über eine freistehende Wendeltreppe zu erreichende Aussichtsplattform verbindet beide. Richtungsanzeiger markieren hier oben die wichtigen Orte, der Blick nach Osten geht über das Gerstunger Becken und das Werratal bis zum Thüringer Wald. Ein am Turm angebrachtes Relief zeigte ursprünglich Deutschland in den Grenzen von 1937. Das wurde später korrigiert, so dass heute nur noch der Umriss des wiedervereinigten Deutschlands zu sehen ist.

Die Abraumhalde des Kaliwerks Philippsthal ist eine von mehreren „weißen Bergen“, die von Menschenhand geschaffen wurden und die Region prägen.

AM FUSSE DES MONTE KALI

Die Lage der Kleinstadt Heringen unmittelbar an der innerdeutschen Grenze erlaubte in den ersten Jahren nach Festlegung der Demarkationslinie einen kleinen Grenzverkehr. Der Grenzübertritt war für die Bevölkerung aus dem Osten noch recht einfach: mit gültigen Dokumenten auf offiziellen Wegen oder über die „grüne Grenze“. So konnte man in Thüringen wohnen und in Hessen arbeiten. Eine Grenzkarte in Englisch, Russisch und Deutsch, ausgestellt auf Konrad Reichwein aus Dippach nördlich von Heringen, belegt das als Zeitdokument. Reichwein durfte von März bis Mai 1947 die Grenze passieren, um *«in potash-plant at Heringen-Werra»* zu arbeiten.

In Heringen informiert das Werrakali-Bergbaumuseum über den in der Region so wichtigen Kaliabbau: Der wirtschaftliche Aufschwung begann um 1903 mit dem Bau des Kaliwerks Wintershall, das heute von der K+S AG betrieben wird. Später kamen die Kalibergwerke Neu-Heringen und Herfa-Neurode hinzu. (In den Heringer Stollen wurden übrigens Ende des Zweiten Weltkriegs die Bibliothek des Reichspatentamts und der Wehrgeologenstellen in Sicherheit gebracht. Die Bibliothek ist heute Teil der US Geological Survey Library.) Hier liegt das weltweit größte Kaliabbaugebiet, dessen Fläche etwa der des Großraums München entspricht. Kalisalze werden hauptsächlich zu Düngemitteln verarbeitet. Der unterirdische Kalibergbau war und ist der wichtigste Arbeitgeber in der Region: Er prägt seit mehr als 100 Jahren die Sozial- und Verkehrsstruktur sowie die Siedlungsentwicklung im mittleren Werratal. In manchen

Das 1903 in Betrieb genommene Kaliwerk Wintershall in Heringen: In der chemischen Fabrik werden aus dem Rohsalz des kaliumchloridhaltigen Kalis Düngemittel hergestellt.

Familien arbeitet bereits die vierte Generation in den Kalibergwerken.

Äußeres Zeichen des Bergbaus ist neben den Fördertürmen eine Steinsalzhalde, die die Landschaft um 200 Meter überragt: der „Monte Kali", von Einheimischen auch gern „Kalimandscharo" genannt. Er ist durchaus eine Touristenattraktion, denn jährlich besteigen rund 10 000 Menschen das Plateau. Der Aufstieg dauert nur knappe 15 Minuten und lohnt sich – vom „weißen Berg" hat man einen herrlichen Rundblick über das Werratal bis zur Wasserkuppe in der Rhön, zum Inselsberg im Thüringer Wald, zum Hohen Meißner, Ahlheimer, Rimberg und Hessischen Kegelspiel.

Während der geführten Monte-Kali-Tour erfährt der Wanderer Wissenswertes über den Kalibergbau. Der Berg besteht aus aufgeschütteten Abraumsalzen. Damit hatte man 1973 begonnen. Seitdem wächst der Monte Kali auf einer Fläche von 55 Hektar pro Förderstunde um 800 Tonnen, Tag für Tag 13 000 Tonnen, jährlich 135 Millionen Tonnen Rohsalze. Diese werden von einem 1500 Meter langen Förderband auf den Monte Kali transportiert.

Einen weiteren Kaliberg gibt es ganz in der Nähe in Philippsthal an der Werra. Kalivorkommen haben einen sehr großen Anteil an Natriumchlorid (Kochsalz); der Kaligehalt selbst beträgt nur bis zu 35 Prozent. So produziert jede neu gewonnene Tonne Kali zwangsläufig mehrere Tonnen Abraumsalz, das zu 96 Prozent aus Kochsalz besteht. Kommerziell ist dieses Abfallprodukt nicht verwertbar und ökologisch bedenklich. Das Salz wird vom Regen ausgewaschen, so dass der Salzgehalt der Böden und Flüsse in den Abbauregionen sehr hoch ist. Auf den Böden können

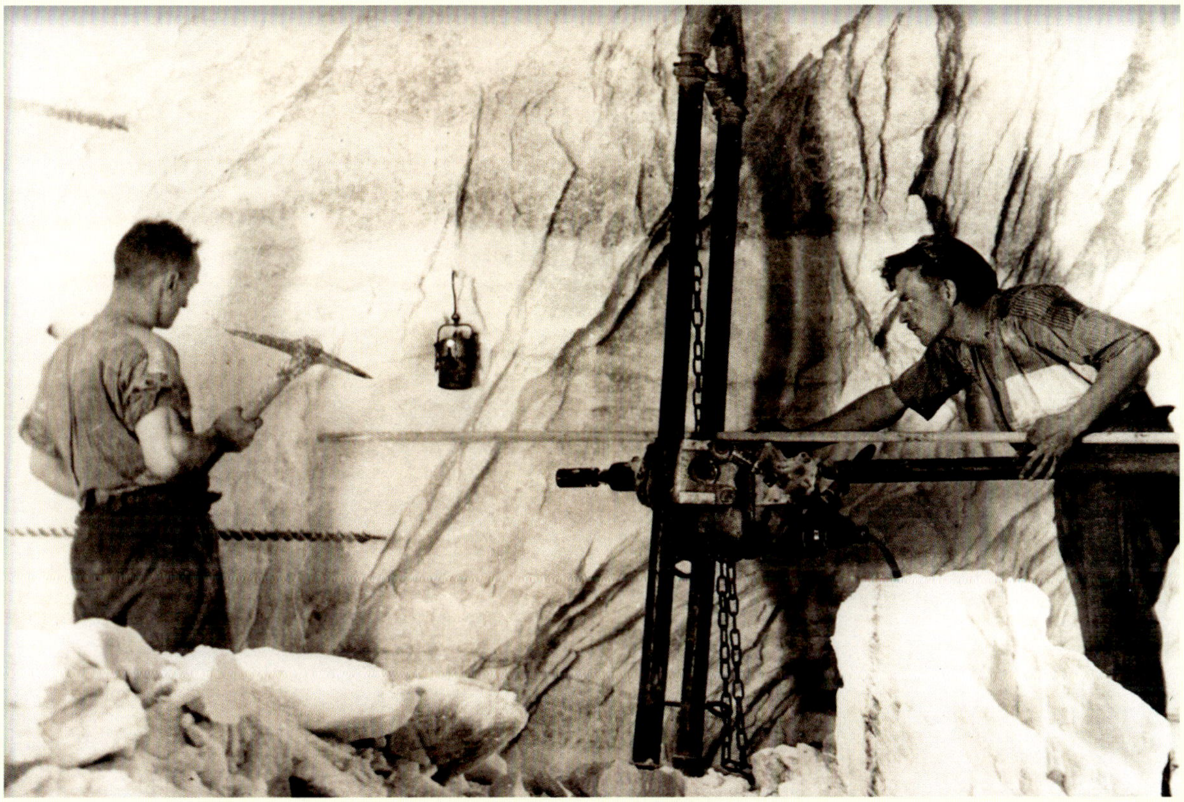

Kalisalzbergbau in den 1920er-Jahren: Die Bergleute bohren unter Tage mit einer Säulenbohrmaschine Sprenglöcher in das Gestein. Nach der Sprengung wird das Kalirohsalz im Loren gefüllt und zum Schacht transportiert.

daher nur „salzliebende" Pflanzen wachsen. Sie sind fast unfruchtbar. Auch die Werra hat einen entsprechend hohen Salzgehalt und ist damit für Süßwasserlebewesen kein geeigneter Lebensraum. Keine Folie ist groß genug, um die Halden abzudichten. Wohl wäre es laut Betreiber prinzipiell möglich, die „weißen Berge" abzutragen und den Abraum wieder unter Tage zu bringen. Das würde allerdings teuer.

Die im Kalibergbau an der Werra anfallende Abwassermenge wird derzeit auf sieben Millionen Kubikmeter halbiert. Das „harte Salzwasser" pumpt man in den Grund. Schon in den 1920er-Jahren wurde die Salzlauge in „Schluckbrunnen" geschüttet und mit Druck unter die Erde befördert. So ist ein 500 Quadratkilometer großer unterirdischer See entstanden. Die Behörden halten eine in einigen Hundert Meter Tiefe gelegene poröse Gesteinsschicht – einen Plattendolomit – für einen idealen Speicher. Doch die Salzbrühe wandert weiter. Experten gehen davon aus, dass bereits 300 Millionen Kubikmeter Salzabwasser in den Buntsandstein geflossen sind, aus dem auch Trinkwasser gewonnen wird.

Ökonomisch ist der Kalibergbau ein Erfolg, für den die Natur im Werratal einen hohen Preis zahlen muss. Die „weißen Berge" werden Heringen und Philippsthal wohl noch lange erhalten bleiben – auch dann noch, wenn schon lange kein Kali mehr gefördert wird: 500 bis 1000 Jahre dauert es, bis der Regen Salzberge wie diese aufgelöst haben wird.

VON DER RHÖN BIS INS VOGTLAND

HESSEN
Mühlhausen
Bad Langensalza
Naumburg
Eisenach
Gotha
Erfurt
Weimar
A 9
A 4
Jena
Philippsthal
Vacha
Unterbreizbach
BIOSPHÄRENRESERVAT
RHÖN
Point Alpha
A 71
Rudolstadt
Ilmenau
Tann
Hilders
Frankenheim
Birx
Meiningen
Suhl
Fladungen
THÜRINGEN
Probstzella
Ostheim
Blankenstein
Ludwigsstadt
Blankenberg
Mellrichstadt
Werra
Eisfeld
Mödlareuth
Mendhausen
Sonne-
berg
Höchheim
Bad Rodach
Hirschberg
Lichtenberg
Bad
Colberg
Neustadt
Bad Königshofen
Naila
Coburg
Hof
Mitwitz
Tambach
Ermershausen
Seßlach
Main
A 9
A 7
Schweinfurt
BAYERN
A 70
Bayreuth
Bamberg
Würzburg
A 3
A 73

Vorige Doppelseite:
Hier mäandert das Grüne Band durch die Steinachaue zwischen Fürth am Berg im Landkreis Coburg und Mogger im Landkreis Sonneberg.

ZWISCHEN DEN AUSLÄUFERN der Rhön und denen des Thüringer Waldes liegt die hessische Marktgemeinde Philippsthal. Hier mündet die Ulster in die Werra. Die Ritter von Cruceburg gründeten den Ort, in dem es im frühen 12. Jahrhundert auch ein Benediktinerinnenkloster gab. Das Handwerker- und Weberdorf hieß zunächst Kreuzberg. Nach der Reformation verließen die Nonnen das Kloster, das 1593 säkularisiert wurde. Prinz Philipp von Hessen ließ 1685 auf den Klosterruinen ein Schloss bauen und nannte den Ort Philippsthal. Mit Inbetriebnahme des Kaliwerkes Hattorf wurde aus dem Werra-Dorf 1905 ein Industriestandort. In den hiesigen Schachtanlagen lagerten von 1943 bis 1945 mehrere Millionen Bände der Preußischen Staatsbibliothek.

Ein Haus im Philippsthaler Ortsteil Weidenhain steht unmittelbar an der Grenze zur thüringischen Nachbargemeinde Vacha – ein Wohnhaus mit angeschlossener Druckerei. Die Hoßfeld'sche Hofbuchdruckerei hatte sich 1890 aus steuerlichen Gründen für diesen Standort entschieden: Im Königreich Preußen, zu dem Hessen gehörte, waren die Abgaben nicht so hoch wie im Großherzogtum Sachsen-Weimar (Thüringen). Hier wurde von 1893 bis 1941 die *Rhön-Zeitung* gedruckt, die man überwiegend in Thüringen las. 1928 wurden neue Druckereiräume angebaut, die auf thüringischem Territorium standen: Elf Zwölftel des Gebäudes waren preußisch, ein Zwölftel thüringisch. Daran änderte auch die Teilung Deutschlands nichts. Im Gegenteil: Nun verlief der „Eiserne Vorhang" mitten durch das Haus.

Da man eine Enteignung befürchtete, brachten die Besitzer die Druckmaschinen in der Silvesternacht 1951/52 in den hessischen Teil und mauerten die Verbindungstür zu. Die DDR-Behörden verwehrten den Zugang zur anderen Haushälfte und gestatteten nicht einmal notwendige Reparaturen. 1976 verständigte sich schließlich eine deutsch-deutsche Grenzkommission, und der im Osten gelegene Gebäudeteil konnte wieder genutzt werden. Nun verlief die Grenze in einigen Meter Entfernung um das Haus Hoßfeld herum.

Die 225 Meter lange mittelalterliche Werrabrücke verbindet Vacha mit Philippsthal. Sie besteht aus Natursteinen, besitzt elf Bogen im Vorland und überspannt die Werra mit drei weiteren Bogen.

BUNTE STADT AN DER VIA REGIA

Vacha in Thüringen bezeichnet sich gern als „Bunte Stadt vor der Rhön". Doch nur schleppend geht es seit der Wende mit der Restaurierung des Stadtkerns mit seinen im hessischen Fachwerkstil erbauten Häusern voran – die ältesten stammen aus dem 15. Jahrhundert, und die Deutsche Fachwerkstraße führt durch den Ort. Fast der gesamte historische Bestand ist erhalten geblieben, da die Stadt zu DDR-Zeiten im Sperrgebiet lag. Viele Gebäude verfielen jedoch im Lauf von vier Jahrzehnte, weil man sie nicht sanierte. Sehenswert sind vor allem das alte Rathaus „Die Widemark" von 1613, einst Amts- und Wohnsitz des Statthalters Caspar von Widemarkter, und die Burg Wendelstein in der Nähe der 1342 erbauten Werrabrücke.

Günstig gelegen an der Via Regia, der alten Handelsstraße zwischen Frankfurt und Leipzig, entwickelte sich Vacha zu einem regionalen Handelszentrum. Die repräsentativen Stadthäuser zeugten einst von der Wohlhabenheit der Bürger. Im 18. Jahrhundert gab es neben den Kaufleuten und Fuhrunternehmern überdurchschnittlich viele Schuhmacher und Wolltuchmacher. Nach Napoleons vorübergehender Herrschaft fiel Vacha 1816 an das Großherzogtum Sachsen-Weimar-Eisenach.

Beschleunigt durch den Kalibergbau, begann Mitte des 19. Jahrhunderts der Ausbau der Feldabahn: Am östlichen Stadtrand entstand ein Kopfbahnhof. Die Feldabahn des Großherzogtums bediente von 1880 bis 1997 vor allem den Berufs- und Güterverkehr auf der Schmalspur-Strecke im Tal der Felda von Bad Salzungen nach Kaltennordheim. – Oberhalb von Vacha führt die Werra durch ein breites Tal zwischen Rennsteig und Rhön, durch weite Wiesen und Felder, auf denen einst auch Tabak angebaut wurde. Die Wiesen sind im Frühjahr häufig überschwemmt.

Etwa sechs Kilometer südlich von Vacha liegt Unterbreizbach: Hier gibt es ebenfalls einen Kalischacht, der zu DDR-Zeiten zusammen mit den Standorten Dorndorf und Merkers zum VEB Kalibetrieb Werra gehörte. Nach dem Zweiten Weltkrieg hatte die Sowjetunion die Kaliwerke der Wintershall AG, der Preußag und der Salzdetfurt AG 1946 enteignet und zunächst in der Sowjetischen Aktiengesellschaft (SAG) zusammengefasst, bevor sie 1952 Staatseigentum der DDR wurden. 1970 bildete man das Kombinat Kali, das alle Kali- und Steinsalzwerke sowie eine Reihe von Erzbergwerken (Spatgruben) vereinte. Heute gehört auch diese Schachtanlage dem Salz- und Düngemittelhersteller K+S KALI GmbH.

Hier, in Unterbreizbach, starben am 1. Oktober 2013 drei Bergleute im Schacht II des Werkes Werra bei Sprengungsarbeiten unter Tage durch einen Gasausbruch. Kohlendioxid-Freisetzungen sind nichts Ungewöhnliches, wenn das im Salz gebundene Gas durch Sprengungen entweicht – in der Regel folgenlos. In manchen Fällen sorgt die Grubenfeuerwehr für das Auslüften („Auswettern"). Tödliche Grubenunglücke gab es auch in den 1950er-Jahren in der DDR: Die politischen Systeme haben sich geändert, aber die Natur ist nicht restlos zu beherrschen.

IN DER FROSTIGEN RHÖN

Das 1500 Quadratkilometer umfassende Mittelgebirge teilen sich die Bundesländer Hessen, Thüringen und Bayern. Die innerdeutsche Grenze verlief hier von Vacha im Norden östlich an der Wasserkuppe und der Königsburg vorbei bis auf die Höhe von Bad Königshofen im Süden und entsprach den heutigen Landesgrenzen der drei Bundesländer. Für die Sicherung der DDR-Staatsgrenze in der Rhön war das Grenzregiment in Dermbach verantwortlich und mehrere Grenzkompanien in anderen Gemeinden – in Bad Salzungen gab es eine Garnison mit einen Übungsgelände am Pleßberg. Hier, auf dem Ellenbogen und auf der Hohen Geba wurden Radarstationen errichtet. Auf westlicher Seite stand ihnen der US-Beobachtungsposten „Point Alpha" gegenüber. In der hessischen und bayerischen Rhön richtete die amerikanische Besatzungsmacht neue Truppenübungsplätze ein und erweiterte bestehende. Mehr als 74 Quadratkilometer sind noch heute militärisches Sperrgebiet.

Der Großteil der Rhön, die im Südosten vulkanischen Ursprungs ist, wurde 1991 als Unesco-Biosphärenreservat anerkannt. Ihr höchster Berg ist mit 950 Metern die Wasserkuppe, wo die Fulda entspringt. Der Name der Rhön geht wohl auf das keltische *raino* („hügelig") zurück. Weite Teile wurden im Mittelalter auch „Buchonia" genannt: das Land der Buchenurwälder. Aber seitdem hat man viel gerodet – um Brennholz, Holz für Bergwerke und Holzkohle zu gewinnen –, was die Rhön verändert und das „Land der offenen Fernen" hervorgebracht hat. Nur noch auf 25 Prozent ihrer Fläche steht Wald, vor allem auf kleineren Flächen.

Auf den nährstoff- und basenreichen Böden der Kalk- und Basaltgebiete gedeiht der Zahnwurz-Buchenwald. Charakteristisch für ihn ist die artenreiche Krautschicht mit bunten Frühlingsblumen: rosa blühender Zahnwurz und gelbe Anemonen, Schlüsselblumen und Lungenkraut, Platterbse und Lerchensporn, im Sommer Türkenbund. Die Besonderheit der Kuppenrhön besteht in den aus weitläufigen Talmulden kuppenförmig aufsteigenden Einzelbergen mit teilweise mehr als 800 Meter Höhe – verwitterte Vulkanreste. In der Vorderrhön liegen zwischen spitzen Kegeln und breiten Kuppen kleine Plateaus.

Bei dem idyllischen Dorf Reulbach im Gemeindegebiet von Ehrenberg finden sich unter den dortigen Steinfeldern Überreste der Eiszeit – eine geologische Besonderheit: In der Nähe des Dorfes erhebt sich ein 70 Millionen Jahre alter Vulkankegel, bedeckt mit einer bis zu 40 Meter dicken

Der Schafstein östlich der Wasserkuppe bei Reulbach in der Rhön ist eine geologische Besonderheit: Unter dem Meer von Basaltblöcken vulkanischen Ursprungs verbirgt sich Permafrost – ein Relikt aus der letzten Eiszeit.

Das Knusperhäuschen, eines der vielen Fachwerkhäuser von Vacha, stammt aus dem 16. Jahrhundert. An der Fassade fallen besonders die geschweiften Andreaskreuze und die farbigen Sonnenrosetten ins Auge.

Geröllschicht. Vermutlich sah es hier am Ende der letzten Eiszeit überall so aus. Auf 800 Meter entspricht das Klima hier dem von 2000 Meter Höhe unter normalen klimatischen Umständen. Die mittlere Jahrestemperatur beträgt etwa drei Grad plus, fünf Grad weniger als in der näheren Umgebung. Weder Strauch noch Gras wachsen hier, nur ein paar Flechten und Moose.

Auf der Geröllhalde hat sich in den letzten 15 000 Jahren offenbar kaum etwas verändert. Sie birgt ein Geheimnis: Wer im Sommer mit nackten Beinen durch diese Steinwüste geht, bekommt eine Gänsehaut, denn aus den Zwischenräumen entweicht eiskalte Luft. Die Steine sind bis zu einer Tiefe von etwa zehn Metern locker nebeneinander geschichtet. Regen dringt in diese Ritzen ein und gefriert dort im Winter. Dieses Eis schmilzt auch in heißen Sommerwochen nicht vollständig, und die kalte Luft strömt zwischen den Steinen hindurch an die Oberfläche. Diese gekühlte Luft ist schwerer als die warme, die zwischen Steinen an der Oberfläche abkühlt, nach unten sinkt und das Eis während des Sommers durch Verdunstung kühl hält: So ist vor langer, langer Zeit ein meterdicker Eiskern entstanden, der im Geröll selbst im Hochsommer bestehen bleibt. Geologen sprechen von Permafrost – durchaus eine Überraschung, dass sich Permafrostböden in deutschen Mittelgebirgen erhalten haben.

Das hat Konsequenzen für die Tier- und Pflanzenwelt. Bäume können hier nicht mehr wurzeln, und nur millimetergroße und flügellose Käfer, die fast arktisches Klima benötigen, leben hier. Ihre Gene unterscheiden sich sogar von denen anderer Käferarten in der Umgebung – vermutlich wurden die Populationen vor mehreren Tausend Jahren voneinander getrennt, als die Käfer in ihren Halden isoliert wurden.

Das Haus auf der Grenze

«Ich wurde 1953 im "Haus auf der Grenze" geboren und lebte 50 Jahre dort. Als kleines Kind verstand man die Zusammenhänge noch nicht, nahm also die Lage des Hauses als gegeben hin. Doch mit zunehmendem Alter stellten sich natürlich auch die Fragen ein: Wieso ist da eine Grenze? Wieso dürfen wir da nicht hin, obwohl die Menschen dort die gleiche Sprache sprechen wie wir? Warum sind dort Soldaten? Haben die Menschen dort Angst vor uns, weil sie so hohe Mauern und Zäune errichten? Warum versuchen manche Menschen, von dort zu flüchten und zu uns zu kommen? Warum schießen die Soldaten auf ihre eigenen Mitbürger?

Da meine Eltern weiterhin die Druckerei betrieben, war die Grenze über die persönlichen Eindrücke hinaus natürlich mit großen wirtschaftlichen Einbußen verbunden. Nach der Grenzziehung fiel unser Vertriebsgebiet in Thüringen gänzlich weg, und meine Eltern mussten sich in bestehende, westliche Märkte eingliedern. Es war für viele Jahre ein harter Überlebenskampf in dieser strukturschwachen Region. Da dachte man schon an alte Zeiten und träumte davon, wie es wäre, wenn die Grenze nicht da wäre.

Am 11.11.1989 fuhr ich mit meinem Mann abends zu einer Vereinssitzung, wir kamen um 23 Uhr wieder nach Hause. Wir trauten unseren Augen kaum, als wir sahen, was da geschah. Die Soldaten der Volksarmee begannen, die Grenzanlagen zu demontieren. Schnell benachrichtigten wir per Telefon unsere Freunde und Bekannten. Es ging nun wie ein Lauffeuer durch Philippsthal – die Grenze geht auf! Es war eine sehr kalte Novembernacht, und wir kochten Tee und Kaffee, belegten Brote und Brötchen. Die Menschen des ganzen Ortes waren auf den Beinen und wollten Zeugen dieser historischen Nacht werden.

Da in Thüringen Fastnachtsbeginn gefeiert wurde, waren auch noch viele Thüringer unterwegs und fuhren in glücklicher Erwartung Richtung Grenzsicherungsanlagen. In den frühen Morgenstunden war es dann so weit. Die ersten DDR-Bürger durften die Grenze zum Westen überschreiten. Es wurde geweint und gejubelt, die Menschen lagen sich vor Freude in den Armen und konnten das Glück kaum fassen. Das Haus auf der Grenze glich einem Durchgangslager, es war natürlich Anlaufstelle für Hunderte Menschen. Presse, Funk und Fernsehen waren vor Ort. Da wir das erste Haus im Westen mit Telefongelegenheit waren, wollte jeder erst mal telefonieren, um sich mit Bekannten und Verwandten zu verabreden. Unsere Telefonrechnung belief sich im Monat November 1989 auf über 1500,– DM.

Durch die enge Zufahrtsstraße im Weidenhain kam man als Anwohner nur nach Stunden durch die Menschenmassen und Trabikolonnen nach Philippsthal und wieder zurück – geschafft, aber glücklich. Erst nach vielen Wochen des Besucherstroms gen Westen ging ich ganz allein über die Werrabrücke Richtung Vacha und war ganz überwältigt von meinen Gefühlen. Ich bedauerte zutiefst, dass meine Großeltern und mein Vater diesen Moment nicht mehr miterleben durften.»

Bericht: Hildegard Abraham, geb. Hoßfeld

Der ehemalige US-Beobachtungsposten Point Alpha bei Rasdorf in der Rhön – ein „Hotspot" im Kalten Krieg. Hier standen die westlichen Alliierten den Truppen des Warschauer Pakts gegenüber, die sich östlich von hier auf der Hohen Geba postiert hatten.

FEIND HÖRT MIT

Der Beobachtungsstützpunkt Point Alpha, östlichster Standort der US-Streitkräfte in Europa und Pendant zur sowjetischen Radarstation auf der Hohen Geba (751 Meter) westlich von Meiningen, lag auf einem 411 Meter hohen Bergzug im hessischen Rasdorf, oberhalb vom thüringischen Geisa – ein Horchposten an der angenommenen „Einfallschneise" („Fulda Gap") der Truppen des Warschauer Pakts.

Diese „Lücke" reichte von Witzenhausen bis Mellrichstadt, denn zu Zeiten des Kalten Krieges ragte der Ostblock hier am weitesten in den Westen hinein. Der „Thüringer Balkon" bildete ein ideales Aufmarschgebiet für die verbündeten Armeen des Warschauer Pakts, die innerhalb von 48 Stunden bis an den Rhein hätten vorstoßen können. Point Alpha war der erste von vier Beobachtungspunkten an den vier möglichen „Einfallschneisen" in die Bundesrepublik.

1949 waren 79 000 US-Soldaten in Deutschland stationiert, bis 1955 wurden daraus mehr als 350 000. Aus den zurückgebliebenen Truppenteilen waren zunächst Constabulary-Einheiten gebildet worden, die auch die Grenze zur sowjetischen Besatzungszone überwachten. Diese Einheiten wurden 1951 vom 14. Armored Cavalry Regiment abgelöst, das den Überwachungsposten Point Alpha kontinuierlich ausbaute. 1972 bezogen etwa 40 Soldaten der „Blackhorses" – ihr Wappen enthält ein springendes schwarzes Pferd – des 11. US-Panzeraufklärungsregiments ihren Posten auf der Rhön. Nach der Wiedervereinigung und der Auflösung des Warschauer Pakts endete ihr Auftrag. Die Einheit zog in den Irakkrieg.

Heute ist Point Alpha eine Gedenkstätte. Im ehemaligen US-Camp steht noch die „Mustergren-

Historischer Blick auf die DDR-Grenzanlagen vom US-Beobachtungsturm: Heute kann man von hier aus das „Haus auf der Grenze" sehen, das auf dem ehemaligen Kolonnenweg an das Leben mit der Grenze in der Region erinnert.

ze", und zwei Dauerausstellungen informieren über die Geschehnisse und das politische Klima während des Kalten Krieges. Neben dem Camp liegt an der Straße von Rasdorf nach Geisa ein weiteres „Haus auf der Grenze": Es wurde allerdings erst Anfang der 1990er-Jahre direkt auf dem ehemaligen Kolonnenweg gebaut und zeigt eine Ausstellung zum Leben in der Grenzregion, frühere Grenzanlagen wurden in ihren verschiedenen Ausbaustufen rekonstruiert.

IDYLLE IM TAL

Im 7. und 8. Jahrhundert missionierten irische Mönche in der Rhön – worauf der Name des Flusses Ulster verweist: Die Mönche benannten ihn nach ihrer nordirischen Heimatprovinz Ulster. Im mittleren Flusstal liegt Tann, ein hübscher hessischer Luftkurort und regionales Ausflugsziel. Stolz ist man hier darauf, dass der Hessische Rundfunk Tann 1999 zum beliebtesten Urlaubsort Hessens kürte, und auch darauf, dass Tann 2006 zu den 20 „Lieblingsorten der Deutschen" gehörte.

Im 12. Jahrhundert ließ der Freiherr von der Tann die erste Burg errichten. Die Stadt gehörte zu seiner ritterschaftlichen Herrschaft, und einer seiner Nachfahren wurde 1656 Reichsritter. Die Burg war inzwischen weiter befestigt worden. Ab 1815 gehörte Tann zum späteren Unterfranken, und nach dem Deutsch-Deutschen Krieg 1866 wurde der Ort preußisch. Während der deutschen Teilung war Tann halbkreisförmig eingekesselt: Auf einer Länge von 26 Kilometern grenzte die Großgemeinde an die DDR. Diese exponierte Lage war wirtschaftlich nachteilig – was blieb, war der Fremdenverkehr, der sich zum wichtigsten Wirtschaftszweig entwickelte. Überregional bekannt

Blick in den „Observation Post Alpha". Der Überwachungsposten war regulär mit etwa 40 Soldaten besetzt, die hier in Funkbereitschaft waren. Alle vier bis sechs Wochen wurden die diensttuenden Soldaten ersetzt.

sind die jährlichen Märkte: Beliebt ist das „Tanner Wirtefest" am zweiten Wochenende im September, eines der größten Volksfeste der Rhön.

Südlich von Tann liegt im oberen Ulstertal Hilders, ein Ort mit einer mehr als tausendjährigen Geschichte. Seit dem 14. Jahrhundert gehörte er zum Hochstift Würzburg und war Hauptort des würzburgischen Amtes. Auf dem 757 Meter hohen Auersberg nördlich von Hilders gab es seit 1120 eine Burg und seit 1354 gar ein Schloss, in dem der Amtmann residierte. 1525, während des Bauernkriegs, wurde es zerstört. Geblieben ist eine Ruine, heute ein Aussichtsturm.

Hilders wurde 1803 bayerisch und fiel 1867 an Preußen. Der Ort lebte vor allem vom lokalen Handwerk und von der Landwirtschaft. Viele Bewohner arbeiteten im benachbarten Thüringen, aber nach Ende des Zweiten Weltkriegs waren diese Arbeitsplätze für sie nicht mehr erreichbar, und viele zogen aus Hilders fort. Die Zonenrandförderung konnte den wirtschaftlichen Niedergang bremsen: Hilders wurde zum Mittelpunkt des Ulstertals – vor allem seit der Gebietsreform 1971 und dem Zusammenschluss mit zehn kleineren Gemeinden, der die Einwohnerzahl auf über 5000 steigen ließ.

BONIFATIUS AN DER GRENZE

Frankenheim im Landkreis Schmalkalden-Meiningen, die südöstliche Nachbargemeinde von Hilders, ist der höchstgelegene Ort der Rhön (780 Meter) und darf sich deshalb „Höhenluftkurort" nennen. Er schmiegt sich an den mehr als 800 Meter hohen Ellenbogen und lag früher in einem nach Norden hin offenen „Landschaftssack", von Grenzzäunen und Todesstreifen umgeben. Die nächste Bahnstation war 14 Kilometer entfernt – Frankenheim war einer der abgelegensten Orte der DDR. Bis 1900 wurden hier Peitschen und Bürsten hergestellt. Es gab auch Webereien. Der steinige Boden und das raue Klima bedeuteten geringe Ernteerträge. In der mittelalterlichen Landwirtschaft herrschte hier die sogenannte Realteilung – im Gegensatz zum in Thüringen üblichen Anerbenrecht, bei dem ein Hof an einen einzigen Erben überging. Diese Besitzteilungen führten im Lauf der Jahrhunderte zu einer Verelendung der Bevölkerung. Frankenheim gehörte daher zu den ärmsten Rhöndörfern.

Die Altstadt von Tann, einem kulturellen Kleinod in der Rhön, wird von den Schlossanlagen der Freiherren von und zu Tann beherrscht.

Zu DDR-Zeiten vollzog sich ein bescheidener Aufschwung: Viele Männer arbeiteten in den Kaligruben, eine Produktionsgenossenschaft übernahm die Peitschenherstellung, und der landwirtschaftliche Besitz an Grund und Boden ging in eine LPG über. Heute existiert hier noch eine Agrargenossenschaft mit fünf Mitarbeitern. Die Ortschronik vermerkt, dass das damalige Regime frühere Not etwas gemildert habe, denn immerhin sorgte der Staat für Lohn und Brot.

Auf dem Ellenbogen hatte die Stasi zwei Jahrzehnte lang einen Lauschposten eingerichtet und führte auch hier ihren „elektronischen Kampf" gegen die Feinde des real existierenden Sozialismus. Vor allem Telefon- und Funkverbindungen der Bundesrepublik wurden abgehört, Institutionen in Hessen und Bayern ebenso wie Privatpersonen.

Im untersten Zipfel des „Sacks" von Frankenheim erreicht man nach nur zwei Kilometern das kleine Dorf Birx. Bonifatius – Missionar, Bischof und Gründer des Klosters Fulda – soll Mitte des 8. Jahrhunderts auch Birx gegründet haben, das zu dieser Zeit noch Perkühes („Berghaus") hieß. Das Dorf gehörte seit 1815 zum Eisenacher Oberland und war schon damals einer der entlegensten Orte im Großherzogtum Sachsen-Weimar-Eisenach. Von hier aus ist bei klarem Wetter die Wasserkuppe gut zu sehen.

Umgeben vom Schwarzen Moor, in dem seltene Arten wie das Birkhuhn und der Sonnentau zu Hause sind, liegt Brix auf einer Höhe von

Blühende Weidenröschen am Schwarzen Moor bei Fladungen – einem der bedeutendsten europäischen Hochmoore. Es ist Teil des Biosphärenreservats Rhön und bietet seltenen Tieren wie Birkhühnern, Kreuzottern und Mooreidechsen einen Lebensraum.

Biosphärenreservate am Grünen Band

Von den weltweit 621 Unesco-Biosphärenreservaten liegen 16 in Deutschland. Sie gehören zu unseren Naturschätzen und sind repräsentativ für die Vielfalt der hiesigen Flora und Fauna. Fast alle werden auch als Kulturlandschaften bis heute wirtschaftlich genutzt, sind aber wegen ihrer intakten und reizvollen Natur beliebte Naherholungsgebiete und Urlaubsziele. Sie werden beispielhaft nachhaltig und umweltverträglich genutzt. In Biosphärenreservaten steht die gelingende Wechselwirkung zwischen Mensch und Umwelt im Mittelpunkt – in Land-, Forst- und Wasserwirtschaft, in der Siedlungspolitik, im Verkehr und im Tourismus. Am Grünen Band liegen die Biosphärenreservate Schaalsee mit 30 257 Hektar, die Flusslandschaft Elbe-Mecklenburg-Vorpommern mit 42 600 Hektar, die Niedersächsische Elbtalaue mit 56 760 Hektar und das Biosphärenreservat Rhön mit beachtlichen 184 939 Hektar Größe. Jedes Biosphärenreservat ist in Kern-, Pflege- und Entwicklungszonen eingeteilt.

In der Kernzone ist die Natur langfristig geschützt, meist in eher kleinen Bereichen, die dem vom Menschen unbeeinflussten Naturzustand nahekommen: zum Beispiel Moore, Basaltblockhalden und Laubwälder. Diese Lebensräume bleiben sich selbst überlassen; natürliche Prozesse sollen sich hier frei entfalten. Eine wirtschaftliche Nutzung ist in der Regel ausgeschlossen, und nur traditionelle Schafhaltung, Jagd, Fischerei und leichte Forstarbeiten sind erlaubt, etwa um umgestürzte Bäume zu entfernen oder um Wanderwege anzulegen und zu pflegen.

Die Pflegezone umfasst neben der Kernzone die ökologisch wertvollsten Landschaftsteile, die höchsten Schutz genießen. Hier sind schonender Tourismus und ökologischer Landbau erlaubt. Zur Pflegezone A gehören im Fall der Rhön besonders empfindliche Bereiche der Kulturlandschaft: die Wälder der Hochlagen und die artenreichen Bergwiesen mit ihren Hecken und Lesesteinwällen. Die Pflegezone B umfasst weitere Ausschnitte der typischen Kulturlandschaft, die zur Erhaltung der Eigenart der Rhön unverzichtbar sind.

Die Entwicklungszone ist besiedelt. In Modellprojekten fördert man eine nachhaltige Bewirtschaftung von Ressourcen. Diese Zone macht im Biosphärenreservat Rhön den größten Anteil aus – jene Regionen, die durch den Vulkanismus im Tertiär vor etwa 20 Millionen Jahren entstanden, als heißes Magma die Erdkruste durchstieß und eine teils geschlossene Basaltdecke entstand. Die besonders harten Basaltschlote und -kegel sind charakteristisch für die Kuppenlandschaft Rhön. In diesem Lebensraum gibt es mittlerweile mehr als 100 bedrohte Tier- und Pflanzenarten. Wichtig bleibt das Zusammenspiel von Naturschutz und Landwirtschaft, die in der Rhön allmählich an Bedeutung verliert – gute Aussichten für die Natur.

St. Michael liegt inmitten der Kirchenburg von Ostheim vor der Rhön. Geschützt von fünf Türmen und sechs Bastionen, gehört sie zu den größten deutschen Kirchenburgen.

740 Metern zwischen Dungberg und Grabenberg. Nur etwa 200 Menschen leben hier, an diesem beliebten Ausgangsort für Wanderungen und Radtouren durch die Hochrhön. Birx lag im ehemaligen DDR-„Schutzstreifen" und hatte während der deutschen Teilung ein schweres Schicksal. Wie an der Spitze einer Halbinsel war es nach Norden, Westen und Süden von der Bundesrepublik umgeben. Damit lag es geradezu in einer Sackgasse: Das hessische Ulstertal und Fladungen, die nördlichste Stadt Bayerns, waren in unmittelbarer Nähe, aber unerreichbar. Die innerdeutsche Grenze war nur 200 Meter vom Dorfkern entfernt. Heute beginnt hier der 40 Kilometer lange „Friedensweg" mit seinen 40 Informationstafeln durch das Biosphärenreservat der Rhön entlang der thüringisch-bayerischen Grenze bis zur ehemaligen Grenzübergangsstelle Henneberg (Goldene Brücke).

BAYERNS NÖRDLICHSTE STADT

Fladungen, die nördlichste Stadt Bayerns, gehört zum unterfränkischen Landkreis Rhön-Grabfeld und erhielt 1335 die Stadtrechte von Kaiser Ludwig dem Bayern. Sie war jedoch ein Zankapfel zwischen dem Würzburger Bischof und dem Fuldaer Fürstabt. Nach der Säkularisierung wurde die Stadt als Amt des Hochstifts Würzburg 1814 endgültig bayerisch. Während der deutschen Teilung war der Ort von den Fördermitteln des Zonenrandgebiets abhängig, wenn auch der Tagestourismus damals boomte.

Bis 1987 gab es eine Bahnverbindung für den Güterverkehr von Fladungen nach Mellrichstadt: die Streutalbahn. Seit 1990 zeigt man in dem sieben Hektar großen Fränkischen Freilandmuseum in der Nähe des Bahnhofs die ländliche Baukultur, das dörfliche Wohnen und das bäuerliche

Wirtschaften der Region. Zu sehen sind mehrere Hofstellen und Tagelöhnerhäuser, ein Wirtshaus im Stil des frühen 20. Jahrhunderts ist ganzjährig geöffnet, dazu gibt es ein Gemeindebrauhaus, eine Büttnerei, eine Getreide- und eine Ölmühle. Die Gebäude stammen aus anderen unterfränkischen Orten, wurden dort abgebaut und in Fladungen wieder aufgebaut.

Nur etwa zwei Kilometer östlich von Fladungen liegt unmittelbar an der alten Grenze das kleine Dorf Filke. Es gehörte im frühen 17. Jahrhundert den Herren von Thann und wurde 1791 von Einwohnern ersteigert. Das Dorf hieß vor mehr als 1000 Jahren „Biscofestat", wovon heute noch die gespenstisch anmutende Ruine mit dem Namen „Mauerschädel" zeugt, eine ehemalige Kirchenburg. Mitte des 15. Jahrhunderts taucht der Name „Zum Bischof in der Filken" auf. Die Kirchenruine mit ihrem wuchtigen Turmstumpf steht heute auf der Landesgrenze zwischen Bayern und Thüringen. Der Altarraum und das frühere Kirchenschiff waren durch die innerdeutsche Grenze voneinander getrennt.

Ein paar Kilometer weiter südöstlich beherbergt Ostheim vor der Rhön Deutschlands größte erhaltene Kirchenburg. Seit dem frühen 13. Jahrhundert war Ostheim ein Lehen der Abtei Fulda und der Landgrafen von Thüringen, dann ein Amt des Großherzogtums Sachsen-Weimar-Eisenach. Mit der Reformation erlebte die Stadt ihre kulturelle und wirtschaftliche Blütezeit. 1920 wurde sie Thüringen zugeschlagen. Ab 1945 gehörte Ostheim zur amerikanischen Besatzungszone und stand als thüringische Enklave unter bayerischer Verwaltung. Eine recht absurde Situation, und den beiden Kirchen ging es nicht anders: Bis 1972 gehörte die evangelische Kirchengemeinde zur Landeskirche Thüringens, die katholische seit 1945 zur Diözese Würzburg.

Die Kirchenburg hat eine Grundfläche von 60 mal 60 Metern und besitzt fünf Türme, sechs Bastionen, mehrere Zwinger und einen doppelten

Der Chorraum von St. Michael wird von einem großen hölzernen Tonnengewölbe beschirmt. Die Orgel stammt aus dem Jahr 1738 und war vorübergehend auf der Westempore untergebracht.

Mauerring – der äußere ist fünf und der innere zwei Meter hoch: ein Musterbeispiel für die spätmittelalterliche Wehrbautechnik. Innerhalb der Anlage steht die im Renaissancestil erbaute Kirche St. Michael, die zwischen 1615 und 1619 errichtet wurde. Wege und Gassen mit Treppen führen zwischen den hüttenartigen Aufbauten der 66 Gewölbekeller hindurch. Sie waren einst in Privatbesitz, dienten als Aufbewahrungsort für Hab und Gut der Bürger und sind bis heute Vorratskeller. Das Tor zur Altstadt mit seinen eisenbeschlagenen Flügeln war früher der einzige Zugang zur Anlage, und auch der „Waagglockenturm" an der südwestlichen Ecke ist einen Besuch wert.

SKULPTUREN AM GRENZÜBERGANG

Bei dem 500-Seelen-Dorf Eußenhausen, heute ein Ortsteil von Mellrichstadt, wurde an der B 19 Richtung Henneberg auf Thüringer Seite nach dem Grundlagenvertrag 1973 auf der „Schanz" ein Übergang für den kleinen Grenzverkehr eröffnet. Hier war die Demarkationslinie 1946 noch relativ durchlässig gewesen. Im darauffolgenden Jahr ließ die sowjetische Besatzungsmacht zunächst Schneisen in den Wald schlagen und im Sommer 1947 Stacheldrahthindernisse und Straßensperren errichten. Dann wurde der Übergang für 25 Jahre geschlossen.

Der kleine Grenzverkehr (Tages- und Zweitagesreisen) ab 1973 galt für jene, die im Osten Besuche machen wollten, und für touristische DDR-Aufenthalte, zum Beispiel für organisierte Busreisen – und auch für längere Aufenthalte, den sogenannten Wechselverkehr. Je nach Einreisevariante gab es unterschiedliche Anmeldeprozeduren. Nur der Transitverkehr nach Westberlin oder in Drittstaaten war nicht möglich; dafür musste man auf die Übergänge Helmstedt/Marienborn, Herleshausen/Wartha oder Rudolphstein/Hirschberg (ab 1966) ausweichen.

Heute stehen von dem ehemaligen Grenzübergang auf Thüringer Seite neben dem Wachturm noch ein unvollendeter Backsteinbau für Passkontrolle und Grenztruppen; auf bayerischer Seite stößt man im Wald auf Grenzzäune, eine Kfz-Sperre und einen Erdbunker. Aber eigentlich wird das Areal inzwischen vom Skulpturenpark Deutsche Einheit dominiert – eine Freilandausstellung mit Holz-, Glas- und Stahlkunstwerken, die sich mit der Überwindung der deutschen Teilung auseinandersetzen. Einer der Initiatoren des Skulpturenparks auf dem einstigen Todesstreifen war in den 1970er-Jahren selbst Grenzsoldat, bevor er 1994 Landrat des Landkreises Schmalkalden-Meiningen wurde. Der Berliner Aktionskünstler Jimmy Fell hat den Skulpturenpark gestaltet. Seine Plastiken „Vertreibung aus dem Haus" und „Auf der Flucht erschossen" und die Skulpturen „Bundesadler" und „Junge mit Fahne" stehen unmittelbar auf der ehemaligen Grenzlinie.

GRENZGÄNGER IM GRABFELD

Das wellige Grabfeld bildet den Grenzbereich zwischen Südthüringen und Nordbayern. Die Landschaft ist vom Ackerbau geprägt, der hier wegen der günstigen klimatischen Verhältnisse reiche Erträge hervorbringt. Von 1949 bis 1990 durchschnitt die DDR-Staatsgrenze das Grabfeld. Heute teilen sich der bayerische Regierungsbezirk Unterfranken und der Freistaat Thüringen die Region, in der noch immer das Grabfeldische, die alte mainfränkische Mundart, gesprochen wird. Jahrhundertelang waren die Menschen in der Region eng miteinander verbunden. Mit Ende des Zweiten Weltkriegs wurde ihr durch die gemeinsame Tradition und die Sprache verbundene Kulturraum auseinandergerissen.

Das „Museum für Grenzgänger" in Bad Königshofen dokumentiert ausgewählte Schicksale im Grabfeld und ihre mit der Grenze verbundene Bio-

Am ehemaligen Grenzübergang Eußenhausen-Meiningen setzt sich der Skulpturenpark Deutsche Einheit mit der Überwindung der Teilung auseinander: Das „Feld der Fahnen", bemalt von acht Klassen der Rhön-Gymnasien in Bad Neustadt und Kaltensundheim, symbolisiert Deutschland auf dem Weg nach Europa.

grafien stellvertretend für das Leben während der Teilung. Nördlich von Höchheim hat man in der Nähe von Behrungen und Berkach in Thüringen und Rappershausen in Bayern ein länderübergreifendes Freichlichtmuseum auf dem ehemaligen Grenzabschnitt 44 im Grabfeld eingerichtet. Das Land Thüringen hat einige Abschnitte als Kultur-, Flächen- und archäologisches Bodendenkmal, den Grenzstreifen als Naturdenkmal und fledermausfreundliches Schutzgebiet ausgewiesen.

Die komplette Grenzstaffelung der DDR ist bei Behrungen zu besichtigen: das einstige Grenzareal mit dem Schutzstreifen, die Führungsstelle 3 (Grenzturm), 30 Meter Grenzsignal- und Sperrzaun, das Durchlasstor Nr. 21 und der Kfz-Sperrgraben sowie Erdbeobachtungsbunker. In Berkach, wo 1952 18 Familien zwangsumgesiedelt wurden und das Dorf verlassen mussten, steht noch ein Beobachtungsturm.

SCHWIERIGE NACHBARSCHAFT

In und bei Höchheim wohnen noch heute viele DDR-Flüchtlinge. Die meisten von ihnen waren in den ersten Nachkriegsjahren über den Grenzabschnitt zwischen dem Höchheimer Ortsteil Irmelshausen und dem thüringischen Mendhausen in die Bundesrepublik geflüchtet, als es noch keinen Grenzzaun gab. Erst im Jahr des Mauerbaus wurde unmittelbar am westlichen Ortsende von Mendhausen ein zehn Meter breiter Streifen abgeholzt und gepflügt, so dass auf der Erde jeder Fußabdruck zu sehen war. Volkspolizisten mit Hunden kontrollierten diese zunächst noch Grüne Grenze. Lange bevor schließlich der Zaun errichtet wurde, wagte es ein Elfjähriger aus Abenteuerlust und Neugier, den geharkten Streifen in Richtung verlockender Westen zu überqueren: «Ich bin dann früh um acht mit einem Rechen

«Als die Grenze wirklich offen war»

In der Nacht vom 9. Auf den 10. November 1989 rollte im Landkreis Rhön-Grabfeld morgens um 4 Uhr der erste Trabi über den Grenzübergang Eußenhausen-Henneberg. Arbeiter aus Meiningen wollten «nur mal sehen, ob das auch wahr ist, dass die DDR ihre Grenzen geöffnet hatte». Dann fuhren sie wieder zurück. Im Laufe des Tages und der kommenden Wochen überschwemmten die Trabis und Wartburgs die Landkreise an der einstigen Grenze. Begrüßungsgeld musste herangeschafft werden. Vor den Banken standen die Menschen ebenso Schlange wie in den Supermärkten, wo man unter anderem frisches Obst einkaufte.

Wenige Wochen später wurden bei Melpers die Grenze geöffnet und bei Trappstadt erste Gespräche über eine Grenzübergangsstelle geführt. Der damalige Bürgermeister Erich Werner erinnert sich daran, dass er erstmals mit einem Hauptmann der DDR-Grenztruppen in den Osten konnte und die neue Trasse sah, die hier in Richtung Eicha gebaut werden sollte. Anfang Dezember 1989 war es, als Bürger aus der thüringischen Ortschaft Eicha plötzlich in Trappstadt auftauchten. Die Gäste aus dem Osten wurden mit Musik begrüßt. Werner: «Die Leute fielen sich in die Arme und weinten oftmals, denn kaum einer konnte es damals noch glauben, dass die Grenze wirklich offen war.» Allerdings sei es auch die Zeit gewesen, in der der Zaun am Abend wieder geschlossen wurde.

Nach und nach bröckelte das Reich der DDR-Machthaber. Und schließlich durften auch die Wallfahrer aus Bad Königshofen nach mehr als 40 Jahren wieder ihren althergebrachten Weg über damaliges DDR-Gebiet nehmen. Nach dem Übertritt in die DDR bei Rieth gab es wenige Stunden später allerdings bei der Ausreise einen ungewollten Halt. Das Tor war verschlossen. Mit ihren Spazierstöcken schlugen die Pilger die Bolzen aus dem großen Eisentor heraus und öffneten das Eisentor einen Spalt breit, so dass jeder einzeln hindurchschlüpfen konnte. Erst einige Zeit später kam ein DDR-Bevollmächtigter zum Tor, der nicht gerade erfreut war über die ungewöhnliche Grenzöffnung.

Dann endlich ging ein lang ersehnter Wunsch in Erfüllung: Der Abbau des ungeliebten Todeszauns begann unter anderem zwischen Eicha und Milz. Mitarbeiter der LPG waren es, die den Zaun in den Wintermonaten nach und nach abrissen. Die großen Metallgitterplatten wurden abmontiert und in Hildburghausen gelagert. Dort konnten sie von den Bürgern abgeholt werden. Noch heute findet man DDR-Zaun deshalb in Gärten als Umzäunung. Oft war es dabei so, dass diejenigen, die den Zaun abbauten, schon beim Aufbau dabei waren. Meter für Meter wurden abgetragen, bis nur noch Fragmente in der Landschaft an das Eingesperrtsein, an die Trennung erinnerten. Grenztürme wurden bunt bemalt. Gefahr ging aber auch vom einstigen Sperrgürtel aus, denn dort lagen im Erdreich noch immer tödliche Minen. Ein spezielles Kommando war über Jahre hinweg damit beschäftigt, diesen einstigen Todesstreifen von der tödlichen Gefahr zu befreien.

Bericht: Hanns Friedrich

zum Dorf raus und hab mich dann bis zur Grenze herangetastet und bin dann schnell über den Zehnmeterstreifen rüber und habe mit dem Rechen die Spur verwischt.» Er blieb drei Tage in Höchheim und musste sich nach seiner Rückkehr einem strengen Verhör unterziehen.

An Pfingsten 1964 flüchteten zwei Freunde aus Mendhausen – da war es schon schwieriger und vor allem gefährlicher. Glücklich im Westen angekommen, trafen sie in einem Gasthaus in Irmelshausen zufällig gleich auf 40 ehemalige Bewohner ihres Heimatdorfs, die schon in den Jahren zuvor geflohen waren. Sie beratschlagten, wie man mit Verwandten und Bekannten hinter dem Zaun am besten kommunizieren könnte. Aber noch Jahre nach dem Ende der DDR ist das Verhältnis zwischen den beiden einstigen Grenzdörfern nicht ganz unproblematisch: Findet in Höchheim eine Festivität statt, gehen die Einwohner von Mendhausen nicht hin – und umgekehrt. Die Anfangseuphorie verflog nach der Wiedervereinigung schnell, denn die älteren Mitbürger, die einst geflohen waren, und die, die im Osten blieben, misstrauen sich nach wie vor. So mancher Groll und so manches Missverständnis besteht immer noch: ein Beispiel für die viel besprochene „Grenze in den Köpfen“.

Ein architektonischer Schatz von Irmelshausen ist das Wasserschloss: Es liegt auf einem erhöhten Plateau am Südrand des Ortes, durch das Flüsschen Milz vom Dorf getrennt, und wird von einem kleinen See wie ein Ringgraben umschlossen. Seit 600 Jahren befindet es sich im Besitz der Freiherren von Bibra und kann besichtigt werden. Das Schloss ist ein unregelmäßiger Fünfeckbau mit einem ebenfalls fünfeckigen Renaissance-Innenhof. Die Zwingeranlage stammt aus dem 15. Jahrhundert, und die zweigeschossigen Türme haben Zeltdächer. Die ursprüngliche Burg ist von der heutigen einheitlich wirkenden Anlage gut zu unterscheiden. Die späteren Fachwerkaufbauten an der Nord- und Westseite verleihen dem Schloss einen romantischen Charakter – nicht selten dient es daher als Filmkulisse.

PROTESTMARSCH RICHTUNG OSTEN

An der innerdeutschen Grenze gab es 434 Türme, und noch heute steht einer von ihnen in der Nähe von Zimmerau im Grabfeld: der Bayernturm auf dem Büchelberg, ein markanter, 38 Meter hoher Aussichtsturm, der einen Blick weit nach Osten ermöglicht. 1966 veranlassten die Gemeinden Zimmerau und Sternberg den Bau, um den zahlreichen Grenzbesuchern einen besseren Überblick über die dortigen Sperranlagen zu bieten. Der benachbarte Berggasthof war eine beliebte Herberge für den hiesigen Grenztourismus. Manfred Greck ist in der Umgebung von Zimmerau an manchem Wochenende mit seinem olivgrünen Kübel-Trabant unterwegs auf dem Kolonnenweg – im offenen Wagen ohne Dach und ohne Türen, aber in Begleitung von drei in NVA-Uniform gekleideten Schaufensterpuppen. Manche Wanderer hat er damit schon erschreckt: Sie glauben sich im falschen Film.

Das „westdeutsche“ Dorf Ermershausen südlich von Zimmerau wurde 1978 im Zuge der Gemeindegebietsreform mit Maroldsweisach zwangsvereinigt. Das gefiel den Ermershausenern überhaupt nicht: Sie errichteten Barrikaden und besetzten das Rathaus. Einige Bewohner – es sollen etwa 50 gewesen sein – sagten sich schließlich: «Jetzt gehen wir nach drüben! Die herüben sind nicht besser wie die da drüben.» Sie marschierten zur Grenze und hielten nur wenige Meter davor. Die Tore waren geöffnet, und man hörte Marschmusik. Aber der Bürgermeister konnte sie schließlich zur Umkehr bewegen. Allerdings protestierten die Einwohner so lange, bis sie nach 16 Jahren Kampf 1994 ihre Eigenständigkeit als Gemeinde zurückerhielten.

Heute kreuzt die Landstraße zwischen Alsleben in Bayern und Gompertshausen in Thüringen den ehemaligen Todesstreifen so, als hätte es hier nie eine Grenze gegeben.

VERSCHWUNDENE HEIMAT

«Im September 1780 traf ich eine hohe Persönlichkeit: Johann Wolfgang von Goethe kam in seiner Funktion als Staatsminister unter Herzog Karl August in Weimar nach Colberg, um die Gruben des Tonberges auf ihre Qualität für die Keramikherstellung zu untersuchen. Ein geistreicher Bursche, der mir zwar viele Fragen stellte, dem ich aber keine Antwort schuldig blieb!» Dieses denkwürdige Erlebnis kann man in der Ortschronik von Bad Colberg nachlesen – es ist der Bericht eines namenlosen Zeitgenossen; vielleicht war es der damalige Dorfschulze?

Satte, grüne Hügel gehen bei Bad Colberg in die Talaue der Rodach über. Der Name des Ortes erinnert an die einst waldreiche Umgebung und die hiesigen Holzkohlenmeiler. Erstmals im Jahre 1289 erwähnt, wandelte er sich Anfang des 20. Jahrhunderts zu einem Kurort, in dem man Linderung für Diabetes, Fettsucht, Gicht, Nieren-, Herz- und Gefäßerkrankungen suchte. Heute gehört Bad Colberg zur Gemeinde Heldburg, die sieben Kilometer westlich vom Thermalbad liegt. Seit 2002 darf sich Bad Colberg „Staatlich anerkannter Ort mit Heilquellenkurbetrieb" nennen und verdankt diesen Titel seinen in Ostdeutschland einzigartigen warmen Thermalsprudelquellen, die 1907 entdeckt wurden. Bei der Suche nach Kalisalz waren die Ingenieure in 471 Meter Tiefe auf eine Thermalquelle mit hohem Salzgehalt und einer Temperatur von 36 Grad gestoßen. Nur drei Jahre später wurde der Badebetrieb eröffnet. 1927, 1974 und 1994 kamen drei weitere mineralisierte und temperierte Thermalquellen dazu. Sie lösten bald die versiegende Urquelle ab.

Wer von Bad Colberg aus einen Spaziergang nach Norden unternimmt, stößt auf Spuren des verschwundenen Dorfes Billmuthausen.

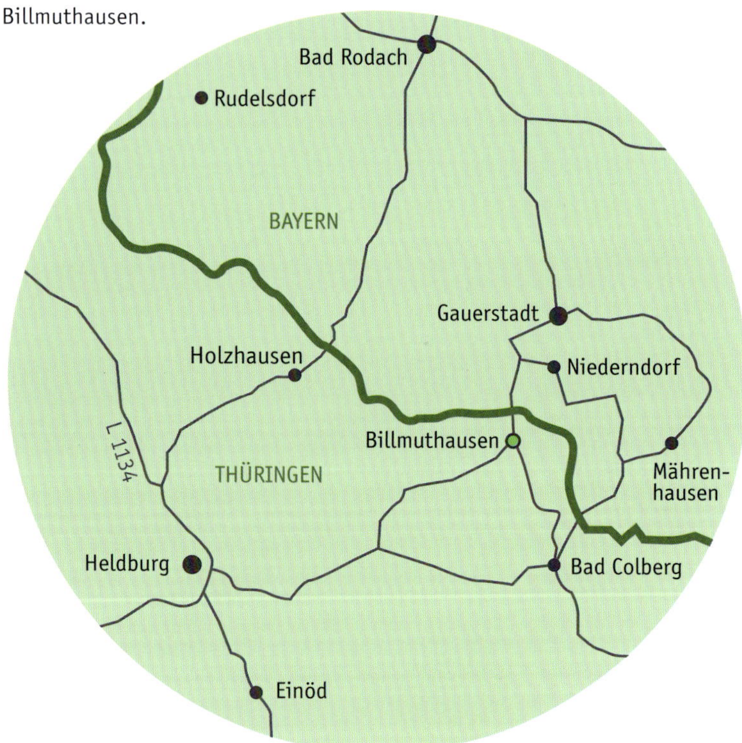

Nur 1500 Meter nördlich von Bad Colberg lag ein Dorf, von dem kaum noch eine Spur zeugt. Stattdessen trifft der Spaziergänger auf eine Tafel mit der Inschrift: «Wanderer, der Du vorübergehst, verweile – Gedenkstätte der jüngsten deutschen Vergangenheit. Hier stand seit 1340 das Dorf Billmuthausen – 1978 zerstört, seine Einwohner vertrieben». Das Gut gleichen Namens wurde im 19. Jahrhundert von Landkammer-Rath Rudolf Friedrich Ludloff erworben. Seit 1836 gab es ein Gasthaus, und 1852 lebten im Dorf 68 Menschen. Am 7. April 1945 waren zunächst amerikanische Panzer in das Heldburger Unterland vorgedrungen. Doch die US-Truppen zogen sich im Sommer desselben Jahres schon wieder zurück, und die Region, die als etwa 20 Kilometer lange und 16 Kilometer breite Halbinsel in die Bundesrepublik hineinragte, wurde Teil der sowjetischen Besatzungszone. Der Gutsbesitzer wurde enteignet. In den ersten vier Nachkriegsjahren wuchs das Dorf sogar um zwölf Neubauernstellen; acht Flüchtlingsfamilien aus Ostpreußen und Pommern fanden hier eine neue Heimat. 1952 bis 1954 wurde die Landwirtschaft zwangskollektiviert und die Bauern in die obligatorische LPG überführt.

Aber schon im Frühsommer 1952 wurden wie überall in den Fünf-Kilometer-Sperrgebieten an der innerdeutschen Grenze im Rahmen der „Aktion Ungeziefer" in Thüringen insgesamt 989 Familien (3423 Menschen) umgesiedelt. Sieben der acht Flüchtlingsfamilien, die erst ein paar Jahre zuvor nach Billmuthausen gekommen waren, flüchteten erneut; nun ins benachbarte Bayern. Bis 1960 gab es noch eine Kirche, einen Kindergarten, ein Schullandheim, ein Backhaus, einen Brunnen und die Mühle. Im Jahr darauf mussten zwei weitere Familien unter dem Druck der „Aktion Kornblume" das Dorf verlassen. 1963 legte man einen 100 Meter breiten Schutzstreifen an, vergrub Minen und errichtete Metallgitterzäune. Die Schutzzone wurde auf 500 Meter erweitert – und dennoch konnte eine weitere Billmuthausener Familie flüchten.

1965 verschwand die Dorfkirche. Sieben Jahre später wurden der Beton-Grenzturm auf dem Finkenberg gebaut und Selbstschussanlagen montiert. 1973 fand das letzte Begräbnis auf dem Dorffriedhof statt. Die Mühlen-Bewohner waren durch einen zweiten Zaun vom übrigen Ort getrennt. Bis 1978 vertrieb man schließlich die verbliebenen Dorfbewohner und riss ihre Häuser ab. 638 Jahre lang hatten hier Menschen gelebt, die Landwirtschaft hatte sie ernährt, das Rittergut und die Mühle hatten das Ortsbild geprägt. Neben der kleinen Gedenkstätte mit Kapelle sind von Billmuthausen nur der Friedhof und die Trafostation geblieben.

EIN SPITZWEG-IDYLL

Seßlach im oberfränkischen Landkreis Coburg ist eine wahre Fachwerkidylle in der Mitte Deutschlands. Dem Besucher präsentiert sich eine «weitgehend intakte mittelalterliche Stadt. Außenrum eine kreisförmige Mauer und darin dicht gedrängt die Häuser mit steilen Dächern und Butzenscheiben in den Fenstern, Kräne ragen aus den Spitzgiebeln, schmiedeeiserne Firmenzeichen über den Geschäftseingängen, Kopfsteinpflaster, wie Rothenburg, nur handlicher», notierte der Kabarettist Georg Ringsgwandl nach einem Auftritt in der Stadt 1995.

Das Grabfeldgau war einst durch fränkische Bauern nach der Zerschlagung des Thüringer Reiches im Jahr 531 besiedelt worden. Vor den Awaren in die Region geflüchtete slawische Siedler kamen im Frühmittelalter hinzu, die noch bis ins 11. Jahrhundert hinein nicht zum christlichen Glauben übergetreten waren. Der Ort wurde ein „Stützpunkt" für die Slawenmission, und so ist der Schutzpatron Seßlachs auch der Missionsheilige Johannes der Täufer. Der Würzburger Bischof bestimmte Seßlach 1120 zum Amtssitz und Zentgericht. Als würzburgischer Dienstmann residierte Hugo von Sezzelah auf der Burg Geiersberg, die zu dieser Zeit errichtet wurde. Im Jahr 1400 verbündete sich die Seßlacher Bürgerschaft jedoch mit dem Elfstädtebund gegen den Würzburger Bischof, um reichsunmittelbar zu werden. Sie unterlagen. 1802 wurde das Hochstift Würzburg schließlich säkularisiert, und Seßlach kam zu Bayern. 1840 hatte der Ort 665 Einwohner.

1905 kam es rings um den Marktplatz zu einem Großbrand. Daraufhin entstanden neben den in historisierender Manier wiederaufgebauten Häusern einige Gebäude mit Jugendstilelementen, die sich harmonisch in das alte Stadtbild einpassten. Ab Anfang der 1970er-Jahre begann man die Altstadt umfassend zu sanieren – das wurde mit der Auszeichnung als Landes- bzw. Bundessieger im Wettbewerb für beispielhafte Stadtsanierung 1986/87 honoriert. Mit der Teilung Deutschlands waren die Verbindungen ins südthüringische Hinterland gekappt worden, besonders in die Nachbarstadt Heldburg. Zahlreiche Flüchtlingsfamilien und Heimatvertriebene siedelten sich in dem hübschen Städtchen an, das nun weit über die historischen Stadtmauern hinauswuchs. Die Einwohnerzahl verdoppelte sich. Mit der Wiedervereinigung verlor die Stadt ihre Randlage an der Grenze und entwickelte sich zu der „Perle im Coburger Land", die sie heute darstellt.

WO DER NACHTWÄCHTER WACHT

Nordöstlich von Seßlach liegt Tambach, zwei Kilometer von der ehemaligen Grenze entfernt. Hier bewohnen die Grafen zu Ortenburg ein barockes Schloss vom Ende des 17. Jahrhunderts, das einst den Äbten von Langheim als Sommersitz diente. Mit der Säkularisierung fiel das Schloss 1803 zuerst an das Kurfürstentum Bayern und 1806 an die Grafen zu Ortenburg. Der Schlossbau wurde von den neuen Besitzern verändert: Der als Wirtschaftstrakt dienende Westflügel wurde Wohntrakt, in dem sich heute ein Jagd- und Fischereimuseum befindet. 1970 richteten die Ortenburgs im englischen Schlosspark ein Wildgehege zwischen gepflegten Grünanlagen und Blumenrabatten ein. Es ist das größte Wildreservat Nordbayerns mit 250 Tieren: Dam- und Rotwild, Greifvögel und Elche, Wölfe und Luchse, Mufflons und Vierhornschafe, Fischotter und Muntiaks, die zu den kleinsten Hirschen der Welt zählen.

Die im 18. Jahrhundert im Stil von Ludwig XVI. gestaltete Schlosskirche gilt als kunstgeschichtliches Kleinod. Da die Grafen zu Ortenburg seit 1563 protestantisch waren, wurde die katholische Klosterkirche in eine evangelische Pfarrkirche umgewandelt und alle für den Katholizismus typischen Merkmale der Heiligenverehrung entfernt. 1953 konvertierte der Schlossbesitzer zum katholischen Glauben, und die Kirche wurde „rekatholisiert". Dessen Vorfahr Joachim Graf zu Ortenburg hatte sich Mitte des 16. Jahrhunderts zur Reformation bekannt, was zu einem langjährigen Streit mit den bayerischen Herzögen führte. 1805 vereinbarte der bayerische Kurfürst mit dem damaligen Grafen, die niederbayerische Reichsgrafschaft Ortenburg im heutigen Landkreis Passau, die inmitten des Herrschaftsgebiets der katholischen Wittelsbacher lag, gegen das ehemalige Klosteramt Tambach zu tauschen. Die entstandene Grafschaft existierte nur bis 1814.

Dort, wo das Grüne Band ein gutes Stück weit wieder Richtung Norden verläuft und Franken nach Thüringen hineinragt, liegt Bad Rodach. Seit 1362 besitzt es die Stadtrechte, und nach der Reformation wurde der Ort evangelisch-lutherisch. Bekannt war Rodach seit dem frühen 16. Jahrhundert für sein Gestüt, die „Stuterei". Sie existierte bis 1806. Nach den Zerstörungen im Dreißigjährigen Krieg und Hungersnöten siedelten sich in der wiederaufgebauten Stadt im frühen 19. Jahrhundert Industriebetriebe an. Seit dem Sommer 1892 gab es auch eine Eisenbahnverbindung nach Coburg. Eine Feinsteingutfabrik beschäftigte 1910 bereits etwa 350 Mitarbeiter, die bis Mitte der 1950er-Jahre vor allem Porzellanisolatoren herstellten.

Rodach gehörte zum nur kurz existierenden Freistaat Coburg, der nach dem Ersten Weltkrieg im November 1918 aus der Auflösung des Herzogtums Sachsen-Coburg hervorgegangen war und bereits am 1. Juli 1920 mit dem Freistaat Bayern vereinigt wurde. Damit endete nach fast 600 Jahren die staatliche Eigenständigkeit Coburgs. Am 10. April 1945 marschierten nach Artilleriebeschuss US-Soldaten ein. Rodach gehörte nun zur amerikanischen Besatzungszone und war mehr als 40 Jahre lang von seinem Thüringer Hinterland abgeschnitten. Nordbayerns mit 34 Grad wärmste Thermalquelle wurde 1972 erschlossen und machte Rodach zum Kurbad. Seit 1982 wacht gar ein Nachtwächter über den Schlaf der Einwohner und der Gäste – von Mai bis September beginnt er immer donnerstags um halb acht seinen

Die Altstadt von Seßlach ist noch fast vollständig von ihrem spätmittelalterlichen Mauerring umgeben. Durch mehrere Stadttore gelangt man hinein, so durch das Hattersdorfer Tor, das hier zu sehen ist.

Rundgang. Von einer Kapelle und Hornbläsern begleitet, kommentiert er aktuelle Geschehnisse, jedes Mal mit neuen Versen.

MIT DER BAHN DURCHS COBURGER LAND

1841 vereinbarten die Herzogtümer Sachsen-Weimar-Eisenach, Sachsen-Coburg-Gotha, Sachsen-Meiningen und das Königreich Bayern den Bau von Eisenbahnverbindungen, die den wirtschaftlichen Aufschwung in der gesamten Region förderten. 1857 wurde der Coburger Bahnhof fertiggestellt. Der erste Zug fuhr ein Jahr später nach Eisenach; dann kamen die Werrabahn und die Strecke nach Lichtenfels am Main bis zur bayerischen Grenze hinzu.

Das Schicksal der Nebenbahn von Rodach nach Coburg gleicht dem der vielen anderen Kleinbahnen in der Mitte Deutschlands: Sie verlor im Lauf der Jahrzehnte an Bedeutung. 1892 in Betrieb genommen, war die 17,6 Kilometer lange Strecke in nur einem Jahr von der Werra-Eisenbahn-Gesellschaft gebaut worden. Der erste Zug hatte vier Wagen: je einen Post- und einen Gepäckwagen sowie zwei Personenwagen. Eine Verlängerung der Gleise bis nach Hildburghausen wurde immer wieder geplant, jedoch nie realisiert. So geriet die Station Rodach zum Sackbahnhof. In den 1950er-Jahren weitete die Bundesbahn wegen der gestiegenen Nachfrage den Fahrplan aus: Werktags fuhren acht Zugpaare, in den 1970er-Jahren waren es immerhin noch sechs werktags, und an Wochenenden verkehrte viermal ein Schienenbus. Heute befährt ein privaten Bahnunternehmen diese Strecke bis Lichtenfels oder über Bayreuth bis Weiden in der Oberpfalz im Einstundentakt.

Bis zu Beginn des Zweiten Weltkriegs fuhren Eil- und Personenzüge von Eisenach über Coburg nach Bayreuth. Bis Kriegsende gab es nur einen eingeschränkten Verkehr. 1945 wurden die Gleisanlagen im südlich von Coburg gelegenen Lichtenfels durch die alliierten Truppen zerstört, die Mainbrücken und die Weichen hatte die Wehrmacht selbst gesprengt. 1950 wurde der südliche Teil der Strecke zwischen Coburg und Lichtenfels elektrifiziert, aber 1976 wurden die Gleise auf dem nördlichen Teil der Strecke Richtung Thüringen nach Tiefenlauter (Lautertal) zurückgebaut.

Auch auf Thüringer Seite baute man Gleisanlagen ab. Im heutigen Landkreis Sonneberg wurde 1949 gegen den Willen der Bevölkerung ein Schienenersatzverkehr eingeführt, denn in dem kleinen Görsdorf und in den Nachbarorten Truckendorf und Emstadt lebten 1952 nur 259 Einwohner. Da sie in unmittelbarer Grenznähe lagen, verringerte sich ihre Zahl immer mehr. 2005 wurden die Fragmente der DDR-Grenzsicherungsanlagen von Görsdorf unter Denkmalschutz gestellt. In den Hohlräumen des 25 Meter langen Mauerfragments überwintern Wildbienen und Schmetterlinge aus der nahen Ginsterheide, und die Spurensicherungsstreifen, der Kfz-Sperrgraben sowie der Kolonnenweg sind heute Teil der „Erlebnisstraße der deutschen Einheit".

Die Verbindung von Coburg nach Sonneberg wurde 1858 eröffnet. Hier gab es nach Nordwesten Anschluss an die Strecke über Hildburghausen nach Meiningen bis Eisenach. Ab 1886 stand auch eine 18 Kilometer lange nördliche Teilstrecke nach Lauscha zur Verfügung. Einen Kilometer vor dem Bahnhof der Glasbläserstadt, die tief in einer Talmulde liegt, wurde ein Abzweig in einem weiten östlichen Bogen über Neuhaus am Rennweg nach Probstzella gebaut. Bis 1945 konnte man mit dem Zug nach Lauscha fahren. Die Verbindung von Coburg in den Thüringer Wald brach nach 16 Kilometern in Neustadt ab. Seit 1963 gab es im Neustadter Bahnhof nur ein Gleis, ab 1975 wurde die Strecke aber elektrifiziert, einige Bahnhofsgebäude abgerissen und wiederaufgebaut. Anfang der 80er-Jahre war der DB-Fahrplan an den Wochenenden so ausgedünnt, dass schließlich kein Zug mehr fuhr. Mit der Deutschen Einheit wurde 1991 auch die Teilstrecke von Coburg nach Sonneberg und weiter hoch in den Thüringer Wald wiedereröffnet.

Die 49 Kilometer lange Strecke von Sonneberg nach Probstzella ist eingleisig und führt über den Kamm des Thüringer Schiefergebirges über Lauscha, Ernstthal und Neuhaus am Rennweg. Bis Lauscha ist es die historische Steinachtalbahn. Der Volksmund hatte allen weiteren Streckenabschnitten Namen gegeben: die Rennsteigbahn verband Lauscha mit Schmiedefeld, die Zoptetalbahn fuhr einst auf dem stillgelegten nördlichen Abschnitt von Schmiedefeld nach Probstzella. Da es auch eine Anbindung an die Taubenbacher Porzellanfabrik Carl Moritz und die Erzgruben der Maxhütte in Unterwellenborn gab, hieß sie Max-und-Moritz-Bahn.

KLEINER GRENZVERKEHR MIT GROSSEN FOLGEN

Das Grüne Band ist als „Lebenslinie" ein Refugium für Tiere und Pflanzen im Schatten des einstigen Todesstreifens geworden. Im Landkreis Sonneberg kann man dieser Lebenslinie 82 Kilometer lang zwischen Görsdorf und Spechtsbrunn über den Grenzwanderweg folgen – vorbei an Gewässern und Gehölzstreifen, die weit in die angrenzenden Landschaftsräume hineinreichen.

Im Mai 1972 hatten die DDR und die Bundesrepublik Deutschland ein Verkehrsabkommen geschlossen, das weitere Grenzübergänge ermöglichte. Der Grundlagenvertrag von 1973 bildete die rechtliche Grundlage für den „Kleinen Grenzverkehr", der im Landkreis Sonneberg bereits im Spätsommer 1972 durch die Errichtung des Übergangs Eisfeld–Rottenbach ausgebaut wurde. 1974 wurden außerdem Beobachtungstürme als Führungs- und Bereitschaftspunkte innerhalb des 500-Meter-Schutzstreifens eingerichtet: Für die kleine thüringische Stadt Eisfeld bedeutete dies immerhin, dass sie aus dem Fünf-Kilometer-Sperrgebiet herausgelöst wurde und so wieder Anschluss an den Fremdenverkehr erhielt, der sich in der Region bescheiden entwickelt hatte.

Der Bau des Grenzübergangs auf bayerischer Seite bei dem kleinen Dorf Rottenbach am Fluss Lauter stieß auf großes Interesse: Bis zu 6000 Besucher und etwa 2500 Pkw zählte man allein an einem Wochenende nach der Eröffnung im Juni 1973. Ab 1986 fuhren viele DDR-Rentner nach Coburg; 1988 wurde in Rottenbach der Millionste DDR-Reisende begrüßt. Am 10. November 1989 um 4 Uhr wurde der Grenzübergang geöffnet. Im Rathaus hatte man am 12. November bereits mehr als 20 000 Visa ausgestellt. Am 14. November wurde die Sperrzone aufgehoben und ein durchgängiger Busverkehr von Eisfeld nach Coburg eingerichtet. Anfang Dezember 1989 passierten stündlich rund 1000 Autos die Grenze, und manche wurden mit der Zeit zu „Grenzgängern“, die im Osten wohnten und im Westen arbeiteten. Heute befindet sich im ehemaligen Grenzturm die Gedenkstätte „Innerdeutsche Grenze – Grenzübergangsstelle Eisfeld–Rottenbach“.

Eisfeld liegt im fränkisch geprägten südlichen Vorland des Thüringer Waldes, im Übergang zum Thüringer Schiefergebirge und nördlich der Langen Berge am Oberlauf der Werra. Es ist die Heimatstadt des Dichters Otto Ludwig (1813–1865), einem Vertreter des poetischen Realismus. Im romantischen Otto-Ludwig-Garten erinnert man im spätklassizistischen Sommerhaus der Familie Ludwig an den Sohn der Stadt. Die einst zum Bistum Würzburg gehörende Stadt wurde 1525 protestantisch. Im 19. Jahrhundert brachte der Handel mit Schnetter Truhen (volkstümlich bemalte Möbelstücke) wirtschaftlichen Aufschwung.

DIE SPIELZEUG-REGION

Neustadt bei Coburg bildet mit der thüringischen Partnerstadt Sonneberg nicht nur eine geographische, sondern auch eine ökonomische Einheit. Der an der alten Heer- und Handelsstraße zwischen Nürnberg und Leipzig gelegene Ort geht auf eine Gründung in der zweiten Hälfte des 12. Jahrhunderts mit einer Zollburg an der Rödenfurt zurück. Durch die Nähe des Thüringer Waldes blühte in Neustadt bald das holzverarbeitende Handwerk, und ab 1600 wurden die hier hergestellten kleinen Möbel und Kästchen im benachbarten Sonneberg mit der neu entwickelten Wismutmalerei verziert.

Mitte des 18. Jahrhunderts etablierte sich in Neustadt das Maler- und Bossiererhandwerk. Bossierer formten Spielwaren aus einer Art Teigmasse, bestehend aus Schwarzmehl und Leimwasser. Die Spielwarenherstellung entwickelte sich zum bedeutendsten Wirtschaftsfaktor in Neustadt: Es gab Puppenmacher und -schuhmacher, Arm- und Beinanstreicher, Augeneinsetzer, Wimpernmacherinnen und Puppenfriseurinnen. Manufakturen entstanden, und vom letzten Drittel des 19. Jahrhunderts bis zum Ersten Weltkrieg profitierte man vom Spielwaren-Export. Ab 1937 produzierte ein Unternehmen Elastolin-Figuren. Dementsprechend war die soziale Struktur der Stadt von der Spielwarenindustrie geprägt: Es gab viele kleine Produzenten und Heimarbeiter.

Nach 1945 war Neustadt von der innerdeutschen Grenze geprägt, die den Ort im Norden, Westen und Osten umschloss. Die wirtschaftlichen Verbindungen nach Sonneberg waren abgeschnitten. Durch die Zonenrandförderung wurden neue Industriezweige angesiedelt, und Flüchtlinge aus Südthüringen brachten ihre Tradition der Christbaumschmuckherstellung mit.

Sonneberg, der Nachbar im Nordosten, firmiert gern als „Weltspielwarenstadt“. Davon zeugt das

Das Wasserschloss Mitwitz, erstmals 1266 erwähnt, erhielt seine heutige Gestalt gegen Ende des 16. Jahrhunderts.

Deutsche Spielzeugmuseum, das bereits 1901 eröffnet wurde. Vor dem Ersten Weltkrieg wurden im Raum Sonneberg rund 20 Prozent der auf dem Weltmarkt gehandelten Spielwaren in Heimarbeit hergestellt. Die Spielwarenindustrie hatte sich seit dem 16. Jahrhundert allmählich aus der Holzwarenherstellung entwickelt. Ab 1805 kam die Produktion aus Papiermaché hinzu. Als Ausdruck der prosperierenden Spielwarenindustrie können die in den 1920er-Jahren am Bahnhofplatz errichteten repräsentativen Gebäude gelten: vor allem mehrstöckige Handels- und Lagerhäuser und der 40 Meter hohe Rathausturm.

Nachdem das Land Thüringen 1952 aufgelöst worden war, wurde der Kreis Sonneberg dem Bezirk Suhl zugeordnet und die ortsansässigen Betriebe zu VEB-Unternehmen umgewandelt: So entstanden zum Beispiel Stern-Radio (vormals Elektro-Apparatefabrik Köppelsdorf) und der VEB Vereinigte Spielwarenwerke „sonni“. 1971 bildeten vier volkseigene Betriebe gar das „Kombinat Spielwaren – sonni“, und 1978 gab es schon elf volkseigene Spielwarenbetriebe. Bald nach der Wiedervereinigung wurden all diese Betriebe reprivatisiert.

GRENZBAHNHOF IM FRANKENWALD

Südlich von Sonneberg liegt die oberfränkische Marktgemeinde Mitwitz, das „Tor zum Frankenwald“, inmitten ausgedehnter Mischwaldgebiete und eines weiten, von Flüssen und Hügeln eingefassten Tals mit fruchtbaren Lößböden. Um 1900 gab es hier 150 Häuser, 1920 wurde die Steinachtal-Bahn eröffnet, und 1945 besetzten

US-Truppen den kleinen Ort, dessen schönes Renaissance-Wasserschloss mit seinen vier markanten Ecktürmen bis zum Ende des Krieges ausgelagerte Kunstschätze und Bücher der Frankfurter Bibliotheken beherbergte.

Etwa 30 Kilometer weit ragte eine bundesrepublikanische Halbinsel mit einer Breite von fast 15 Kilometern hier einst ins DDR-Territorium hinein. An der nördlichen Spitze dieser bayerischen „Halbinsel" liegt auf Thüringer Seite Probstzella. Für die wirtschaftliche Entwicklung der Stadt war das erste Kohlekraftwerk, das der Industrielle Franz Itting 1909 bauen ließ, von entscheidender Bedeutung. Es versorgte zunächst 60, später mehr als 120 Gemeinden mit Strom. Der Architekt Alfred Arndt baute im Auftrag Ittings zwischen 1925 und 1927 das Haus des Volkes, ein mehrstöckiges Hotel und das größte Bauhaus-Ensemble Thüringens. Seit 1954 gehörte der Ort zur Fünf-Kilometer-Sperrzone, und das einstige Haus des Volkes, das nach dem Krieg noch als Erholungs- und Genesungsheim diente, musste seinen Betrieb einstellen. 1952 und 1961 kam es hier außerdem zu Zwangsumsiedlungen.

Der Bahnhof von Probstzella am südöstlichen Stadtrand war seit 1885 Durchgangsstation der Bahnstrecke von Leipzig über Gera nach Bayern. Nach kurzzeitiger Unterbrechung 1945 wurde der Betrieb wieder aufgenommen. Schon ein Jahr später baute man die „Fahrleitung" als Reparationsleistung für die Sowjets ab. Der Betrieb konnte ab da nur eingleisig aufrechterhalten werden.

Da der Bahnhof nur 1,3 Kilometer hinter der deutsch-deutschen Grenze lag, wurde er zu einer Grenzübergangsstelle für den innerdeutschen Zugverkehr. Für die DDR-Grenztruppen, die Passkontrolleinheiten und den Zoll hatte man 1976 ein eigenes vierstöckiges Gebäude mit Abfertigungs- und Kontrollräumen sowie einen 20 Meter langen „Kontrollgang" für Ein- und Ausreisende gebaut.

Burg Lauenstein wacht als klassische Höhenburg über Ludwigsstadt.

BURG LAUENSTEIN UND DIE „WEISSE FRAU"

Auf bayerischer Seite lag der Durchgangsbahnhof Ludwigsstadt etwa acht Kilometer südlich von Probstzella. In den 1880er-Jahren war die Eisenbahnstrecke von Stockheim nach Eichicht über Frankenwald und Schiefergebirge gebaut worden: eine durchgehende Verbindung von München nach Berlin, die in 26 Meter Höhe über die Dächer der Stadt führte. 1924 kam es zu einem schweren Unfall, als Lokomotive und Waggons eines Güterzugs von der die Stadt überspannenden, 200 Meter langen Trogenbachbrücke auf die daruntergelegenen Gebäude stürzten. 1945 verhinderte ein Gemeinderatsmitglied die Sprengung des Trogenbachviadukts.

Die mittelalterliche Höhenburg Lauenstein, in einem nördlichen Stadtteil von Ludwigsstadt gelegen, stammt aus dem 12. Jahrhundert. Mitte des 16. Jahrhunderts wurde unter Christoff von Thüna der Hauptteil der Burg, der Thünabau, im Stil der mitteldeutschen Renaissance fertiggestellt. Seit 1803 gehörte sie zu Bayern. Ende des 19. Jahrhunderts war die Burganlage verwahrlost. Sie wurde dann von einem Enthusiasten gekauft und renoviert, ist aber seit 1962 wieder im Besitz des Freistaats Bayern. Burg Lauenstein beherbergt ein umfangreiches Museum zur Geschichte vom 15. bis 19. Jahrhundert.

Die hoch auf einem Felsen stehende Burg hat ihre eigene Spukgeschichte: Ab und an soll – wie in vielen europäischen Burgen – die „Weiße Frau" erscheinen. Der Sage nach handelt es sich um den Geist der in ein weißes Gewand gekleideten Katharina von Orlamünde, die im 15. Jahrhundert auf Burg Lauenstein geboren wurde und dort aufwuchs. Sie war früh verwitwet, und als ihrer zweiten Heirat „vier Augen im Wege standen", soll sie ihre beiden Kinder aus erster Ehe im „Liebeswahn" mit einer goldenen Nadel erstochen haben. Sie habe sie heimlich im Kloster Himmels-

kron bei Kulmbach vergraben und ihr weiteres Leben im Kloster verbracht.

Seit 1898 wird die Burg als Hotel genutzt. Unter den Gästen waren Joachim Ringelnatz, Zar Ferdinand I. von Bulgarien, Theodor Heuss und die Rockband Deep Purple. 1914 diente die Burg als Lazarett, und 1917 veranstaltete der Soziologe Max Weber hier die „Lauensteiner Tagungen". Von November 1943 bis Kriegsende nutzten Dienststellen der Deutschen Abwehr Burg Lauenstein. Ihr Chef, Admiral Wilhelm Canaris, Hitler-Gegner und Mitverschwörer des 20. Juli 1944, wurde hier von Februar bis Juni 1944 in „Ehrenhaft" (Hausarrest) gehalten.

Am Fuß der Burg werden die „geheimnisvollsten Pralinen der Welt" hergestellt – so verheißt es die Confiserie Burg Lauenstein, die seit 1965 in der Fischbachsmühle beheimatet ist. Die Mühle war seit dem 17. Jahrhundert in Betrieb, bis die Confiserie einzog. Heute bietet die „gläserne Manufaktur" Einblicke in die aufwendige Pralinenfabrikation in Handarbeit. – Nordwestlich der Burg wurde 1963 auf dem 678 Meter hohen Ratzenberg der Aussichtsturm „Thüringer Warte" eröffnet: ein „Schaufenster nach Thüringen" in 26,5 Meter Höhe, durch das bis zur Wende mehr als eine Million Besucher nach Osten blickten.

EIN RITTERSTÄDTCHEN

Südlich von Probstzella stößt man im ehemaligen Grenzstreifen zwei Kilometer nördlich von Nordhalben auf einen Biotopverbund. In jahrzehntelang kaum angetasteter Umgebung sind Schwarzstorch, Braunkehlchen, Fischotter, Neuntöter und Knabenkraut, Arnika und Bärwurz heimisch geworden. Südwestlich des Ortes liegt die Ködeltalsperre, Bayerns größter Trinkwasserspeicher, die sich wie eine Förde Richtung Norden zieht.

Das oberfränkische Lichtenberg, eine der kleinsten deutschen Städte, profitierte ein paar Jahre lang von der deutschen Teilung – zumindest in touristischer Hinsicht. Busweise kamen die Besucher in den malerischen Ort, um von der Burgruine aus einen Blick nach Osten in Richtung Blankenstein zu werfen. 1989 war es damit vorbei.

Das Städtchen ist umgeben von einer reizvollen Waldlandschaft, und enge Gassen bilden die Altstadt. Der historische Marktplatz zieht sich hinauf zur Burg. Sie war stark befestigt und galt als uneinnehmbar. Heute ist sie eine Ruine mit gewaltigen Kasematten und einem erhaltenen Burgfried, der als Aussichtsturm dient.

Keine Burg ohne Burgfest: Am letzten Wochenende der bayerischen Sommerferien verkleiden sich die Einwohner Lichtenbergs und werden zu mittelalterlichen Schildknappen, Falknern und Seifensiederinnen. Von überall her kommen Musikanten, Gaukler und Ritter. Zwei Tage herrscht im Ort der Ausnahmezustand. Wer dabei sein will, muss einen Wegezoll von 5,50 Talern berappen. „Gewandete" zahlen nur drei Taler, und Kinder „unter Schwertmaß" dürfen sich ohne Eintritt an dem bunten Treiben beteiligen.

Die „Höllentalbahn" fuhr einst von Hof über Lichtenberg nach Saalfeld und weiter nach Triptis. Ihren Namen verdankt sie dem wildromantischen, von der Selbitz durchflossenen Engtal, das die Grenze zwischen Bayern und Thüringen bildet und vom Ende des Zweiten Weltkriegs bis 1989 nicht passierbar war. 1901 wurde die Bahnstrecke eröffnet. Täglich fuhren fünf, später acht Personenzugpaare, die nach Fertigstellung der Bleilochtalsperre ab 1932 Urlauber und Ausflügler in die Region brachten. Der Bahnanschluss wirkte sich auf Lichtenberg günstig aus. Aber nach dem Rückzug der US-Truppen aus Thüringen 1945 wurde hinter dem Ort der Schienenstrang Richtung Blankenberg unterbrochen. Die Bahnanlagen verfielen, in den 1980er-Jahren wurden die Gleise an der innerdeutschen Grenze abgebaut, die Tunneleingänge zugemauert. Nur das im thüringischen Baustil errichtete Bahnhofsgebäude in Lichtenberg kündet noch heute von dieser Ära der Lokalgeschichte.

PAPIER, PAPIER, PAPIER

Von der Lichtenberger Burg aus sieht man über das Tal hinweg in nordöstlicher Richtung Blankenstein mit dem markanten Schornstein der Papierfabrik und den Nachbarort Blankenberg. In Blankenstein vereinigen sich Saale und Selbitz, die den Zufluss für den längsten künstlichen Stausee Deutschlands bilden: die 80 Kilometer lange Bleilochtalsperre. Blankenstein ist auch der Ausgangs- oder Endpunkt des 168 Kilometer langen Weitwanderwegs Rennsteig.

Der Ort geht auf ein Rittergut aus dem 14. Jahrhundert zurück, in dem auch schon Eisengruben betrieben wurden. In der Region um Lemnitz, Saale und Selbitz findet man zahlreiche Halden und Pingen: keil-, graben- oder trichterförmige Vertiefungen, die durch den Bergbau entstanden sind. Der Rittergutsbesitzer bei Blankenstein errichtete 1606 das Hammerwerk. Dafür wurde das Wasser der Saale aufgestaut und die Einmündungsstelle der Selbitz etwas flussaufwärts verlegt. 1802 wurde ein neues Hammerwerk in Betrieb genommen, aber 1829 wieder stillgelegt und dafür eine Wollkämmerei und Kammgarnspinnerei eröffnet, in denen man bis 1861 arbeitete. Gegen Ende des 19. Jahrhunderts wurden schließlich eine Holzschleiferei und eine Pappenfabrik in diesen Gebäuden eingerichtet.

Die Papierfabrik Rosenthal bestimmte seit 1891 mit der Zellstoff-Papierproduktion die Entwicklung des Ortes. Das Werk expandierte mit den Jahren: 1894 wurde Wiedes Papierfabrik im benachbarten Blankenberg übernommen. Zwischen dem steilen Felsabsturz und der Saale verkehrte eine kleine Schmalspurbahn und transportierte Material zwischen beiden Fabrikteilen. Während der DDR-Zeit verbreitete die Papierfabrik häufig viele Kilometer weit einen unangenehmen Geruch. Die Dependance in Blankenburg wurde jedoch nach der Wiedervereinigung aufgegeben. Bis 2009 investierte man in Blankenstein mehr als 400 Millionen Euro, um sich als weltweit führender Hersteller von Zellstoff und Spezialpapieren zu behaupten.

Blankenberg liegt auf einem Bergsattel oberhalb der Saale. Bis 1945 bildeten die Burg und das dazugehörige Rittergut ein geschlossenes Ensemble. Das „Alte Schloss“, wie die Burg im Volksmund hieß, wurde 1948 von sowjetischen Soldaten gesprengt, Teile des Ritterguts geschleift. Seit dem 18. Jahrhundert war der Ort wie Blankenstein durch die Papierindustrie geprägt. Hier stand seit 1906 die zweitälteste Papiermaschine Deutschlands. Sie galt als technisches Wunderwerk und kann heute als Industriedenkmal besichtigt werden. Die Papierfabrik benötigte ständig neue Rohstoffe, und die gefertigten Produkte mussten schnell abtransportiert werden, wofür man lange Zeit Pferdefuhrwerk verwendete, die ihre Ladung bis zur nächsten Bahnstation ins 25 Kilometer entfernte Hof brachten. Ab 1897 ging es schneller, nachdem Blankenstein einen Bahnanschluss erhalten hatte.

Der Ort mit seiner großen Papierfabrik stellte für die DDR-Grenztruppen eine Herausforderung dar, da die Flussmitte von Saale und Selbitz den Grenzverlauf markierte. Auf der Straßenbrücke über die Saale kamen DDR-Bürger der Grenze relativ nahe, und bei der Papierfabrik und der Lederfabrik Blankenberg hatte man die beste Chance, in den Westen hinüberzuwinken. Die Grenze war hier besonders stark gesichert: mit einer Mauer, einem Metallgitterzaun und einer Flusssperre. Unter Wasser befanden sich sogar teilweise spitze Eisenstäbe und ein Fanggitter. Dennoch waren einige Fluchtversuche erfolgreich.

„BRÜCKE DER DEUTSCHEN EINHEIT“

Die zweigeteilte Gewölbebrücke über die Sächsische Saale bei Rudolphstein wurde extra für die Reichsautobahn von München nach Berlin gebaut und am 27. September 1936 eröffnet. Für die Fahrbahnen gab es jeweils eine eigene Brücke. Durch Sprengungen in den letzten Tagen des Zweiten Weltkriegs war sie praktisch nicht mehr befahrbar; erst ab 1966 war das wieder möglich. Für den späteren dreispurigen Ausbau wurde eine neue Spannbetonbrücke neben die alte gesetzt. Heute heißt sie „Brücke der Deutschen Einheit“ und markiert die Grenze zwischen den Bundesländern Bayern und Thüringen.

Die erste Grenzübergangsstelle zwischen Bayern und Thüringen bzw. der amerikanischen und der sowjetischen Zone war in Trogen, etwa sechs Kilometer nordöstlich der Kreisstadt Hof. Sie war nur zwischen 6 und 20 Uhr geöffnet und unterstand den US-Truppen. 1951 wurde dieser Grenzposten geschlossen und an die Bundesstraße 2 bei Juchhöh verlegt, einem Ortsteil von Hirschberg nahe der Gemeinde Töpen. 1951 hatte man 166 550 Personen und 20 086 Kraftfahrzeuge gezählt. 1966, im Jahr der Schließung, war der Grenzverkehr auf 2 442 344 Personen und 600 174 Kraftfahrzeuge gestiegen. Häufig führte die schleppende Abfertigung auf der thüringischen Seite zu einem kilometerlangen Stau. Die Bevölkerung von Töpen litt unter dieser Blechlawine, die mitten durch den Ort kroch. 1953 wurde eine Umgehungsstraße gebaut. Doch der kleine Ort wuchs weiter, und bald wurde auch die Umgehungsstraße zur Durchgangsstraße.

Die Schließung und Neueröffnung der ehemaligen Grenzübergänge im Vogtland reflektiert die sich verschärfende politische Lage während des Kalten Krieges.

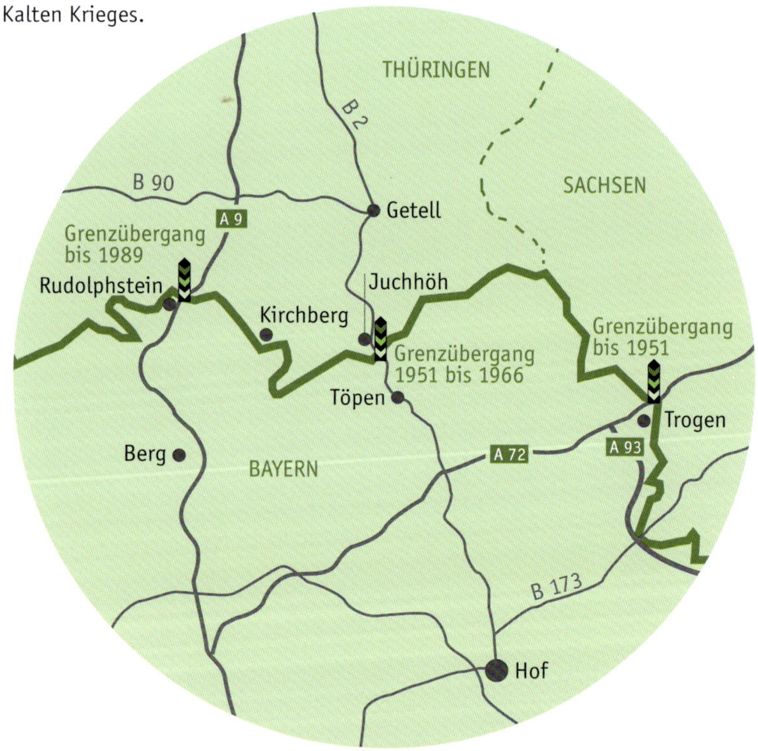

Transitreisende, Flüchtlinge, Umsiedler, Rückkehrer oder Abgeschobene, die hier die Grenze überschritten, wurden in Holzbaracken abgefertigt. Ab Anfang 1952 war die Grenzkontrollstelle 24 Stunden geöffnet. Die acht bundesrepublikanischen Beamten, die sich jeweils eine Schicht teilten, öffneten den Schlagbaum für die Weiterfahrt in Richtung Tannbachbrücke zur DDR-Einreisekontrolle in Juchhöh. Wer jedoch mit seinem Wagen vor der Brücke stehen blieb, um die Aussicht zu genießen, wurde von den DDR-Soldaten festgenommen und in Gera für mehrere Tage inhaftiert. An den Grenzübergang und derartige Absurditäten erinnert zumindest auf bayerischer Seite heute nichts mehr.

Ab 1966 wurde der komplette Transitverkehr auf die Autobahn verlegt. Am Übergang Rudolphstein sollten jedoch weiterhin „Edelbaracken“ den provisorischen Charakter der innerdeutschen Grenze unterstreichen. Anfang der 1970er-Jahre kam ein gesonderter Abfertigungskomplex für den Lkw-Verkehr nach Berlin hinzu. Von 1967 bis 1971 reisten jährlich etwa 2,5 Millionen Menschen ein und aus. 1972 waren es drei Millionen, 1975

Die Grenze in der Literatur

Ein Sommernachmittag im Jahr 1970: Die in der DDR enteignete Fabrikantenwitwe Merz steigt mit ihren Söhnen und ihrer Freundin auf einen Berg an der „Zonengrenze“ zu Thüringen. Sie wollen am Abend ein Feuer für ihre Verwandten und Bekannten „drüben“ entzünden, als Zeichen ihrer Verbundenheit mit der Heimat – aber dazu kommt es am Ende nicht. Das ist die Ausgangssituation der melancholischen Komödie „Auf dem Chimborazo“ von Tankred Dorst, die 1975 uraufgeführt wurde. Tankred Dorst wurde 1925 in Sonneberg (Thüringen) geboren und ist einer der wenigen Dramatiker, der die deutsche Teilung anhand einer Familiengeschichte für das Theater thematisierte.

Ähnlich wie im Film, gab es auch auf den Bühnen so gut wie keine Stücke, die an der Grenze spielten – ebenso wenig in den Romanen nach 1945. In der DDR konnte wegen der Zensur allemal kein Grenzland-Roman veröffentlicht werden. Im Westen war die Teilung als Sühne für die nationalsozialistischen Verbrechen akzeptiert worden und war für die Nachkriegsliteraten zunächst kein Thema. Man arbeitete sich am Dritten Reich und am Weltkrieg ab.

Uwe Johnson wird vor allem mit Blick auf seinen Roman „Mutmaßungen über Jakob“ (1959) und seine Tetralogie „Jahrestage“ (1970–1983) gern als „Dichter der beiden Deutschland“ bezeichnet, doch haben seine Bücher nicht die Grenzregion zum Thema, sondern das politische und soziale Leben im allgemeinen Bewusstsein der historischen Situation einer getrennten Nation. Daniela Kriens Debütroman „Irgendwann werden wir uns alles erzählen“ (2011) bildet eine Ausnahme: Ihr Schauplatz ist zwar das Grenzland im Vogtland vor und nach der Wende, aber dieses ist nicht das zentrale Thema des Romans, der von einer Liebe zwischen einem jungen Mädchen und einem älteren Mann handelt. Nur hier und da kommt in Romanen oder Erzählungen die Transitautobahn vor – abgesehen natürlich von der Berliner Mauer –, aber die Grenzregionen mitten in Deutschland waren bislang kaum Thema.

> In Jussi Adler-Olsens „Das Alphabethaus“ spielt die abgelegene Eisenbahnstrecke in der Nähe von Hölle, einem Dorf nördlich von Naila, eine gewisse Rolle.

Eher anekdotenhaft oder in kleineren Episoden taucht die innerdeutsche Grenze in einigen literarischen Texten auf, zum Beispiel in dem Roman „Das Alphabethaus“ des dänischen Krimi-Bestsellerautors Jussi Adler-Olsen von 1997 (deutsch 2012). Hier spielt die abgelegene Eisenbahnstrecke ganz in der Nähe von Hölle, einem Dorf nördlich von Naila im Frankenwald, eine gewisse Rolle: Dort treffen sich am 17. Mai 1945 drei Hauptpersonen des Buches, wo sie Jahre zuvor einen ausrangierten Güterwaggon abgestellt hatten, «bis zum Zerbersten gefüllt mit den Wertgegenständen, die sie sich auf Kosten russischer Zwangsarbeiter angeeignet hatten».

Einst brutale Wirklichkeit, heute ein Freilichtmuseum: In Mödlareuth zerschnitt die Grenze ein kleines Dorf in Ost und West – „Little Berlin“.

Ausbesserungsarbeiten am „antifaschistischen Schutzwall", der Mauer, in der Nähe von Hirschberg nordwestlich von Mödlareuth.

mehr als 5,5 Millionen Menschen in 1,5 Millionen Kraftfahrzeugen.

Das Verhältnis zwischen den Grenzorganen der DDR und denen der Bundesrepublik war an allen Grenzübergängen angespannt. Kontakte gab es kaum. Mehr als sechs Jahre lang hatten bayerische Grenzpolizisten in Rudolphstein zu Weihnachten einem DDR-Fahrer Kartengrüße an die Kollegen auf der anderen Seite mitgegeben. Eine Antwort, wie an den meisten Grenzen der Welt üblich, blieb aus. Dafür gab es auf der Saalebrücke gleich hinter der Demarkationslinie ein großes Transparent mit der Aufschrift „Herzlich willkommen in der DDR", über dem sich ein nach alle Seiten schwenkbares Kameraauge zur Überwachung der bundesrepublikanischen Zollabfertigung befand.

„LITTLE BERLIN"

„Little Berlin" – so nannten die Amerikaner das 50-Seelen-Dorf Mödlareuth in Oberfranken. Es stand ebenso symbolisch für die deutsche Teilung wie die Berliner Mauer. Der Tannbach, der durch den Ort fließt, war die Demarkationslinie zwischen Mödlareuth-Ost und Mödlareuth-West. 1952 war zunächst ein hoher Holzzaun zwischen den beiden Ortsteilen errichtet worden, der sechs Jahre später erst durch einen „Flanderzaun" (Holzpfähle mit Stacheldrahtgeflecht) und 1966 von einer 700 Meter langen und 3,40 Meter hohen Betonmauer ersetzt wurde. 37 Jahre lang gab es keinen Durch- oder Übergang. Winken oder Grüßen über die Mauer nach Westen war verboten und eigentlich auch unmöglich.

Grenzsteine mit den eingemeißelten Initialen „KB" für das Königreich Bayern und „FR" für das Fürstentum Reuß gab es schon seit 1810 entlang des Tannbachs. Mödlareuth gehörte damals zwei Landesherren. Nach dem Ersten Weltkrieg blieb der Westteil beim neu gegründeten Freistaat Bayern, während der Ostteil thüringisch wurde. Der Tannbach war eine Verwaltungsgrenze, die keinen Einfluss auf das Leben der Dorfbewohner hatte: Wirtshaus und Schule befanden sich im thüringischen Teil, und wer einen Gottesdienst besuchen wollte, ging ins benachbarte bayerische Töpen.

Am 15. April 1945 besetzten US-Truppen Mödlareuth und marschierten weiter in Richtung Thüringen und Sachsen. Anfang Juli zogen sie sich aufgrund der in den Londoner Protokollen zugeteilten Besatzungszonen zurück. Sie verließen allerdings nicht nur Thüringen, sondern auch den bayerischen Teil Mödlareuths. Am 7. Juli 1945 zog die Rote Armee ein, errichtete auf der bayerischen Seite eine Ortskommandantur und gab zweisprachige Ausweise (russisch-deutsch) aus. Auf dem Dach des Hauses brachten sie einen nachts beleuchteten Sowjetstern an. Die Dorfbewohner nannten das Gebäude „Stalinburg". Am Ortsausgang befand sich ein sowjetischer Posten mit Schlagbaum, und in einer Scheune wurden illegale Grenzgänger inhaftiert. Im Juli 1946 zogen sich die sowjetischen Soldaten auf Drängen der Amerikaner hinter den Tannbach zurück. Der Ostteil gehörte nun zum Territorium der späteren DDR, der Westteil zur Bundesrepublik. Bis 1952 war es möglich, mit einem Passierschein oder „Kleinen Grenzschein" in den jeweils anderen Teil Mödlareuths zu kommen. Nach dem Beschluss des Ministerrats der DDR zur „Verordnung über Maßnahmen an der Demarkationslinie zwischen der DDR und den westlichen Besatzungszonen Deutschlands" im selben Jahr war es damit vorbei.

Entlang der Trennungslinie wurde ein zehn Meter breiter Kontrollstreifen angelegt, der unter Androhung des Schusswaffengebrauchs nicht betreten werden durfte. Im grenznahen Hinterland entstanden wie üblich ein 500 Meter breiter Schutzstreifen und eine fünf Kilometer tiefe Sperrzone. Im Juni 1952, als die erste Zwangsaussiedlungsmaßnahme unter dem Decknamen „Aktion Ungeziefer" begann, retteten sich Bewohner der „Oberen Mühle" in letzter Minute mit einem Sprung durch das Stall- bzw. Heubodenfenster in den Westteil. Die Mühle wurde später abgerissen. Am 25. Mai 1973 ereignete sich eine weitere Flucht – jemand kletterte mithilfe einer Eisenleiter, die auf ein Autodach gestellt worden war, über die Betonsperrmauer. Der Flüchtling wurde von den Posten auf dem Holzbeobachtungsturm bemerkt, doch es fiel kein Schuss.

West-Mödlareuth entwickelte sich mit den Jahren zum Besuchermagnet des innerdeutschen Grenztourismus. Obwohl im November 1989 überall neue Grenzübergänge geöffnet wurden, konnten die Dorfbewohner jetzt nur über Umwege in den anderen Teil gelangen, denn die Mauer blieb zunächst geschlossen. Erst Anfang Dezember schlugen Pioniere der DDR-Grenztruppen eine fünf Meter breite Öffnung in die Mödlareuther Mauer – einen Monat nach dem Fall der Berliner Mauer war auch hier die Trennung endlich aufgehoben. Das Tor in der Mauer war aber nur von 8 bis 22 Uhr geöffnet. Nachts kam man nicht hinüber. Am 17. Juni 1990 wurde endlich die Betonsperrmauer in der Ortsmitte eingerissen. Im selben Jahr eröffnete hier das Deutsch-Deutsche Museum, in dessen Freilichtbereich die Grenzbefestigungen aus ihren verschiedenen Bauphasen zum Teil original erhalten sind.

Mödlareuth bleibt weiterhin ein kleines Kuriosum: Die eine Hälfte ist bayerisch und gehört zur Gemeinde Töpen, die andere, thüringisch, ist ein Ortsteil von Gefell. Der Tannbach bildet nach wie vor die Landesgrenze, und es gibt zwei Bürgermeister, unterschiedliche Fahrzeugkennzei-

Die Betonsperrmauer von Mödlareuth: Links erkennt man noch den zehn Meter breiten Kontrollstreifen.

chen, Postleitzahlen und Telefonvorwahlen. Die Zugehörigkeit der Dorfbewohner erkennt man an ihrem Gruß: „Guten Tag" heißt es auf der einen, „Grüß Gott" auf der anderen Seite.

DIE BALLONFLUCHT

16. September 1979, 2.40 Uhr: Bei Oberlemnitz in der Nähe des thüringischen Heinersdorf hält ein kleiner Wartburg mit Anhänger auf einem Feld. Zwei Männer beginnen, eine 100 Kilogramm schwere, aus Bettlaken und Regenmantelstoff gefertigte Ballonhülle, einen Flammenwerfer, ein Gebläse, mehrere Propangasflaschen und eine Gondel auszuladen. Sie breiten die Ballonhülle aus, füllen sie und entzünden den Flammenwerfer, der an die Propangasflaschen angeschlossen ist. Allmählich richtet sich der Ballon auf.

Der Wind ist günstig. Zwei Familien aus Pößneck – die Wetzels und die Strelzyks, vier Erwachsene und vier Kinder zwischen vier und 15 Jahren – starten nun mithilfe dieses Ballons Richtung Süden: Sie wollen über die Grenze nach Bayern. Alle Materialien und Gerätschaften haben sie selbst gebaut und genäht. Die Ballonhülle (28 x 20 Meter) hat das erforderliche Volumen von 2800 Kubikmetern, die Gondel besteht aus einer Holzplattform (1,40 x 1,40 Meter), einem 80 Zentimeter hohen Geländer und vier Eckpfosten mit einer Wäscheleine als Halterung.

Alle acht Menschen an Bord hocken mit dem Rücken zum Geländer auf der Plattform und halten sich an den in der Mitte stehenden vier Propangasflaschen fest. Beim Start fängt der Ballon Feuer, zum Glück können sie es schnell löschen.

Die Idee zum Bau eines Heißluftballons

«Da Peter Strelzyk und ich Anfang 1978 zusammen gearbeitet haben, hatten wir auch häufig Gelegenheit, miteinander zu reden. Wie viele DDR-Bürger hatten auch wir das Bestreben, die DDR zu verlassen, und das war dann auch häufig das Thema, über das wir sprachen.

Das Leben in der DDR war für uns unbefriedigend. Es gab eine Reihe von Punkten, die uns nicht gefielen, denn wir mussten viele Einschränkungen in Kauf nehmen. Wesentliche Gründe waren, dass es nicht möglich war, öffentlich oder auch in kleinem Kreis seine Meinung zu äußern, da man nicht sicher sein konnte, ob nicht ein oder sogar mehrere Beteiligte Spitzel waren. Außerdem war es nicht oder nur eingeschränkt möglich, in ein anderes Land zu reisen, außer in einige Länder des Ostblocks.

Auch die Wahl des Berufs war eingeschränkt, insbesondere wenn man nicht linientreu war. Man konnte sich das Leben allerdings erleichtern, wenn man sich entsprechend engagiert hat und zum Beispiel Mitglied der SED wurde oder gewissen Staatsorganen hilfreich zur Seite stand. Aber das wollte ich auch nicht. Es gab natürlich noch viele andere Gründe, die ich hier nicht alle aufzählen kann, aber auch wirtschaftliche Interessen spielten dabei eine Rolle.

So wie viele andere haben wir immer wieder darüber gesprochen, die DDR zu verlassen, aber keine Möglichkeit gesehen, das zu schaffen. Die Grenze erschien unüberwindbar. Rein zufällig kam die Schwester meiner Frau Petra zu Besuch, die bereits 1958 die DDR verlassen hatte, und brachte uns eine Zeitschrift mit, in der über das jährliche Ballonfahrertreffen im amerikanischen Albuquerque berichtet wurde. Neben dem Bericht waren auch einige Bilder von Heißluftballons zu sehen, und bei diesem Anblick ist uns die Idee gekommen, dass dies eine Möglichkeit wäre, die Grenzanlagen zu überwinden.

Für uns war von vornherein klar: Wenn wir flüchten, müssen alle mitkommen, und das ist nur auf dem Luftweg möglich, denn wir waren vier Erwachsene und vier Kinder. An diesen entscheidenden Tag kann ich mich noch sehr gut erinnern, denn es war der 7. März 1978, ein Tag vor dem internationalen Frauentag, der in der DDR aktiv gefeiert wurde. Nachdem wir uns einig waren, dass wir mit einem Heißluftballon versuchen wollen, die DDR zu verlassen, mussten wir unsere Frauen davon überzeugen, dass dies ein sicherer Weg ist. Wir haben unsere Idee offenbar sehr überzeugend herübergebracht, denn meine Frau Petra und auch Doris, die Frau von Peter Strelzyk, waren damit einverstanden.»

Bericht: Günter Wetzel

Mithilfe dieses selbst gebauten Ballons gelang den Familien Strelzyk und Wetzel 1979 die Flucht aus ihrer thüringischen Heimat ins bayerische Naila.

Kurze Zeit später tauchen Scheinwerfer am Nachthimmel auf, doch die Flüchtlinge bleiben unentdeckt. Bald erreichen sie ihre Flughöhe von mehr als 2500 Metern, aber dann geht das Gas aus. Sie müssen nach 28 Minuten Flugzeit landen und berühren den Erdboden 50 Kilometer entfernt auf der Anhöhe Finkenflug bei Naila. Noch sind sich die Flüchtlinge nicht sicher, ob sie in der Bundesrepublik gelandet sind. Günter Wetzel, 24 Jahre alt, und Peter Strelzyk, 37, erkunden in der Dunkelheit vorsichtig die Gegend. Nach einer Weile entdecken sie ein Auto, eine westdeutsche Polizeistreife. Sie rennen auf den Wagen zu und fragen, noch völlig außer Atem: «Sind wir hier im Westen?» Die verblüfften Polizisten antworten: «Nein, in Oberfranken!»

Bis dahin war es keinem DDR-Bürger geglückt, mit einem selbst gebauten Fluggerät zu fliehen. Die Flucht der beiden Familien bemerkte niemand – weder die DDR-Grenztruppen noch die Luftsicherung der Bundeswehr. Drei Ballons hatten sie angefertigt und drei Monate zuvor einen ersten Versuch mit einer Bruchlandung beendet. Die geglückte Flucht der Familien Wetzel und Strelzyk wurde rasch zu einem Medienereignis. In Hollywood drehte man 1981 sogar einen Spielfilm unter dem Titel „Mit dem Wind nach Westen" darüber. Die Familie Strelzyk kehrte nach der Wende in ihre Heimatstadt Pößneck zurück; Familie Wetzel zog ins fränkische Betzenstein.

Nachahmer gab es nicht. Nur die große Tageszeitung mit den großen Buchstaben stellte 2009 die Flucht mithilfe des Ballonsportclubs Hildburghausen und mit den damaligen Flüchtlingen Karin und Peter Strelzyk sowie Günter Wetzel nach. Den Ballon, mit dem sie vor 35 Jahren in die Freiheit gelangten, kann man heute im Heimatmuseum von Naila besichtigen.

Folgende Seiten:
Goldener Herbst am Dreiländereck Bayern, Sachsen und Tschechien bei Regnitzlosau. Das Grüne Band führt von hier aus weiter am ehemaligen Eisernen Vorhang entlang bis zum Schwarzen Meer.

CHRONIK 1945—1990

1945

— 8. Mai: Bedingungslose Kapitulation des Deutschen Reiches und Übernahme der Regierungsgewalt durch die vier Siegermächte.
— Rückzug der Westalliierten aus Sachsen, Sachsen-Anhalt, Thüringen und Mecklenburg; Besetzung der Westsektoren Berlins.
— 1. Juli: Der Kontrollpunkt Helmstedt-Marienborn auf der Transitstrecke nach Berlin wird in Betrieb genommen.
— 2. August: Potsdamer Abkommen der Siegermächte über die politische Neuordnung Deutschlands.
— Die Elbbrücke bei Dömitz wird zerstört und damit zum Symbol der Teilung.

1946

— Entnazifizierungsprogramm der Alliierten und Beginn der Nürnberger Prozesse.
— April: Gründungsparteitag der Sozialistischen Einheitspartei Deutschlands (SED), die bei Land- und Kreistagswahlen 47,5 Prozent der Stimmen erhält.
— Juli: Sowjettruppen rücken aus dem bayerischen Teil Mödlareuths wieder ab.
— Bodenreform und Enteignung der Kaliwerke in der Sowjetischen Besatzungszone (SBZ).
— Aufbau der Deutschen Grenzpolizei (DGP) in der SBZ.

1947

— Verkündung des Marshallplans zur Unterstützung Europas.
— Die erste Nachkriegs-Exportmesse in Hannover wird eröffnet.
— April: US-Truppen räumen den Brocken im Gebietsaustausch mit den Sowjets.
— Einrichtung der Deutschen Wirtschaftskommission (DWK) als zentrales Verwaltungsorgan in der SBZ.
— Auflösung Preußens: Die Provinzen Brandenburg und Sachsen-Anhalt werden neben Mecklenburg, Sachsen und Thüringen zu Ländern.
— Entnazifizierung aller öffentlichen Ämter und der Wirtschaft in der SBZ.

1948

— Die Sowjetunion verlässt den Alliierten Kontrollrat.
— Gründung der Demokratischen Bauernpartei Deutschlands (DBD).
— Gründung der National-Demokratischen Partei Deutschlands (NDPD).
— Juni: Beginn der sowjetischen Blockade der Westsektoren Berlins und der Währungsreform.
— Luftbrücke der Westalliierten zur Versorgung Berlins.

1949

— Mai: Gründung der Bundesrepublik Deutschland (BRD) und Verkündung des Grundgesetzes. Konrad Adenauer (CDU) wird Bundeskanzler und Theodor Heuss (FDP) Bundespräsident.
— Oktober: Gründung der Deutschen Demokratischen Republik (DDR). Wilhelm Pieck wird Präsident, Otto Grotewohl Ministerpräsident.
— Die Harzbahnen in der DDR werden verstaatlicht.

1950

— März: In der BRD werden die Lebensmittelkarten abgeschafft.
— Gründung des Zentralrats der Juden in der BRD.
— Bildung des Ministeriums für Staatssicherheit (MfS).
— Görlitzer Abkommen: Die DDR erkennt die Oder-Neiße-Linie als deutsch-polnische Grenze an.
— Walter Ulbricht wird Generalsekretär des ZK der SED.
— Einheitslisten bei Wahlen in der DDR.

1951

— August: 3. Weltfestspiele der Jugend und Studenten in Ostberlin.
— Aufhebung der Rationierung (bis auf Fleisch, Fett und Zucker) in der DDR.
— Der provisorische Transit-Grenzübergang Torgen bei Hof wird geschlossen und nach Töpen/Juchhöh verlegt.
— Adenauer lehnt einen Gesamtdeutschen Rat ab.
— Die neue Elbbrücke bei Lauenburg wird eröffnet.
— Ausbau des Überwachungspostens Point Alpha in der Nähe von Fulda in der Rhön.

1952

— Stalin-Note: Die UdSSR fordert ein neutrales, einheitliches Deutschland.
— Errichtung einer fünf Kilometer breiten Sperrzone entlang der Demarkationslinie auf DDR-Seite.
— „Aktion Ungeziefer“: Beginn der Zwangsumsiedlung aus grenznahen Gebieten in der DDR.
— Juni: Beschluss zur Bildung Landwirtschaftlichen Produktionsgenossenschaften (LPG) und Gründung der ersten LPG in Merxleben.
— Die fünf DDR-Länder werden durch 15 Bezirke ersetzt.
— Grenzübergang Herrenburg bei Lübeck wird geschlossen.

1953

— Deutsch-israelisches Wiedergutmachungsabkommen.
— Beginn der zweiten Amtszeit von Bundeskanzler Konrad Adenauer.
— März: Josef Stalin, der Führer der Sowjetunion, stirbt. Staatstrauer in der DDR.
— Erhöhung der Arbeitsnormen um mindestens zehn Prozent.
— Juni: Volksaufstand in der DDR.
— Ulbricht wird erster ZK-Sekretär.
— Rationierung von Schuhen in der DDR wird aufgehoben.

1954

— Pariser Verträge: Souveränität und Wiederbewaffnung der BRD.
— UdSSR erkennt die Souveränität der DDR an.
— Einführung der Jugendweihe in der DDR als Alternative zu Konfirmation und Firmung.
— März: Souveränitätserklärung der DDR.
— Interzonenzüge fahren von Hannover über Oebisfelde nach Magdeburg.

1955

— In der BRD endet die Besatzungszeit.
— Die letzten deutschen Kriegsgefangenen aus Russland kommen nach Friedland.
— Vereidigung der ersten Soldaten der Bundeswehr und Beitritt der BRD zur NATO.
— Bildung des Warschauer Paktes.
— Die Sowjetunion erklärt den Kriegszustand mit Deutschland für beendet.
— Bewaffnete „Kampfgruppen der Arbeiterklasse" bei Maidemonstrationen in der DDR.

1956

— Die KPD wird in der BRD verboten.
— März: Walter Ulbricht erklärt öffentlich, Stalin sei «kein Klassiker des Marxismus».
— Gründung der Nationalen Volksarmee (NVA) in der DDR.

1957

— April: Die ersten Wehrpflichtigen rücken zur Bundeswehr ein.
— Die CDU gewinnt mit absoluter Mehrheit die Bundestagswahlen.
— Das Saarland wird zum elften Bundesland der BRD.
— Vorschlag der DDR für eine Konföderation mit der BRD.
— Neues DDR-Passgesetz soll Westreisen reduzieren.

1958

— Abschaffung der Lebensmittelkarten in der DDR.
— Ulbricht erklärt Ostberlin zum Hoheitsgebiet der DDR.
— November: Chruschtschow verkündet ein Ultimatum, in dem er die Aufhebung des Viermächtestatus von Berlin fordert.

1959

— Heinrich Lübke (CDU) wird Bundespräsident.
— April: 1. Bitterfelder Kulturkonferenz mit dem Appell „Künstler in die Produktion!".
— Die LPG-Pflicht wird per Gesetz eingeführt.
— Gesetz zur Änderung der DDR-Staatsflagge: Sie zeigt jetzt Hammer und Zirkel im Ährenkranz auf Schwarz-Rot-Gold.

1960

— Gesetz über die Bildung des „Nationalen Verteidigungsrats" (NVR) in der DDR.
— Abschluss der Kollektivierung der Landwirtschaft: LPGs bewirtschaften 85 Prozent des Bodens.
— Genehmigungspflicht für die Einreise von Bundesbürgern nach Ostberlin.
— Ulbricht wird Vorsitzender des neu geschaffenen Staatsrats.

1961

— Konrad Adenauer wird zum vierten Mal Bundeskanzler.
— Juni: Ulbricht erklärt, niemand habe die Absicht, eine Mauer zu errichten.
— 13. August: Die DDR beginnt mit dem Bau der Berliner Mauer.
— Ausbau der Grenzanlagen in der Mitte Deutschlands.
— Oktober: Der westdeutsche Journalist Kurt Lichtenstein wird auf dem Grenzstreifen bei Zicherie-Kaiserwinkel erschossen.
— Entstalinisierungspolitik in der DDR: Stalinstadt wird in Eisenhüttenstadt und die Ostberliner Stalinallee in Karl-Marx-Allee umbenannt.

1962

— Gesetz über die allgemeine Wehrpflicht in der DDR.
— August: Der 18-jährige Peter Fechter stirbt bei seinem Versuch, die Berliner Mauer zu überwinden, qualvoll. Der Fall illustriert den DDR-Schießbefehl.
— Spiegel-Affäre: Das Hamburger Nachrichtenmagazin *Der Spiegel* ist wegen angeblichen Landesverrats einem Strafverfahren ausgesetzt.

1963

— Juni: US-Präsident John F. Kennedy besucht Berlin.
— Dezember: Beginn des Auschwitz-Prozesses in Frankfurt/Main.
— Ludwig Erhard (CDU) wird Bundeskanzler.
— Beschluss einer Wirtschaftsreform (NÖSPL) in der DDR.
— Erstes Passierscheinabkommen mit Westberlin.

1964

— Willi Stoph wird Vorsitzender des DDR-Ministerrats und Stellvertreter des Vorsitzenden des Staatsrats.
— Einführung des Wehrdiensts als Bausoldat ohne Waffe in der NVA.
— Der Zwangsumtausch bei der Einreise in die DDR wird eingeführt.

1965

— Kritik an „unbotmäßigen“ Schriftstellern und Künstlern in der DDR.
— Die BRD kauft 2600 politische DDR-Häftlinge frei.
— Das ehemalige Singerwerk wird zum „VEB Nähmaschinenwerk Wittenberge – Kombinat Testima“.

1966

— Große Koalition unter Bundeskanzler Kurt-Georg Kiesinger (CDU).
— Einrichtung einer Passierscheinstelle für dringende Familienangelegenheiten.
— In Rheinsberg geht das erste Atomkraftwerk der DDR in Betrieb.
— Oktober: Grenzzwischenfall auf der Elbe, die sogenannte Schlacht von Gorleben.
— Neubau der Saale-Autobahnbrücke bei Rudolphstein für den Transitverkehr nach Berlin. Der Grenzübergang Töpen/Juchhöh an der B 2 wird geschlossen.

1967

— Juni: Der Student Benno Ohnesorg wird bei einer Demonstration gegen den Besuch des Schahs von Persien in Westberlin erschossen.
— Das Gesetz über die „Staatsbürgerschaft der DDR“ löst die gemeinsame deutsche Staatsbürgerschaft ab.
— Beginn der Errichtung von Metallgitterzäunen und einseitige Grenzmarkierung an der gesamten „Staatsgrenze/West“.

1968

— April: Attentat auf den Studentenführer Rudi Dutschke in Westberlin.
— Mai: Der Deutsche Bundestag verabschiedet die Notstandsgesetze.
— Die DDR-Volkskammer beschließt schärfere Strafen für politische Delikte.
— Pass- und Visapflicht im Reise- und Transitverkehr von und nach Westberlin.

1969

— Gustav Heinmann (SPD) wird zum Bundespräsidenten gewählt.
— Sozialliberale Koalition unter Bundeskanzler Willy Brandt (SPD).
— Die DDR beginnt an der deutsch-deutschen Grenze mit dem Bau von Wachtürmen aus Beton.
— Mai: Auf dem VI. Deutschen Schriftstellerkongress wird Christa Wolfs Roman „Nachdenken über Christa T.“ wegen «Individualismus» kritisiert.

Ein Relikt des Kalten Krieges und Zeugnis eines einst geteilten Kontinents: Point Alpha in der Rhön.

Diese Brücke verbindet die Gemeinden Kittlitz und Dutzow am Schaalsee seit 1992 wieder miteinander, nachdem die Bürger zuvor schon eine provisorische Holzbrücke errichtet hatten.

1970

— März: Willy Brandt trifft Willi Stoph in Erfurt.
— August: Willy Brandt unterzeichnet in Moskau den deutsch-sowjetischen Vertrag: Gewaltverzicht und Anerkennung der in Europa bestehenden Grenzen.
— Beginn der Montage von Selbstschussanlagen an der innerdeutschen Grenze.
— Gesetz über die Zivilverteidigung in der DDR zum Schutz der Bevölkerung im Katastrophen- oder Kriegsfall.

1971

— Das Viermächteabkommen über Berlin wird unterzeichnet: Klärung des Rechtsstatus von Berlin und Erleichterung des Transitverkehrs zwischen der BRD und Westberlin.
— Mai: Erich Honecker wird Erster Sekretär des Zentralkomitees der SED, Ulbricht bleibt Staatsratsvorsitzender.
— Willy Brandt erhält den Friedensnobelpreis.

1972

— Der Vertrag über den Verkehr zwischen der DDR und der BRD und den Transitverkehr ist der erste deutsch-deutsche Vertrag ohne Viermächtevereinbarung.
— Der private Wohnungsbau wird in der DDR für Dörfer und kleinere bis mittlere Städte wieder zugelassen.
— Oktober: Amnestie für 32 000 politische Häftlinge; 2000 von ihnen werden in die BRD entlassen.

1973

— Der Grundlagenvertrag zwischen BRD und DDR tritt in Kraft.
— DDR und BRD werden Mitglieder der Vereinten Nationen (UN).
— Juli: Beginn der X. Weltfestspiele der Jugend und Studenten in Ostberlin.
— Oktober: Stoph wird Staatsratsvorsitzender, Horst Sindermann Vorsitzender des Ministerrats.
— DDR-Bürger dürfen mit Devisen in „Intershops" einkaufen.
— Einrichtung neuer Grenzübergänge: Schlutup/Selbsdorf, Bergen/Salzwedel, Duderstadt/Worbis, Eußenhausen/Meinigen und Rotttenbach/Eisfeld.

1974

— Walter Scheel (FDP) wird Bundespräsident.
— April: Rücktritt Willy Brandts infolge der Guillaume-Affäre. Helmut Schmidt wird sein Nachfolger als Bundeskanzler.
— Einführung des Kfz-Länderkennzeichens „DDR".
— Eröffnung jeweiliger „Ständiger Vertretungen" in Ostberlin und Bonn.
— Erlass zum „Schusswaffeneinsatz gegen Grenzverletzer".
— Änderung der DDR-Verfassung; Streichung des Begriffs „deutsche Nation".
— Aufnahme diplomatischer Beziehungen zwischen der DDR und den USA.

1975

— Der Bund für Umwelt und Naturschutz Deutschland e. V. (BUND) wird gegründet.
— Der Bundestag beschließt den „Radikalenerlass“: Die Mitgliedschaft in einer verfassungsfeindlichen Organisation wie der DKP rechtfertigt die Ablehnung einer Aufnahme in den öffentlichen Dienst.
— Erster Stammheim-Prozess gegen die RAF-Terroristen.
— DDR-Grenztruppen schleifen das Kloster Teistungenburg.

1976

— Eröffnung des Palasts der Republik in Ostberlin.
— Honecker wird SED-Generalsekretär und Vorsitzender des Staatsrates.
— Mai: Michael Gartenschläger wird bei seinem dritten Versuch, eine Selbstschussanlage abzubauen, von DDR-Grenzern erschossen.
— August: Der DDR-Pfarrer Oskar Brüsewitz verbrennt sich selbst in Zeitz.
— November: Ausbürgerung des Liedermachers Wolf Biermann.
— Die deutsch-deutsche Grenzkommission legt die Grenzziehung für das geteilte Haus von Vacha fest.

1977

— „Deutscher Herbst“: Höhepunkt des RAF-Terrors in der BRD.
— Erich Honecker trifft den evangelischen Bischof Albrecht Schönherr.
— Einführung des Wehrkundeunterrichts in der DDR und neues Gesetz zur Landesverteidigung.
— Das passive Wahlalter in der DDR wird von 21 auf 18 Jahre gesenkt.

1978

— Der Politiker und Umweltschützer Herbert Gruhl gründet die „Grüne Aktion Zukunft“, die 1980 an der Entstehung der Grünen beteiligt ist.
— August: Sigmund Jähn startet als erster deutscher Kosmonaut ins All.
— Endgültige Zerstörung des Dorfes Billmuthausen bei Bad Colberg.

1979

— Karl Carstens (CDU) wird Bundespräsident.
— DDR-Bürger dürfen im Intershop nicht mehr mit Westdevisen zahlen.
— September: Zwei Familien fliehen mit einem Heißluftballon vom thüringischen Berlemnitz nach Naila in Oberfranken.
— Oktober: Mehr als 20 000 DDR-Strafgefangene werden amnestiert, darunter auch Rudolf Bahro.
— Die Grenz-Groteske „Der Willi-Busch-Report“ wird an der Werra gedreht.

Die Mauer von Mödlareuth: Was heute wie die Installation eines Land-Art-Künstlers wirkt, teilte noch vor 25 Jahren auf unüberwindliche Weise ein Dorf in zwei Hälften.

Das Grenzmuseum Schifflersgrund bei Bad Sooden erinnerte als eines der ersten Museen im wiedervereinigten Deutschland mit historisch bedeutsamen Grenzfragmenten an die Zeit der Teilung.

1980

— September: Beim Oktoberfestattentat, dem schwersten Terrorakt der deutschen Nachkriegsgeschichte, sterben in München 13 Menschen durch eine Bombe.
— Kernkraftgegner gründen die „Freie Republik Wendland" und das „Radio Freies Wendland".
— Drastische Erhöhung des Mindestumtauschsatzes für westliche Privatreisende in der DDR auf 25 DM pro Tag.
— Aufhebung des visafreien Reiseverkehrs mit Polen nach Gründung der Gewerkschaft „Solidarność".

1981

— Die Sowjetunion kürzt die Erdöllieferungen in die DDR.
— Juni: Hinrichtung des MfS-Hauptmanns Werner Teske wegen Plänen zum Überlaufen in den Westen – das letzte in der DDR vollstreckte Todesurteil.
— Dezember: Helmut Schmidt trifft Erich Honecker beim dritten deutsch-deutschen Gipfeltreffen am Werbellinsee.
— Schriftsteller aus Ost und West treffen sich bei der „Berliner Begegnung zur Friedensförderung" in Ostberlin.

1982

— Helmut Kohl (CDU) wird Bundeskanzler.
— Erweiterung des Katalogs «dringender Familienangelegenheiten» für Reisen von DDR-Bürgern in die BRD.
— Friedensforum in der Dresdner Kreuzkirche mit 5000 meist jugendlichen Teilnehmern.
— Straffreiheit für Flüchtlinge, die die DDR vor 1980 verlassen haben.
— November: Eröffnung der Transit-Autobahn Hamburg–Berlin.

1983

— Die BRD übernimmt die Bürgschaft für einen DDR-Milliarden-Kredit.
— April: Honecker sagt einen geplanten Bonn-Besuch ab.
— Juli: Der bayerische Ministerpräsident Franz Josef Strauß (CSU) und Erich Honecker treffen sich in Ostberlin.
— Oktober: Beginn des Abbaus der Selbstschussanlagen an der innerdeutschen Grenze.

1984

— Richard von Weizsäcker (CDU) wird Bundespräsident.
— Zwischen dem 1.1. und dem 30.9. siedeln 36 123 DDR-Bürger in die BRD über.
— Juni: 55 DDR-Bürger wollen mit einer Besetzung der Ständigen Vertretung der BRD in Ostberlin ihre Ausreise erzwingen.
— Honecker sagt erneut einen Staatsbesuch in Bonn ab.
— Waldschadensbericht: 50 Prozent des deutschen Waldes sind beeinträchtigt.

1985

— Februar: Eröffnung der wiederaufgebauten Dresdner Semper-Oper.
— März: Michail Gorbatschow wird sowjetischer Staats- und Parteichef. Zugleich treffen sich Erich Honecker und Helmut Kohl in Moskau.
— Juni: Auf der Glienicker Brücke zwischen Westberlin und Potsdam findet der größte Agentenaustausch seit 1945 statt: 25 Westagenten gegen vier Ostagenten.

1986

— Kulturabkommen zwischen der BRD und der DDR.
— Saarlouis und Eisenhüttenstadt schließen die erste deutsch-deutsche Städtepartnerschaft.
— Gorbatschow kündigt Liberalisierung der sowjetischen Osteuropapolitik an.
— 86 Prozent aller Güter in der DDR werden von der Bahn transportiert.
— DDR-Behörden erlauben die Besetzung einer vakanten evangelischen Pfarrstelle im Sperrgebiet.
— September: Greenpeace demonstriert vor dem DDR-Ministerium für Umweltschutz gegen die Salzeinleitung der DDR-Kalibergwerke in die Werra.

1987

— Barschel-Affäre: Unfairer Wahlkampf in Schleswig-Holstein.
— Abschaffung der Todesstrafe in der DDR.
— Mai: Mathias Rust landet mit einer Cessna in der Nähe des Moskauer Roten Platzes.
— Juni: US-Präsident Ronald Reagan fordert in Westberlin Michail Gorbatschow dazu auf, die Mauer einzureißen.
— September: Beginn des drei Länder übergreifenden Olof-Palme-Friedensmarsches in Ostberlin.
— Honecker kommt zu einem Arbeitsbesuch nach Bonn.

1988

— Januar: Verhaftung von mehr als 100 Demonstranten in der DDR, die mit dem Luxemburg-Zitat «Freiheit ist immer Freiheit des Andersdenkenden» demonstriert hatten.
— Februar: Erneute Verhaftung von Demonstranten in Dresden, die die Einhaltung der Menschenrechte forderten.
— Dezember: Honecker lehnt die sowjetische Reformpolitik auf einer Tagung des ZK der SED ab.

1989

— Januar: Honecker bekräftigt, die Mauer werde «in fünfzig oder auch in hundert Jahren noch bestehen».
— Februar: Chris Gueffroy ist das letzte Maueropfer.
— April: Der Schießbefehl an der innerdeutschen Grenze wird ausgesetzt.
— Mai: Bürgerrechtler beanstanden Wahlfälschungen.
— September: Viele DDR-Bürger flüchten über Ungarn nach Österreich.
— Oktober: 5500 Flüchtlinge, die sich in der völlig überfüllten Prager Botschaft befinden, erhalten die Genehmigung zur Ausreise.
— 2. Oktober: 20 000 Menschen demonstrieren in Leipzig: «Wir sind das Volk.»

1990

— 9. Oktober: 70 000 Menschen demonstrieren in Leipzig.
— Honecker tritt zurück, Nachfolger wird Egon Krenz.
— 4. November: Großdemonstration auf dem Berliner Alexanderplatz.
— 8. November: Ausrufung der Dorfrepublik Rüterberg.
— 9. November: Ausreise von der DDR in die BRD und nach Westberlin wird gestattet. Öffnung der Berliner Mauer und der innerdeutschen Grenze.
— Helmut Kohl entwirft einen Fahrplan zur Deutschen Einheit.
— Hans Modrow wird neuer DDR-Regierungschef.
— Der BUND beginnt mit der Planung des Grünen Bandes entlang der ehemaligen innerdeutschen Grenze.

— März: Freie Volkskammerwahlen – Lothar de Maizière (CDU) wird DDR-Ministerpräsident.
— Mai: Beginn der Zwei-plus-Vier-Verhandlungen über die Zukunft Deutschlands.
— Juni: DDR-Grenztruppen beginnen mit dem Abriss der Berliner Mauer.
— 1. Juli: Die Wirtschafts-, Währungs- und Sozialunion tritt in Kraft.
— 22. Juli: Neubildung der fünf 1952 aufgelösten Länder auf DDR-Territorium.
— 12. September: Unterzeichnung des Zwei-plus-vier-Vertrags.
— 3. Oktober: Wiedervereinigung und erster gesamtdeutscher Bundestag.

BILDNACHWEIS

akg-images (103); Bildagentur-online / Tschanz-Hofmann (192–193); Karl-Heinz Burkhardt / www.khbild.de (171); Förderverein Jungborn Harz e.V. (112); Fotoarchiv Werra-Kalibergbau-Museum, Heringen (158–159); Robert Grahn / euroluftbild.de / vario images (195); Haus der Geschichte, Bonn (68); Wolfgang Huppertz / www.wolfganghuppertz.de (59); Manfred Ossendorf (12); Manfred Krellenberg (Umschlagvorderseite unten, 50-51); Hans Kripgans (Umschlagrückseite Mitte, 29); Klaus Leidorf / www.leidorf.de (Umschlagvorderseite oben, 4–5, 18–19, 44–45, 72–73, 86–87, 128–129, 136–137, 152–153, 160–161, 184–185, 200–201); Renate Lüdde (168); Norbert Rosing (Umschlagrückseite oben, 50-51, 114–115, 118–119, 121, 166–167, 176–177); Walter Schießwohl / LOOK-foto (189); Stadtarchiv Wittenberge (76); ullstein bild / Jürgen Ritter (95, 202); www.visualfilm.de / „Der Willi-Busch-Report" (1979) von Niklaus Schilling (149); Torben Weiß / www.torbenweiss.de (Umschlagrückseite unten, 2–3, 6–9, 22–24, 26, 30–31, 35, 38, 40–41, 43, 46–47, 49, 52, 54–55, 56, 60–61, 65, 69, 71, 78–79, 81–82, 89, 91–93, 96, 98–99, 104–107, 109, 125, 133, 135, 138–141, 144–145, 151, 156–157, 164, 170, 172–173, 175, 178–179, 181, 204–205, 208–209, 215, 218); Günter Wetzel / www.ballonflucht.de (207). — Leider konnten für die historischen Bilder nicht alle Rechteinhaber ermittelt werden. Der Verlag bittet um Mitteilung berechtigter Ansprüche.

Wir danken folgenden Personen für die Genehmigung zum Abdruck der Zeitzeugenberichte: Mathias Baxmann (27), Hans-Joachim Steinkrug (70), Uwe Hildebrandt / Grenzwanderungen 2009 / Braunschweiger Zeitung (110), Florian-Michael Bortfeldt / www.grenzerinnerungen.de (127), Heiko Kleinschmidt / Thüringer Allgemeine Zeitung (154), Hanns Friedrich (182), Günter Wetzel / www.ballonflucht.de (206). — Die Zeitzeugenberichte wurden für dieses Buch behutsam redigiert und in manchen Fällen gekürzt.

Die Landschaft am Schaalsee bezeugt die unbeabsichtigten Folgen einer lange dauernden, politisch bedingten Isolation: Hier entfalteten sich Flora und Fauna wie vielerorts am Grünen Band nahezu ungestört. So entstanden einige von Deutschlands heutigen Naturschätzen.

IMPRESSUM

Veröffentlicht von National Geographic Deutschland, Hamburg 2014.

Text: Rüdiger Dingemann
Redaktion: Dr. Sascha Kirchner
Gesamtgestaltung: Erdgeschoss Grafik, Esther Gonstalla | www.erdgeschoss-grafik.de
Korrektorat: Karin Leonhart
Herstellung: G+J Druckzentrale, Heiko Belitz (Ltg.), Thomas Oehmke
Litho: Peter Becker GmbH, Würzburg
Druck: Offizin Andersen Nexö Leipzig GmbH

Printed in Germany
ISBN 978-3-86690-381-4

MIX
Papier aus verantwortungsvollen Quellen
FSC® C012425

Umschlagvorderseite: Das Grüne Band zwischen Witzeeze / Schleswig-Holstein und Schwanheide-Zweedorf / Mecklenburg-Vorpommern, Feuerspucker am Schlagbaum Lübeck-Eichholz
Umschlagrückseite: Granitfelsen am Brocken, „Brandenbaumer Tor“ in Lübeck-Eichholz, Fachwerkhäuser in Duderstadt

ÜBER DEN AUTOR

Rüdiger Dingemann ist gelernter Verlagsbuchhändler, studierte Germanistik und Geschichte und arbeitete als Lektor. Er war Chefredakteur der deutschsprachigen Microsoft Multimedia-Enzyklopädie „Encarta“ und lebt heute als freier Sachbuchautor in Oberbayern. Er arbeitet für Print- wie Onlinemedien. Zuletzt veröffentlichte er „60 Jahre Deutschland. 1949–2009. Was uns bewegte“ (2009) und „Tatort – Das Lexikon. Alle Fakten, alle Fälle, alle Kommissare“ (2010).

DANK

Dieses Buch gehört Renate Lüdde, ohne die es nicht hätte entstehen können. Besonderer Dank gilt Sascha Kirchner für die hilfreichen Anregungen und die angenehme Zusammenarbeit. *R. D., im Februar 2014*